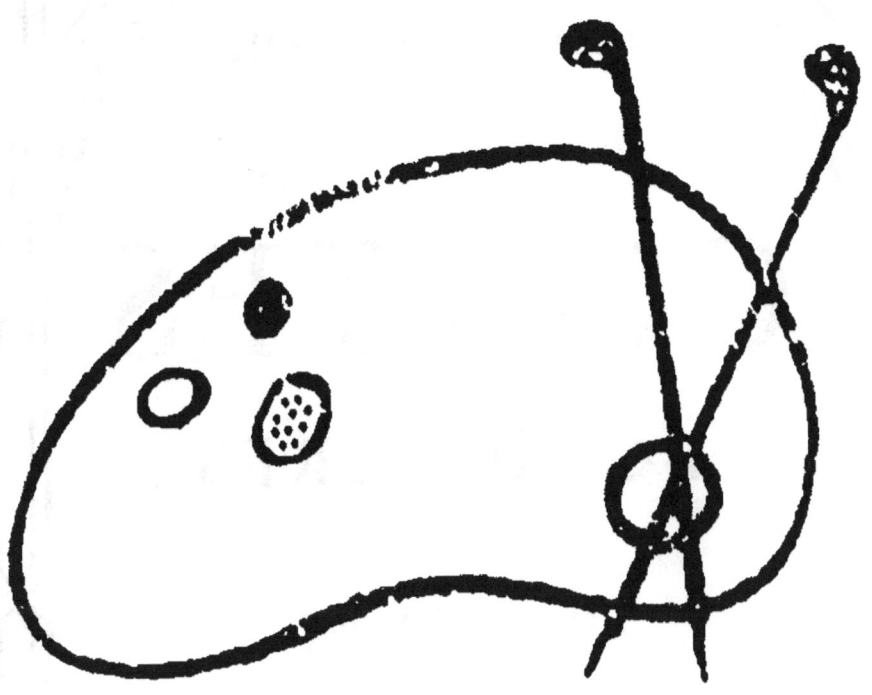

Début d'une série de documents en couleur

ERCKMANN-CHATRIAN

CONTES

POPULAIRES

SEPTIÈME ÉDITION

PARIS

J. HETZEL ET Cie, ÉDITEURS

18, RUE JACOB, 18

Tous droits de traduction et de reproduction réservés.

COLLECTION J. HETZEL & Cⁱᵉ

HISTOIRE, POÉSIE, VOYAGES, ROMANS, LITTÉRATURE FRANÇAISE ET ÉTRANGÈRE

Volumes in-18 à 3 francs.

	vol.		vol.		vol.
AUDEVAL. Les Demi-Dots	1	GRAMONT (comte DE). Les Gentilshommes pauvres	1	TOURGUÉNEFF. Étranges histoires	1
— La Dernière	1	— Les Gentilshommes riches	1	— Nouvelles moscovites	1
BADIN (A.). Marie Chaussaing	1	JANIN (J.). Variétés littéraires	1	— Les Eaux printanières	1
B. (Lucie). Une maman qui ne punit pas	1	JAUBERT (Mᵐᵉ). Souvenirs, 3.50		— Les Reliques vivantes	1
— Aventures d'Édouard et justice des choses	1	KORCHLIN-SCHWARTZ. Un Touriste au Caucase	1	— Terres vierges	1
BENTZON (Th.). Un Divorce	1	LAVALLÉE (Th.). Jean sans peur	1	TROCHU (Général). Pour la vérité et pour la justice	1
BIART (Lucien). Le Bizco	1	MULLER (E.). La Mionette	1	— La politique et le siège de Paris	1
— Benito Vazquez	1	MORALE UNIVERSELLE. Esprit des Allemands	1	VALLERY-RADOT, René. L'Étudiant d'aujourd'hui	1
— La Terre chaude	1	— Esprit des Anglais	1	WILKIE COLLINS. Sans nom	2
— La Terre tempérée	1	— — Espagnols	1	— La Femme en blanc	2
— Pile et face	1	— — Grecs	1	WOOD (Mᵐᵉ). Lady Isabel	2
— Clientes du Dʳ Bernagius	1	— — Italiens	1	
— Don Quichotte	4	— — Latins	1	*Livres in-18 en commission*
CHAMPFLEURY (édition Stahl)	1	— — Orientaux	1	
COLOMBEY. Esprit des voleurs	1	OFFICIER EN RETRAITE. L'armée française en 1879	1	ANONYME. Mary Briant	1
DAUDET (A.). Le petit Chose	1	OLIVIER. Batelier de Clarens	2	ARAGO (Et.). Bleus et Blancs	1
— Lettres de mon moulin	1	PICHAT (L.). Gaston	1	BACHELIN. Hist. modernes	
DOMENECH (l'abbé). La Chaussée des Géants	1	— Les Poètes de combat	1	— Histoires anciennes	1
— Voyage et Avent. en Irlande	1	— Le Secret de Polichinelle	1	BASTIDE (A.). Le Christianisme et l'Esprit moderne	1
DURANDE (A.). Carl, Joseph et Horace Vernet	1	POUYARD DING. Chemins de fer	1	BURCKER. L'Isthme de Suez	1
ERCKMANN-CHATRIAN. Blocus	1	— La Liberté et les Intérêts matériels	1	BIXIO (Beppa). La vie du général Nino Bixio	1
— Alsace, drame	1	PRINCESSE PALATINE. Lettres inéd. (trad. par Rolland)	1	BOUILLON (E.). Chez nous	1
— L'Ami Fritz, comédie	1	QUATRELLES. Voyage autour du grand monde	1	CAMILLE SÉE. La Loi Camille Sée, 3.50	
— Le Brigadier Frédéric	1	— L'Arc-en-ciel	1	CARTERON. Voyage en Algérie	1
— Une Campagne en Kabylie	1	— La Vie à grand orchestre	1	CHABROUR. Les Réformateurs du XVIᵉ siècle	2
— Joueur de clarinette	1	— Sans Queue ni Tête	1	DOLLFUS (Charles). La Confession de Madeleine	1
— Contes de la montagne	1	— Mille et une nuits matrimoniales	1	DUFF GORDON (lady Lucie). — Lettres d'Égypte	1
— Contes des bords du Rhin	1	— Parfait Causeur parisien	1	
— Contes populaires	1	— Princesse Djaiavann, 3.50		DUVERNET. La Canne de M. Desrieux	1
— Contes Vosgiens	1	— Casse-Cou	1	FAVIER (F.). L'Héritage d'un misanthrope	1
— Le Fou Yégof	1	RIFF (DE LA). Souvenirs sur M. de Cavour	1	GRENIER. Poèmes dramatiq.	1
— Le Grand-Père Lebigre	1	ROBERT (Adrien). Le Nouveau Roman comique	1	HABENECK (Ch.). Chefs-d'œuvre du théâtre espagnol	1
— La Guerre	1	ROLLAND. Lettres de Mendelssohn	1	HUET (F.). Histoire de Bordas Dumoulin	1
— Conscrit de 1813	1	ROQUEPLAN. Parisine	1	
— Hist. d'un homme du peuple	1	SAND (George). Promenade autour d'un village	1	LANCART (A.). Fausses Passions	1
— Histoire d'un paysan	4	DE SOUROKVAL. Le Cheval	1	LAVALLEY (Gaston). Aurélien	1
— Histoire d'un sous-maître	1	STAHL (P.-J.). Les Bonnes Fortunes PARISIENNES :		LAVERDANT (Désiré). Don Juan converti	1
— L'illustre docteur Mathéus	1	— Amours d'un pierrot	1	— Renaissances de don Juan	2
— Madame Thérèse	1	— Amours d'un notaire	1	LEFÈVRE (A.). La Flûte de Pan	1
— Édit. allemande avec dessins	1	— Histoire d'un homme enrhumé	1	— La Lyre intime	1
— La Maison forestière	1	— Voyage d'un étudiant	1	— Les Bucoliques de Virgile	1
— Maître Daniel Rock	1	— Histoire d'un prince	1	LEZAACK (Dʳ). Eaux de Spa	1
— Maître Gaspard Fix	1	— Voyage où il vous plaira	1	NADRIAN (X.). Prodigieuse Découverte	
— Waterloo	1	— Les 4 peurs de notre général	1	RÉAL (Antony). Les Atomes	1
— Histoire du Plébiscite	1	— L'Esprit des Femmes et Théorie de l'Amour	1	SIMONIN (L.). Pays lointains	1
— Les Deux Frères	1			STEEL. Hadma	1
— Ancien chef de chantier	1	TEXIER & KAEMPFEN. Paris, capitale du monde	1	VALLORY (Mᵐᵉ). À l'aventure en Algérie	1
— Vieux de la Vieille	1	TOURGUÉNEFF. Dimitri Roudine	1	
— Le Banni	1	— Fumée (préface de Mérimée)	1	VILARS (F.). Un homme heureux	1
— Quelques mots sur l'esprit humain	1	— Une Nichée de gentilshommes	1	WORMS DE ROMILLY. Horace (traduction)	1
— Juif polonais, pièce à 1.50	1			
EUQUIROS (A.). L'Angleterre et la Vie anglaise	5			
FAVRE (J.). Disc. du bâtonnat	1			
— Conférences et Mélanges	1			
FLAVIO. Où mènent les chemins de traverse	1			
GENEVRAY. Une Cause secrète	1			
GOURNOT. Essai sur la jeunesse contemporaine	1			
GOSLAN (L.). Émotions de Polydore Marasquin	1			

Paris. — Imp. Gauthier-Villars.

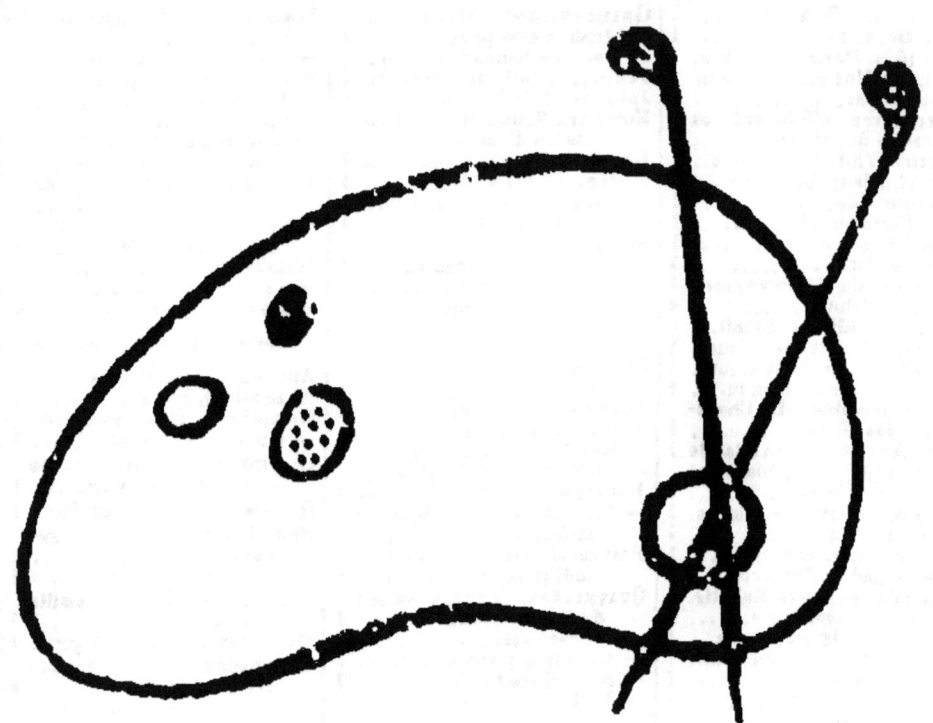

Fin d'une série de documents en couleur

CONTES

POPULAIRES

OUVRAGES D'ERCKMANN-CHATRIAN

ŒUVRE COMPLÈTE. — VOLUMES IN-18 A 3 FR.

ALSACE, drame, 5e édition................	1 volume
L'AMI FRITZ, comédie, 7e édition..........	1 —
LE BANNI, 5e édition.....................	1 —
LE BLOCUS, 21e édition...................	1 —
LE BRIGADIER FRÉDÉRIC, 12e édition........	1 —
CONFIDENCES D'UN JOUEUR DE CLARINETTE, 7e édition........................	1 —
CONTES DE LA MONTAGNE, 6e édition........	1 —
CONTES DES BORDS DU RHIN, 6e édition.....	1 —
CONTES POPULAIRES, 7e édition............	1 —
CONTES VOSGIENS, 5e édition..............	1 —
LES DEUX FRÈRES, 14e édition.............	1 —
LE GRAND-PÈRE LEBIGRE, 5e édition........	1 —
LA GUERRE, 8e édition....................	1 —
HISTOIRE D'UN CONSCRIT DE 1813, 43e édition...	1 —
HISTOIRE D'UN HOMME DU PEUPLE, 12e édition..	1 —
HISTOIRE DU PLÉBISCITE, 19e édition......	1 —
HISTOIRE D'UN PAYSAN :	
1re Partie. Les États Généraux, 1789. 29e édition..	1 —
2e Partie. La Patrie en danger, 1792, 21e édition..	1 —
3e Partie. L'an I de la République, 1793, 15e édit.	1 —
4e Partie. Le citoyen Bonaparte, 1794 à 1815, 13e ed.	1 —
HISTOIRE D'UN SOUS-MAITRE, 12e édition.....	1 —
L'ILLUSTRE DOCTEUR MATHÉUS, 7e édition....	1 —
L'INVASION, ou LE FOU YÉGOF, 23e édition...	1 —
MADAME THÉRÈSE, 35e édition..............	1 —
LA MAISON FORESTIÈRE, 8e édition.........	1 —
MAITRE DANIEL ROCK, 5e édition...........	1 —
MAITRE GASPARD FIX, 8e édition...........	1 —
SOUVENIRS D'UN ANCIEN CHEF DE CHANTIER, 7e édition........................	1 —
UNE CAMPAGNE EN KABYLIE, 6e édition.....	1 —
LES VIEUX DE LA VIEILLE, 5e édition......	1 —
WATERLOO, suite d'un CONSCRIT DE 1813, 33e édition.	1 —

LE JUIF POLONAIS, drame en 3 actes et 5 tableaux, avec airs notés. 1 vol. Prix : 1 fr. 50.

LETTRE D'UN ÉLECTEUR A SON DÉPUTÉ. Prix : 50 centimes.

QUELQUES MOTS SUR L'ESPRIT HUMAIN. 1 vol. Prix : 1 fr. 50

4618 — Imp. A. L. Guillot, 7, rue des Canettes.

ERCKMANN-CHATRIAN

CONTES POPULAIRES

SEPTIÈME ÉDITION

PARIS
J. HETZEL ET Cⁱᵉ, ÉDITEURS
18, RUE JACOB, 18

Tous droits de reproduction et de traduction réservés.

CONTES POPULAIRES

LE RÊVE D'ALOÏUS

SCÈNE RUSTIQUE

Vous saurez que saint Aloïus est mon patron, et quand c'est la Saint-Aloïus, je passe toute la journée avec mes camarades Fritz, Niclausse et Ludwig au *Lion-d'Or*. Nous causons de choses réjouissantes : de la pluie, du beau temps, des filles à marier, du bonheur d'être garçon, *et cœtera, et cœtera*. Nous buvons du vin blanc, et le soir nous rentrons honnêtement chez nous, en louant le Seigneur de ses grâces innombrables.

A la fête de chacun cela recommence, et, de cette façon, au lieu d'avoir une seule fête, nous en avons cinq ou six. Mais cela ne plaît pas à tout le monde; les femmes font le sabbat quand on rentre après onze heures.

Moi, je ne peux pas me plaindre, je n'ai que ma grand'mère Anne; elle est un peu sourde, et quand elle dort, on volerait la maison, le jardin et le verger, qu'elle ne remuerait pas plus qu'une souche. C'est bien bon; mais quelquefois aussi c'est bien mauvais.

Ainsi l'autre jour, en rentrant au clair de lune, je trouve la porte fermée; j'appelle, je crie, je frappe... Bah! la bonne vieille grand'mère restait bien tranquille..... J'entendais les autres secouer leur porte..... On leur ouvre..... moi, je reste dehors. — Il commençait à faire un peu frais, et je me dis en moi-même :

« Aloïus, si tu restes là le brouillard est capable de te tomber dans les oreilles, comme au sacristain Furst, la nuit de la Fête-Dieu, lorsqu'il s'est endormi dans les orties, derrière la maison du curé, et ça t'empêcherait d'entendre sonner la messe le restant de tes jours. Prends garde..... prends garde..... le serein du printemps cause beaucoup de mal. »

Je fais donc le tour du hangar, je traverse la haie et j'entre dans notre cour. J'essaye la porte de la grange..... fermée! la porte du pressoir..... fermée! la porte de l'étable.... fermée! — La lune regardait; elle avait l'air de rire. Cela m'ennuyait tout de même un peu.

Enfin, à force d'essayer, le volet de l'étable

s'ouvre; je m'accroche à la crèche et je tire mes jambes dedans. Après ça, je remets le crochet, j'arrange une botte de paille sous ma tête, au bout de la crèche, et je m'endors à la grâce de Dieu.

Mais pas plutôt endormi, voilà qu'il m'arrive un drôle de rêve :

Je croyais que Niclausse, Ludwig, Fritz et les autres, avec moi, nous buvions de la bière de mars sur la plate-forme de l'église. Nous avions des bancs, une petite tonne d'une mesure; le sonneur de cloches, Breinstein, tournait le robinet, et de temps en temps il sonnait pour nous faire de la musique. Tout allait bien; malheureusement il commençait à faire un peu chaud, à cause du grand soleil. Nous voulons redescendre, chacun prend sa bouteille, mais nous ne trouvons plus l'escalier! Nous tournons, nous tournons autour de la plate-forme, et nous levons les bras en criant aux gens du village :

« Attachez des échelles ensemble! »

Mais les gens se moquaient de nous et ne bougeaient pas. Nous voyions le maître d'école Pfeifer, avec sa perruque en queue de rat, et M. le curé Tony en soutane, avec son chapeau rond, son bréviaire sous le bras, qui riaient le nez en l'air, au milieu d'un tas de monde.

Ludwig disait :

« Il faut que nous retrouvions l'escalier. »

Et Breinstein répondait :

« C'est le Seigneur qui l'a fait tomber, à cause de la profanation du saint lieu. »

Nous étions tous confondus, comme ceux de la tour de Babel, et nous pensions : « Il faudra dessécher ici, car la tonne est vide ; nous serons forcés de boire la rosée du ciel. »

A la fin, Niclausse, ennuyé d'entendre ces propos, boutonna son grand gilet rouge, qu'il avait ouvert jusque sur les cuisses ; il enfonça son tricorne sur la nuque, pour empêcher le vent de l'emporter, et se mit à cheval sur sa bouteille, en disant :

« Mon Dieu, vous êtes encore bien embarrassés ; faites donc comme moi. »

En même temps, il enjamba la balustrade et sauta du clocher. Nous avions tous la chair de poule, et Fritz criait :

« Il s'est cassé les bras et les jambes en mille morceaux ! »

Mais voilà que Niclausse remonte en l'air, comme un bouchon sur l'eau, la figure toute rouge et les yeux écarquillés. Il pose la main sur la balustrade, en dehors, et nous dit :

« Allons donc, vous voyez bien que ça va tout seul.

— Oui, tu peux bien descendre à ton aise, toi, lui dis-je ; tu sais que tu rêves !.... au lieu que nous autres, nous voyons tout le village, avec la maison commune, et le nid de cigognes, la petite place et la fontaine, la grande rue et les gens qui nous regardent. Ce n'est pas malin d'avoir du courage quand on rêve, ni de monter et de descendre comme un oiseau.

—Allons, s'écria Niclausse en m'accrochant par le collet, arrive ! »

J'étais près de la rampe, il me tirait en bas; l'église me paraissait mille fois plus haute, elle tremblait.... Je criais au secours. Breinstein sonnait comme pour un enterrement, les corneilles sortaient de tous les trous, la cigogne passait au-dessus, le cou tendu et le bec plein de lézards. Je me cramponnais comme un malheureux; mais tout à coup je sens Ludwig qui me prend par la jambe et qui me lève; Niclausse se pend à mon cou; alors je passe par-dessus la balustrade et je descends en criant :

« Jésus! Marie! Joseph! »

Et ça me serre tellement le ventre que je m'éveille.

Je n'avais plus une goutte de sang dans les veines. J'ouvre les yeux, je regarde; le jour venait par un trou du volet, il traversait l'ombre de l'étable comme une flamme, et tout aussitôt je pense en moi-même : « Dieu du ciel, c'était un rêve! » Cette pensée me fait du bien; je relève ma botte de paille, pour avoir la tête plus haute, et je m'essuie la figure, toute couverte de sueur.

Il pouvait être alors trois heures du matin; le soleil se levait derrière les pommiers en fleurs du vieux Christian, je ne le voyais pas, mais je croyais le voir; je regardais et j'écoutais dans le grand silence, comme un petit enfant qui s'éveille dans son berceau, sous la toile bleue, et qui rêve tout seul sans remuer. Je trouvais tout beau : les brins de paille qui pendaient des poutres dans l'ombre, les toiles d'araignée dans les coins, la grosse tête de *Schimmel*, toute grise, qui se penchait près de moi, les yeux à demi fermés; la grande bique *Charlotte*, avec son long cou maigre, sa petite barbe rousse et son petit biquet noir et blanc qui dormait entre ses jambes. Il n'y avait pas jusqu'à la poussière d'or, qui tremblait dans le rayon de soleil, et jusqu'à la grosse écuelle de terre rouge, remplie de carottes pour les lapins, qui ne me fissent plaisir à voir.

Je pensais : « Comme on est bien ici... comme il fait chaud... comme ce pauvre *Schimmel* mâche toute la nuit un peu de regain, et comme cette pauvre *Charlotte* me regarde avec ses grands yeux fendus! C'est tout de même agréable d'avoir une étable pareille. Voilà maintenant que le grillon se met à chanter... Hé! voici notre vieille hase qui sort de dessous la crèche, elle écoute en dressant ses grandes oreilles. »

Je ne bougeais pas.

Au bout d'un instant la pauvre vieille fit un saut, avec ses longues jambes de sauterelle pliées sous son gros derrière; elle entrait dans le rayon de soleil en galopant tout doucement, et chacun de ses poils reluisait. Puis il en vint un autre sans bruit, un vieux lapin noir et roux, à favoris jaunes, l'air tout à fait respectable; puis un autre petit... puis un autre... puis toute la bande, les oreilles sur le dos, la queue en trompette. Ils se plaçaient autour de l'écuelle, et leurs moustaches remuaient; ils grignotaient, ils grignotaient, les plus petits avaient à peine de la place.

Dehors on entendait le coq chanter. Les poules caquetaient, et les alouettes dans les airs, et le nid de chardonnerets dans le grand prunier de notre verger, et les fauvettes dans la haie vive du jardin, tout revivait, tout sifflait. On entendait les petits chardonnerets dans leur nid demander la becquée, et le vieux en haut, qui sifflait un air pour leur faire prendre patience.

Ah! Seigneur, combien de choses en ce bas monde qu'on ne voit pas quand on ne pense à rien!

Je me disais en moi-même : « Aloïus, tu peux te vanter d'avoir de la chance d'être encore sur la terre; c'est le bon Dieu qui t'a sauvé, car ça pouvait aussi bien ne pas être un rêve! »

Et songeant à cela, je m'attendrissais le cœur;

je pensais : « Te voilà pourtant à trente-deux ans, et tu n'es encore bon à rien, tu ne peux pas dire : je me rends des services à moi-même et aux autres. De célébrer la fête de saint Aloïus, ton patron, ce n'est pas tout, et même, à la longue, ça devient ennuyant. Ta pauvre vieille grand'mère serait pourtant bien contente, si tu te mariais, si elle voyait ses petits-enfants. Seigneur Dieu, les jolies filles ne manquent pas au village, et les braves non plus, principalement la petite Suzel Réb; voilà ce que j'appelle une fille bien faite, agréable en toutes choses, avec des joues rouges, de beaux yeux bleus, un joli nez et des dents blanches : elle est fraîche comme une cerise à l'arbre. Et comme elle était contente de danser avec toi chez le vieux Zimmer; comme elle se pendait à ton bras! Oui, Suzel est tout à fait gentille, et je suis sûr qu'elle t'ouvrirait, le soir, quand tu rentrerais après onze heures, qu'elle ne te laisserait pas coucher dans la grange, comme la grand'mère. Elle ne serait pas encore sourde, elle t'entendrait bien! »

Je regardais le gros lapin à favoris, qui semblait rire au milieu de sa famille; ses yeux brillaient comme des étoiles; il arrondissait son gros jabot, et dressait les oreilles tout joyeux.

Et je pensais encore : « Est-ce que tu veux ressembler à ce pauvre vieux *Schimmel*, toi? Est-ce que tu veux rester seul dans ce bas monde, tandis que le dernier lapin se fait en quelque sorte honneur d'avoir des enfants? Non, cela ne peut pas durer, Aloïus. Cette petite Suzel est tout à fait gentille. »

Alors je me levai de la crèche, je secouai la paille de mes habits, et je me dis : « Il faut faire une fin... Et d'avoir une petite femme qui vous ouvre la porte le soir — quand même elle crierait un peu — c'est encore plus agréable que de passer la nuit dans une crèche, et de rêver qu'on tombe d'un clocher. Tu vas changer de chemise, mettre ton bel habit bleu, et puis en route. Il ne faut pas que les bonnes espèces périssent. »

Voilà ce que je pensai... et je l'ai fait aussi, oui, je l'ai fait! ce jour même j'allai voir le vieux Rèb, je lui demandai Suzel en mariage. Ah! Dieu du ciel, comme elle était contente, et lui, et moi, et la grand'mère! — Il ne faut que prendre un peu de cœur et tout marche.

Enfin, les noces sont pour après-demain, au *Lion-d'Or*; on chantera, on dansera, on boira du vieux *kutterlé* [1]; et s'il plaît au Seigneur, quand les alouettes auront des jeunes, l'année prochaine, j'aurai aussi un petit oiseau dans mon nid, un joli petit Aloïus, qui lèvera ses petits bras roses,

---

[1] Vin du Haut-Rhin.

comme des ailes sans plumes, pendant que Suzel lui donnera la becquée. Et moi, je serai là comme le vieux chardonneret; je lui sifflerai un air pour le réjouir.

L'ŒIL INVISIBLE

OU L'AUBERGE DES TROIS PENDUS

I

Vers ce temps-là, dit Christian, pauvre comme un rat d'église, je m'étais réfugié dans les combles d'une vieille maison de la rue des *Minnesœnger*, à Nuremberg.

Je nichais à l'angle du toit. Les ardoises me servaient de murailles et la maîtresse poutre de plafond; il fallait marcher sur une paillasse pour arriver à la fenêtre, mais cette fenêtre, percée dans le pignon, avait une vue magnifique; de là, je découvrais la ville, la campagne. Je voyais les chats se promener gravement dans la gouttière, les cigognes, le bec chargé de grenouilles, apporter la pâture à leur couvée dévorante, les pigeons s'élancer de leurs colombiers, la queue en éventail et tourbillonner sur l'abîme des rues. Le soir, quand les cloches appelaient le monde à l'*Angelus*, les coudes au bord du toit, j'écoutais leur chant mélancolique, je regardais les fenêtres s'illuminer une à une, les bons bourgeois fumer leur pipe sur les trottoirs, et les jeunes filles, en petite jupe rouge, la cruche sous le bras, rire et causer autour de la fontaine Saint-Sébalt. Insensiblement tout s'effaçait, les chauves-souris se mettaient en route, et j'allais me coucher dans une douce quiétude.

Le vieux brocanteur Toubac connaissait le chemin de ma logette aussi bien que moi, et ne craignait pas d'en grimper l'échelle. Toutes les semaines, sa tête de bouc, surmontée d'une tignasse roussâtre, soulevait la trappe, et, les doigts cramponnés au bord de la soupente, il me criait d'un ton nasillard :

« Eh bien! eh bien! maître Christian, avons-nous du neuf? »

A quoi je répondais :

« Entrez donc, que diable, entrez... je viens de finir un petit paysage dont vous me donnerez des nouvelles. »

Alors sa grande échine maigre s'allongeait..

s'allongeait jusque sous le toit... et le brave homme riait en silence.

Il faut rendre justice à Toubac : il ne marchandait pas avec moi. Il m'achetait toutes mes toiles à quinze florins l'une dans l'autre, et les revendait quarante. C'était un honnête juif.

Ce genre d'existence commençait à me plaire et j'y trouvais chaque jour de nouveaux charmes, quand la bonne ville de Nuremberg fut troublée par un événement étrange et mystérieux. Non loin de ma lucarne, un peu à gauche, s'élevait l'auberge du *Bœuf-Gras*, une vieille auberge fort achalandée dans le pays. Devant sa porte stationnaient toujours trois ou quatre voitures chargées de sacs ou de futailles, car avant de se rendre au marché, les campagnards y prenaient d'habitude leur chopine de vin.

Le pignon de l'auberge se distinguait par sa forme particulière : il était fort étroit, pointu, taillé des deux côtés en dents de scie ; des sculptures grotesques, des guivres entrelacées ornaient les corniches et le pourtour de ses fenêtres. Mais ce qu'il y avait de plus remarquable, c'est que la maison qui lui faisait face reproduisait exactement les mêmes sculptures, les mêmes ornements ; il n'y avait pas jusqu'à la tige de l'enseigne qui ne fût copiée, avec ses volutes et ses spirales de fer.

On aurait dit que ces deux antiques masures se

reflétaient l'une l'autre. Seulement, derrière l'auberge, s'élevait un grand chêne, dont le feuillage sombre détachait avec vigueur les arêtes du toit, tandis que la maison voisine se découpait sur le ciel. Du reste, autant l'auberge du *Bœuf-Gras* était bruyante, animée, autant l'autre maison était silencieuse. D'un côté, l'on voyait sans cesse entrer et sortir une foule de buveurs, chantant, trébuchant, faisant claquer leur fouet. De l'autre, régnait la solitude. Tout au plus, une ou deux fois par jour, sa lourde porte s'entr'ouvrait-elle, pour laisser sortir une petite vieille, les reins en demi-cercle, le menton en galoche, la robe collée sur les hanches, un énorme panier sous le bras, et le poing crispé contre la poitrine.

La physionomie de cette vieille m'avait frappé plus d'une fois; ses petits yeux verts, son nez mince, effilé, les grands ramages de son châle, qui datait de cent ans pour le moins, le sourire qui ridait ses joues en cocarde, et les dentelles de son bonnet, qui lui pendaient sur les sourcils, tout cela m'avait paru bizarre, je m'y étais intéressé; j'aurais voulu savoir ce qu'était, ce que faisait cette vieille dans une si grande maison déserte.

Il me semblait deviner là toute une existence de bonnes œuvres et de méditations pieuses. Mais un jour que je m'étais arrêté dans la rue, pour la suivre du regard, elle se retourna brusquement, me lança un coup d'œil dont je ne saurais peindre l'horrible expression, et me fit trois ou quatre grimaces hideuses; puis, laissant retomber sa tête branlante, elle attira son grand châle, dont la pointe traînait à terre, et gagna lestement sa lourde porte, derrière laquelle je la vis disparaître.

« C'est une vieille folle, me dis-je tout stupéfait, une vieille folle méchante et rusée. Ma foi! j'avais bien tort de m'intéresser à elle. Je voudrais revoir sa grimace, Toubac m'en donnerait volontiers quinze florins. »

Cependant ces plaisanteries ne me rassuraient pas trop. L'horrible coup d'œil de la vieille me poursuivait partout, et plus d'une fois, en train de grimper l'échelle perpendiculaire de mon taudis, me sentant accroché quelque part, je frissonnais des pieds à la tête, m'imaginant que la vieille venait se pendre aux basques de mon habit pour me faire tomber.

Toubac, à qui je racontai cette histoire, bien loin d'en rire, prit un air grave :

« Maître Chistian, me dit-il, si la vieille vous en veut, prenez garde! ses dents sont petites, pointues et d'une blancheur merveilleuse; cela n'est point naturel à son âge. Elle a le *mauvais œil*. Les enfants se sauvent à son approche, et les gens de Nuremberg l'appellent *Flédermausse*[1]. »

[1] Chauve-souris.

J'admirai l'esprit perspicace du juif, et ses paroles me donnèrent beaucoup à réfléchir; mais, au bout de quelques semaines, ayant souvent rencontré Flédermausse sans fâcheuses conséquences, mes craintes se dissipèrent et je ne songeai plus à elle.

Or, il advint qu'un soir, dormant du meilleur somme, je fus éveillé par une harmonie étrange. C'était une espèce de vibration si douce, si mélodieuse, que le murmure de la brise dans le feuillage ne peut en donner qu'une faible idée. Longtemps je prêtai l'oreille, les yeux tout grands ouverts, retenant mon haleine pour mieux entendre. Enfin, je regardai vers la fenêtre et vis deux ailes qui se débattaient contre les vitres. Je crus d'abord que c'était une chauve-souris prise dans ma chambre; mais la lune étant venue à paraître, les ailes d'un magnifique papillon de nuit, transparentes comme de la dentelle, se dessinèrent sur son disque étincelant. Leurs vibrations étaient parfois si rapides qu'on ne les voyait plus; puis elles se reposaient, étendues sur le verre, et leurs frêles nervures se distinguaient de nouveau.

Cette apparition vaporeuse dans le silence universel ouvrit mon cœur aux plus douces émotions; il me sembla qu'une sylphide légère, touchée de ma solitude, venait me voir... et cette idée m'attendrit jusqu'aux larmes. « Sois tranquille, douce captive, sois tranquille, lui dis-je, ta confiance ne sera pas trompée; je ne te retiendrai pas malgré toi... retourne au ciel, à la liberté! »

Et j'ouvris ma petite fenêtre.

La nuit était calme. Des milliers d'étoiles scintillaient dans l'étendue. Un instant je contemplai ce spectacle sublime, et les paroles de la prière me vinrent naturellement aux lèvres. Mais jugez de ma stupeur, quand, abaissant les yeux, je vis, un homme pendu à la tringle de l'enseigne du *Bœuf-Gras*, les cheveux épars, les bras roides, les jambes allongées en pointe, et projetant leur ombre gigantesque jusqu'au fond de la rue.

L'immobilité de cette figure sous les rayons de la lune avait quelque chose d'affreux. Je sentis ma langue se glacer, mes dents s'entre-choquer. J'allais jeter un cri; mais, je ne sais par quelle attraction mystérieuse, mes yeux plongèrent plus bas, et je distinguai confusément la vieille accroupie à sa fenêtre, au milieu des grandes ombres et contemplant le pendu d'un air de satisfaction diabolique.

Alors j'eus le vertige de la terreur; toutes mes forces m'abandonnèrent, et, reculant jusqu'à la muraille, je m'affaissai sur moi-même, évanoui.

Je ne saurais dire combien dura ce sommeil de mort. En revenant à moi, je vis qu'il faisait grand jour. Les brouillards de la nuit, pénétrant dans ma guérite, avaient déposé sur mes cheveux leur fraîche rosée, des rumeurs confuses montaient de la rue, je regardai. Le bourgmestre et son secrétaire stationnaient à la porte de l'auberge; ils y restèrent longtemps. Les gens allaient, venaient, s'arrêtaient pour voir, puis reprenaient leur route. Les bonnes femmes du voisinage, qui balayaient le devant de leurs maisons, regardaient de loin et causaient entre elles. Enfin un brancard, et sur ce brancard un corps recouvert d'un drap de laine, sortit de l'auberge, porté par deux hommes. Ils descendirent la rue, et les enfants qui se rendaient à l'école se mirent à courir derrière eux.

Tout le monde se retira.

La fenêtre en face était encore ouverte. Un bout de corde flottait à la tringle; je n'avais pas rêvé; j'avais bien vu le grand papillon de nuit... puis le pendu... puis la vieille!

Ce jour-là, Toubac me fit sa visite; son grand nez parut à ras du plancher.

« Maître Christian, s'écria-t-il, rien à vendre? »

Je ne l'entendis pas, j'étais assis sur mon unique chaise, les deux mains sur les genoux, les yeux fixés devant moi. Toubac, surpris de mon immobilité, répéta plus haut:

« Maître Christian! maître Christian! »

Puis, enjambant la soupente, il vint sans façon me frapper sur l'épaule.

« Eh bien! eh bien! que se passe-t-il donc?

— Ah! c'est vous, Toubac?

— Eh! parbleu! j'aime à le croire. Êtes-vous malade?

— Non... je pense.

— A quoi diable pensez-vous?

— Au pendu!

— Ah! ah! s'écria le brocanteur, vous l'avez donc vu, ce pauvre garçon. Quelle histoire singulière! le troisième à la même place!

— Comment! le troisième?

— Eh! oui. J'aurais dû vous prévenir. Après ça, il est encore temps; il y en aura bien un quatrième qui voudra suivre l'exemple des autres... il n'y a que le premier pas qui coûte. »

Ce disant, Toubac prit place au bord de mon bahut, battit le briquet, alluma sa pipe, et lança quelques bouffées d'un air rêveur.

« Ma foi, dit-il, je ne suis pas craintif, mais si l'on m'offrait de passer la nuit dans cette chambre, j'aimerais autant aller me pendre ailleurs.

« Figurez-vous, maître Christian, qu'il y a neuf ou dix mois, un brave homme de Tubingue, marchand de fourrures en gros, descend à l'auberge du *Bœuf-Gras*. Il demande à souper, il mange bien, il boit bien, on le mène coucher dans la chambre du troisième,—la chambre verte, comme ils l'appellent,—et le lendemain on le trouve pendu à la tringle de l'enseigne!

« Bon! passe pour une fois; il n'y avait rien à dire.

« On dresse procès-verbal et l'on enterre cet étranger au fond du jardin. Mais voilà qu'environ six semaines après, arrive un brave militaire de Newstadt. Il avait son congé définitif et se réjouissait de revoir son village. Pendant toute la soirée, en vidant des chopes, il ne parla que de sa petite cousine qui l'attendait pour se marier. Enfin, on le mène au lit du gros monsieur, et, cette même nuit, le watchmann qui passait dans la rue des *Minnesængers* aperçoit quelque chose à la tringle. Il lève sa lanterne : c'était le militaire, avec son congé définitif dans un tuyau de fer-blanc, sur la cuisse gauche, et les mains collées sur les coutures du pantalon, comme à la parade!

« Pour le coup, c'est extraordinaire! Le bourgmestre crie, fait le diable. On visite la chambre. On recrépit les murs et l'on envoie l'extrait mortuaire à Newstadt.

« Le greffier avait écrit en marge : « Mort d'apoplexie foudroyante! »

« Tout Nuremberg était indigné contre l'aubergiste. Il y en avait même qui voulaient le forcer d'ôter sa tringle de fer, sous prétexte qu'elle inspirait des idées dangereuses aux gens. Mais vous pensez que le vieux Nikel Schmidt n'entendit pas de cette oreille.

« Cette tringle, dit-il, a été mise là par mon grand-père. Elle porte l'enseigne du *Bœuf-Gras* de père en fils depuis cent cinquante ans. Elle ne fait de tort à personne, pas même aux voitures de foin qui passent dessous, puisqu'elle est à plus de trente pieds. Ceux qu'elle gêne n'ont qu'à détourner la tête, ils ne la verront pas. »

« On finit par se calmer, et pendant plusieurs mois il n'y eut rien de nouveau. Malheureusement, un étudiant de Heidelberg qui se rendait à l'Université s'arrêta avant-hier au *Bœuf-Gras* et demande à coucher. C'était le fils d'un pasteur.

« Comment supposer que le fils d'un pasteur aurait l'idée de se pendre à la tringle d'une enseigne, parce qu'un gros monsieur et un militaire s'y étaient pendus? Il faut avouer, maître Christian, que la chose n'était guère probable. Ces raisons ne vous auraient pas paru suffisantes, ni à moi non plus. Eh bien....

— Assez! assez! m'écriai-je, cela est horrible... Je devine là-dessous un affreux mystère. Ce n'est pas la tringle, ce n'est pas la chambre....

— Est-ce que vous soupçonneriez l'aubergiste, le plus honnête homme du monde, appartenant à l'une des plus anciennes familles de Nuremberg?

— Non, non, Dieu me garde de concevoir d'injustes soupçons, mais il y a des abîmes qu'on n'ose sonder du regard.

— Vous avez bien raison, dit Toubac, étonné de mon exaltation; il vaut mieux parler d'autre chose. A propos, maître Christian, et notre paysage de Sainte-Odile? »

Cette question me ramena dans le monde positif. Je fis voir au brocanteur le tableau que je venais de terminer. L'affaire fut bientôt conclue, et Toubac, fort satisfait, descendit l'échelle en m'engageant à ne plus songer à l'étudiant de Heidelberg.

J'aurais volontiers suivi le conseil du brocanteur; mais quand le diable se mêle de nos affaires, il n'est pas facile de s'en débarrasser.

II

Dans la solitude, tous ces événements se retracèrent à mon esprit avec une lucidité effrayante.

La vieille, me dis-je, est cause de tout. Elle seule a médité ces crimes, et les a consommés; mais par quel moyen? A-t-elle eu recours à la ruse, ou bien à l'intervention des puissances invisibles?

Je me promenais dans mon réduit; une voix intérieure me criait: « Ce n'est pas en vain que le ciel t'a permis de voir Flédermausse contempler l'agonie de sa victime; ce n'est pas en vain que l'âme du pauvre jeune homme est venue t'éveiller sous la forme d'un papillon de nuit... non! ce n'est pas en vain! Christian, le ciel t'impose une mission terrible. Si tu ne l'accomplis pas, crains de tomber toi-même dans les filets de la vieille. Peut-être, en ce moment, prépare-t-elle déjà sa toile dans l'ombre! »

Durant plusieurs jours, ces images affreuses me poursuivirent sans trêve; j'en perdais le sommeil; il m'était impossible de rien faire; le pinceau me tombait de la main, et, chose atroce à dire, je me surprenais quelquefois à considérer la tringle avec complaisance. Enfin, n'y tenant plus, je descendis un soir l'échelle quatre à quatre, et j'allai me blottir derrière la porte de Flédermausse, pour surprendre son fatal secret.

Dès lors, il ne se passa plus un jour que je ne fusse en route, suivant la vieille, l'épiant, ne la perdant pas de vue; mais elle était si rusée, elle avait le flair tellement subtil, que, sans même tourner la tête, elle me devinait derrière elle et me savait à ses trousses. Du reste, elle feignait de ne pas s'en apercevoir; elle allait au marché, à la boucherie comme une simple bonne femme; seulement, elle hâtait le pas et murmurait des paroles confuses.

Au bout d'un mois, je vis qu'il me serait impossible d'atteindre à mon but par ce moyen, et cette conviction me rendit d'une tristesse inexprimable.

« Que faire? me disais-je. La vieille devine mes projets, elle se tient sur ses gardes, tout m'abandonne... tout! O vieille scélérate! tu crois déjà me voir au bout de la ficelle! »

A force de me poser cette question « que faire? que faire? » une idée lumineuse frappa mon esprit. Ma chambre dominait la maison de Flédermausse, mais il n'y avait pas de lucarne de ce côté. Je soulevai légèrement une ardoise, et l'on ne saurait se peindre ma joie, quand je vis toute l'antique masure à découvert. « Enfin, je te tiens! m'écriai-je, tu ne peux m'échapper! d'ici, je verrai tout: tes allées, tes venues, les habitudes de la fouine dans sa tanière. Tu ne soupçonneras pas cet œil invisible... cet œil qui surprend le crime au moment d'éclore. Oh! la justice! elle marche lentement... mais elle arrive!

Rien de sinistre comme ce repaire vu de là : — une cour profonde à larges dalles moussues; dans l'un des angles, un puits, dont l'eau croupissante faisait peur à voir; un escalier en coquille; au fond, une galerie à rampe de bois; sur la balustrade du vieux linge, la taie d'une paillasse; — au premier étage, à gauche, la pierre d'un égout indiquant la cuisine; à droite, les hautes fenêtres du bâtiment donnant sur la rue, quelques pots de fleurs desséchées, tout cela sombre, lézardé, humide.

Le soleil ne pénétrait qu'une heure ou deux par jour au fond de ce cloaque; puis l'ombre remontait, la lumière se découpait en losanges sur les murailles décrépites, sur le balcon vermoulu, sur les vitres ternes. — Des tourbillons d'atomes voltigeaient dans des rayons d'or, que n'agitait pas un souffle. Oh! c'était bien l'asile de Flédermausse : elle devait s'y plaire.

Je terminais a peine ces réflexions, que la vieille entra. Elle revenait du marché. J'entendis sa lourde porte grincer. Puis Flédermausse apparut avec son panier. Elle paraissait fatiguée, hors d'haleine. Les franges de son bonnet lui pendaient sur le nez, — se cramponnant d'une main à la rampe, elle gravit l'escalier.

Il faisait une chaleur suffocante, — c'était précisément un de ces jours où tous les insectes, les grillons, les araignées, les moustiques, remplissent les vieilles masures de leurs bruits de râpes et de tarières souterraines.

Flédermausse traversa lentement la galerie, comme un furet qui se sent chez soi. — Elle resta plus d'un quart d'heure dans la cuisine, puis revint étendre son linge, donner un coup de balai sur les marches, où traînaient quelques brins de paille. Enfin, elle leva la tête, et se mit à parcourir de ses yeux verts le tour du toit.... cherchant.... furetant du regard.

Par quelle étrange intuition soupçonnait-elle quelque chose ? Je ne sais, mais j'abaissai doucement l'ardoise et je renonçai à faire le guet ce jour-là.

Le lendemain, Flédermausse paraissait rassurée. Un angle de lumière se déchiquetait dans la galerie.

En passant, elle prit une mouche au vol et la présenta délicatement à une araignée établie dans l'angle du toit.

L'araignée était si grosse, que, malgré la distance, je la vis descendre d'échelon en échelon, puis glisser le long d'un fil, comme une goutte de venin, saisir sa proie entre les mains de la mégère et remonter rapidement. Alors la vieille regarda fort attentivement, ses yeux se fermèrent à demi... elle éternua, et se dit à elle-même d'un ton railleur :

« Dieu vous bénisse ! la belle, Dieu vous bénisse ! »

Durant six semaines, je ne pus rien découvrir touchant la puissance de Flédermausse; tantôt assise sous l'échoppe, elle pelait ses pommes de terre, tantôt elle étendait son linge sur la balustrade. Je la vis filer quelquefois, mais jamais elle ne chantait, comme c'est la coutume des bonnes vieilles femmes, dont la voix chevrotante se marie si bien au bourdonnement du rouet.

Le silence régnait autour d'elle. Elle n'avait pas de chat, cette société favorite des vieilles filles... pas un moineau ne venait se poser sur ses chenets... les pigeons, en passant au-dessus de sa cour, semblaient étendre l'aile avec plus d'élan. — On aurait dit que tout avait peur de son regard.

L'araignée seule se plaisait dans sa compagnie.

Je ne conçois pas ma patience durant ces longues heures d'observation; rien ne me lassait, rien ne m'était indifférent; — au moindre bruit, je soulevais l'ardoise : c'était une curiosité sans bornes, stimulée par une crainte indéfinissable.

Toubac se plaignait.

« Maître Christian, me disait-il, à quoi diable passez-vous votre temps? Autrefois, vous me donniez quelque chose toutes les semaines; — à présent, c'est à peine tous les mois. Oh! les peintres! on a bien raison de dire : Paresseux comme un peintre! Aussitôt qu'ils ont quelques *kreutzers* devant eux, ils mettent les mains dans leurs poches et s'endorment! »

Je commençais moi-même à perdre courage. — J'avais beau regarder... épier... je ne découvrais rien d'extraordinaire; — j'en étais à me dire que la vieille pouvait bien n'être pas si dangereuse, que je lui faisais peut-être tort de la soupçonner;

bref, je lui cherchais des excuses; mais un beau soir que, l'œil à mon trou, je m'abandonnais à ces réflexions bénévoles, la scène changea brusquement.

Flédermausse passa sur la galerie avec la rapidité de l'éclair; elle n'était plus la même : elle était droite, les mâchoires serrées, le regard fixe, le cou tendu; elle faisait de grands pas; ses cheveux gris flottaient derrière elle. « Oh! oh! me dis-je, il se passe quelque chose attention! » Mais les ombres descendirent sur cette grande demeure, les bruits de la ville expirèrent... le silence s'établit.

J'allais m'étendre sur ma couche, quand, jetant les yeux par la lucarne, je vis la fenêtre en face illuminée : un voyageur occupait la chambre du pendu.

Alors, toutes mes craintes se réveillèrent; l'agitation de Flédermausse s'expliquait : elle flairait une victime!

Je ne pus dormir de la nuit. Le froissement de la paille, le grignotement d'une souris sous le plancher, me donnaient froid. Je me levai, je me perchai à la lucarne... j'écoutai, — la lumière d'en face était éteinte. Dans l'un de ces moments d'anxiété poignante, soit illusion, soit réalité, je crus voir la vieille mégère qui regardait aussi et prêtait l'oreille.

La nuit se passa, le jour vint grisonner mes vitres; peu à peu les bruits, les mouvements de la ville montèrent. Harassé de fatigue et d'émotions, je venais de m'endormir; mais mon sommeil fut court; dès huit heures, j'avais pris mon poste d'observation.

Il paraît que la nuit de Flédermausse n'avait pas été moins orageuse que la mienne : lorsqu'elle poussa la porte de la galerie, une pâleur livide couvrait ses joues et sa nuque maigre. Elle n'avait que sa chemise et un jupon de laine, quelques mèches de cheveux d'un gris roux tombaient sur ses épaules. Elle regarda de mon côté d'un air rêveur, mais elle ne vit rien; elle pensait à autre chose. — Tout à coup elle descendit, laissant ses savates au haut de l'escalier; elle allait sans doute s'assurer que la porte d'en bas était bien fermée. Je la vis remonter brusquement, enjambant trois ou quatre marches à la fois..... c'était effrayant. — Elle s'élança dans la chambre voisine; j'entendis comme le bruit d'un gros coffre dont le couvercle retombe. Puis Flédermausse apparut sur la galerie, traînant un mannequin derrière elle... et ce mannequin avait les habits de l'étudiant de Heidelberg.

La vieille, avec une dextérité surprenante, suspendit cet objet hideux à la poutre du hangar, puis elle descendit pour le contempler de la cour.

Un éclat de rire saccadé s'échappa de sa poitrine... elle remonta, descendit de nouveau comme une maniaque, et chaque fois poussant de nouveaux cris, de nouveaux éclats de rire.

Un bruit se fit entendre à la porte... la vieille bondit, décrocha le mannequin, l'emporta... revint... et, penchée sur la balustrade, le cou allongé, les yeux étincelants, elle prêta l'oreille... le bruit s'éloignait... les muscles de sa face se détendirent, elle respira longuement : une voiture venait de passer.

La mégère avait eu peur.

Alors elle rentra de nouveau dans la chambre, et j'entendis le coffre qui se refermait.

Cette scène bizarre confondait toutes mes idées : que signifiait ce mannequin ?

Je devins plus attentif que jamais.

Flédermausse venait de sortir avec son panier, je la suivis des yeux jusqu'au détour de la rue ; — elle avait repris son air de vieillotte tremblotante, elle faisait de petits pas et tournait de temps en temps la tête à demi, pour voir derrière elle du coin de l'œil.

Pendant cinq grandes heures elle resta dehors ; — moi, j'allais, je venais, je méditais ; le temps m'était insupportable ; — le soleil chauffait les ardoises et m'embrasait le cerveau.

Je vis à sa fenêtre le brave homme qui occupait

la chambre des trois pendus. C'était un bon paysan du Nassau, à grand tricorne, à gilet écarlate, la figure riante, épanouie. Il fumait tranquillement sa pipe d'Ulm sans se douter de rien. J'avais envie de lui crier : « Brave homme, prenez garde! ne vous laissez pas fasciner par la vieille... défiez-vous! » Mais il ne m'aurait pas compris.

Vers deux heures, Flédermausse rentra. Le bruit de sa porte retentit au fond du vestibule. Puis seule, bien seule, elle parut dans la cour et s'assit sur la marche inférieure de l'escalier. — Elle déposa son grand panier devant elle et en tira d'abord quelques paquets d'herbages, quelques légumes, puis un gilet rouge, puis un tricorne replié, une veste de velours brun, des culottes de peluche... une paire de gros bas de laine, — tout le costume du paysan de Nassau.

J'eus comme des éblouissements. Des flammes me passèrent devant les yeux.

Je me rappelai ces précipices qui vous attirent avec une puissance irrésistible, ces puits qu'il avait fallu combler, parce qu'on s'y précipitait; ces arbres qu'il avait fallu abattre, parce qu'on s'y pendait; cette contagion de suicides, de meurtres, de vols à certaines époques, par des moyens déterminés; cet entraînement *bizarre* de l'exemple, qui fait bâiller parce qu'on voit bâiller; souffrir, parce qu'on voit souffrir; se tuer, parce que d'autres se tuent... et mes cheveux se dressèrent d'épouvante !

Comment cette Flédermausse, cette créature sordide, avait-elle pu deviner une loi si profonde de la nature ? Comment avait elle trouvé moyen de l'exploiter au profit de ses instincts sanguinaires ? Voilà ce que je ne pouvais comprendre, voilà ce qui dépassait toute mon imagination ; mais sans réfléchir davantage à ce mystère, je résolus aussitôt de tourner la loi fatale contre elle et d'attirer la vieille dans son propre piége. Tant d'innocentes victimes criaient vengeance !

Je me mis donc en route. Je courus chez tous les fripiers de Nuremberg, et le soir j'arrivai à l'auberge des trois pendus, un énorme paquet sous le bras.

Nickel Schmidt me connaissait d'assez longue date. J'avais fait le portrait de sa femme, une grosse commère fort appétissante.

« Eh ! maître Christian, s'écria-t-il en me secouant la main, quelle heureuse circonstance vous ramène ? qui est-ce qui me procure le plaisir de vous voir ?

— Mon cher monsieur Schmidt, j'éprouve un véhément désir de passer la nuit dans cette chambre. »

Nous étions sur le seuil de l'auberge, et je lui montrais la chambre verte. Le brave homme me regarda d'un air défiant.

« Oh! ne craignez rien, lui dis-je, je n'ai pas envie de me pendre.

— A la bonne heure! à la bonne heure! car franchement cela me ferait de la peine... un artiste de votre mérite... Et pour quand voulez-vous cette chambre, maître Christian?

— Pour ce soir.

— Impossible, elle est occupée.

— Monsieur peut y entrer tout de suite, fit une voix derrière nous ; je n'y tiens pas! »

Nous nous retournâmes tout surpris. C'était le paysan du Nassau, son grand tricorne sur la nuque et son paquet au bout de son bâton de voyage. Il venait d'apprendre l'aventure des trois pendus et tremblait de colère.

« Des chambres comme les vôtres! s'écria-t-il en bégayant, mais... mais c'est un meurtre d'y mettre les gens! c'est un assassinat ! vous mériteriez d'aller aux galères!

— Allons, allons, calmez-vous, dit l'aubergiste, cela ne vous a pas empêché de bien dormir.

— Par bonheur, j'avais fait ma prière du soir, s'écria l'autre, sans cela où serais-je? où serais-je? »

Et il s'éloigna en levant les mains au ciel.

« Eh bien, dit maître Schmidt, stupéfait, la chambre est libre, mais n'allez pas me jouer un mauvais tour !

— Il serait plus mauvais pour moi, mon cher monsieur. »

Je remis mon paquet à la servante, et je m'installai provisoirement avec les buveurs.

Depuis longtemps je ne m'étais senti plus calme, plus heureux d'être au monde. Après tant d'inquiétudes, je touchais au but; l'horizon semblait s'éclairci, et puis je ne sais quelle puissance formidable me donnait la main. J'allumai ma pipe, et le coude sur la table, en face d'une chope, j'écoutai le chœur de *Freyschütz*, exécuté par une troupe de Zigeiners du Schwartz-Wald. La trompette, le cor de chasse, le hautbois, me plongeaient tour à tour dans une vague rêverie et parfois, m'éveillant pour regarder l'heure, je me demandais sérieusement si tout ce qui m'arrivait n'était pas un songe. Mais quand le wachtmann vint nous prier d'évacuer la salle, d'autres pensées plus graves surgirent dans mon âme, et je suivis tout méditatif la petite Charlotte, qui me précédait une chandelle à la main.

III

Nous montâmes l'escalier tournant jusqu'au troisième. Elle me remit la lumière en m'indiquant une porte.

« C'est là, dit-elle en se hâtant de descendre. »

J'ouvris la porte. La chambre verte était une chambre d'auberge comme toutes les autres : le plafond très-bas et le lit fort haut. D'un coup d'œil, j'en explorai l'intérieur, puis je me glissai près de la fenêtre.

Rien n'apparaissait encore chez Flédermausse; seulement, au bout d'une longue pièce obscure brillait une lumière, une veilleuse sans doute.

« C'est bien, me dis-je en refermant le rideau, j'ai tout le temps nécessaire. »

J'ouvris mon paquet; je mis un bonnet de femme à longues franges, et m'étant armé d'un fusain, je m'installai devant la glace afin de me tracer des rides. Ce travail me prit une bonne heure. Mais après avoir revêtu la robe et le grand châle, je me fis peur à moi-même. Flédermausse était là qui me regardait du fond de la glace.

En ce moment, le watchmann criait onze heures. Je montai vivement le mannequin que j'avais apporté; je l'affublai d'un costume pareil à celui de la mégère, et j'entr'ouvris le rideau.

Certes, après tout ce que j'avais vu de la vieille, sa ruse infernale, sa prudence, son adresse, rien n'aurait dû me surprendre, et cependant j'eus peur.

Cette lumière que j'avais remarquée au fond de la chambre, cette lumière immobile projetait alors sa lumière jaunâtre sur le mannequin du paysan de Nassau, lequel, accroupi au bord du lit, la tête penchée sur la poitrine, son grand tricorne rabattu sur la figure, les bras pendants, semblait plongé dans le désespoir.

L'ombre, ménagée avec un art diabolique, ne laissait paraître que l'ensemble de la figure; le gilet rouge et six boutons arrondis, se détachaient seuls des ténèbres... mais c'est le silence de la nuit, c'est l'immobilité complète du personnage, son air morne, affaissé, qui devaient s'emparer de l'imagination du spectateur avec une puissance inouïe. Moi-même, quoique prévenu, je me sentis froid dans les os. — Qu'aurait-ce donc été d'un pauvre campagnard, surpris à l'improviste? Il eût été terrassé... il eût perdu son libre arbitre... et l'esprit d'imitation aurait fait le reste.

A peine eus-je remué le rideau, que je vis Flédermausse à l'affût derrière ses vitres.

Elle ne pouvait me voir. J'entr'ouvris doucement la fenêtre... la fenêtre en face s'entr'ouvrit; puis le mannequin parut se lever lentement et s'avancer vers moi, je m'avançai de même, et saisissant mon flambeau d'une main, de l'autre j'ouvris brusquement la croisée.

La vieille et moi nous étions face à face: car, frappée de stupeur, elle avait laissé tomber son mannequin.

Nos deux regards se croisèrent avec une égale terreur.

Elle étendit le doigt, j'étendis le doigt; ses lèvres s'agitèrent, j'agitai les miennes; elle exhala un profond soupir et s'accouda, je m'accoudai...

Dire ce que cette scène avait d'effrayant, je ne le puis. Cela tenait du délire, de l'égarement, de la folie! Il y avait lutte entre deux volontés, entre deux intelligences, entre deux âmes, dont l'une voulait anéantir l'autre, et dans cette lutte la mienne avait l'avantage. Les victimes luttaient avec moi!

Après avoir imité pendant quelques secondes tous les mouvements de Flédermausse, je tirai une corde de dessous mon jupon et je l'attachai à la tringle.

La vieille me considérait bouche béante. Je passai la corde à mon cou. Ses prunelles fauves s'illuminèrent, sa figure se décomposa.

« Non! non! fit-elle d'une voix sifflante, non! »

Je poursuivis avec l'impassibilité du bourreau.

Alors la rage saisit Flédermausse.

« Vieille folle! hurla-t-elle en se redressant, les mains crispées sur la traverse, vieille folle! »

Je ne lui donnai pas le temps de continuer: soufflant tout à coup ma lampe, je me baissai comme un homme qui veut prendre un élan vigoureux, et, saisissant le mannequin, je lui passai la corde au cou, puis je le précipitai dans l'espace.

Un cri terrible traversa la rue.

Après ce cri, tout rentra dans le silence.

La sueur ruisselait de mon front... j'écouta longtemps... Au bout d'un quart d'heure, j'entendis... loin... bien loin... la voix du watchmann qui criait : « Habitants de Nuremberg... minuit... minuit sonné... »

« Maintenant, justice est faite, murmurai-je, les trois victimes sont vengées..... Seigneur, pardonnez-moi. »

Or, ceci se passait environ cinq minutes après le dernier cri du watchmann, et je venais d'apercevoir la mégère, attirée par son image, s'élancer de sa fenêtre la corde au cou et rester suspendue à sa tringle. Je vis le frisson de la mort onduler sur ses reins, et la lune calme, silencieuse, débordant à la cime du toit, reposer sur sa tête échevelée ses froids et pâles rayons.

Tel j'avais vu le pauvre jeune homme... telle je vis Flédermausse.

Le lendemain, tout Nuremberg apprit que la chauve-souris s'était pendue. Ce fut le dernier événement de ce genre dans la rue des *Minnœ-singers*.

LA COMÈTE

L'année dernière, avant les fêtes du carnaval, le bruit courut à Hunebourg que le monde allait finir. C'est le docteur Zacharias Piper, de Colmar, qui répandit d'abord cette nouvelle désagréable ; elle se lisait dans le *Messager boiteux*, dans le *Parfait chrétien* et dans cinquante autres almanachs.

Zacharias Piper avait calculé qu'une comète descendrait du ciel le mardi-gras, qu'elle aurait une queue de trente-cinq millions de lieues, formée d'eau bouillante, laquelle passerait sur la terre, de sorte que les neiges des plus hautes montagnes en seraient fondues, les arbres desséchés et les gens consumés.

Il est vrai qu'un honnête savant de Paris, nommé Popinot, écrivait plus tard que la comète arriverait sans doute, mais que sa queue serait composée de vapeurs tellement légères, que personne n'en éprouverait le moindre inconvénient; que chacun devait s'occuper tranquillement de ses affaires; qu'il répondait de tout.

Cette assurance calma bien des frayeurs.

Malheureusement, nous avons à Hunebourg une vieille fileuse de laine, nommée Maria Finck, demeurant dans la ruelle des Trois-Pots. C'est une petite vieille toute blanche, toute ridée, que les gens vont consulter dans les circonstances délicates de la vie. Elle habite une chambre basse, dont le plafond est orné d'œufs peints, de bandelettes roses et bleues, de noix dorées et de mille autres objets bizarres. Elle se revêt elle-même d'antiques falbalas, et se nourrit d'échaudés, ce qui lui donne une grande autorité dans le pays.

Maria Finck, au lieu d'approuver l'avis de l'honnête et bon M. Popinot, se déclara pour Zacharias Piper, disant :

« Convertissez-vous et priez; repentez-vous de vos fautes et faites du bien à l'Église, car la fin est proche, la fin est proche ! »

On voyait au fond de sa chambre une image de l'enfer, où les gens descendaient par un chemin semé de roses. Aucun ne se doutait de l'endroit où les menait cette route; ils marchaient en dansant, les uns une bouteille à la main, les autres un jambon, les autres un chapelet de saucisses. Un ménétrier, le chapeau garni de rubans, leur jouait de la clarinette pour égayer le voyage; plusieurs embrassaient leurs commères, et tous ces malheureux s'approchaient avec insouciance de la cheminée pleine de flammes, où déjà les premiers d'entre eux tombaient les bras étendus et les jambes en l'air.

Qu'on se figure les réflexions de tout être raisonnable en voyant cette image. On n'est pas tellement vertueux, que chacun n'ait un certain nombre de péchés sur la conscience, et personne ne peut se flatter de s'asseoir tout de suite à la droite du Seigneur. Non, il faudrait être bien présomptueux pour oser s'imaginer que les choses iront de la sorte; ce serait la marque d'un orgueil très-condamnable. Aussi la plupart se disaient:

« Nous ne ferons pas le carnaval; nous passerons le mardi-gras en actes de contrition. »

Jamais on n'avait vu rien de pareil. L'adjudant et le capitaine de place, ainsi que les sous-officiers de la 3ᵉ compagnie du*** en garnison à Hunebourg, étaient dans un véritable désespoir. Tous les préparatifs pour la fête, la grande salle de la mairie qu'ils avaient décorée de mousse et de trophées d'armes, l'estrade qu'ils avaient élevée pour l'orchestre, la bière, le kirsch, les *bischofs* qu'ils avaient commandés pour la buvette, enfin tous les rafraîchissements allaient être en pure perte, puisque les demoiselles de la ville ne voulaient plus entendre parler de danse.

« Je ne suis pas méchant, disait le sergent Duchêne, mais si je tenais votre Zacharias Piper, il en verrait des dures. »

Avec tout cela, les plus désolés étaient encore Daniel Spitz, le secrétaire de la mairie, Jérôme Bertha, le fils du maître de poste, le percepteur des contributions Dujardin, et moi. — Huit jours avant, nous avions fait le voyage de Strasbourg pour nous procurer des costumes. L'oncle Tobie m'avait même donné cinquante francs de sa poche, afin que rien ne fût épargné. Je m'étais donc choisi, chez mademoiselle Dardenai, sous les petites arcades, un costume de Pierrot. C'est une espèce de chemise à larges plis et longues manches, garnie de boutons en forme d'oignons, gros comme le poing, et qui vous ballottent depuis le menton jusque sur les cuisses. On se couvre la tête d'une calotte noire, on se blanchit la figure de farine et, pourvu qu'on ait le nez long, les joues creuses et les yeux bien fendus, c'est admirable.

Dujardin, à cause de sa large panse, avait pris un costume de Turc, brodé sur toutes les coutures; Spitz un habit de Polichinelle, formé de mille pièces rouges, vertes et jaunes, une bosse devant, une autre derrière, le grand chapeau de gendarme sur la nuque; on ne pouvait rien voir de plus beau. — Jérôme Bertha devait être en sauvage, avec des plumes de perroquet. Nous étions sûrs d'avance que toutes les filles quitteraient leurs sergents pour se pendre à nos bras.

Et quand on fait de pareilles dépenses, de voir que tout s'en aille au diable par la faute d'une vieille folle ou d'un Zacharias Piper, n'y a-t-il pas de quoi prendre le genre humain en grippe?

Enfin, que voulez-vous? Les gens ont toujours été les mêmes; les fous auront toujours le dessus.

Le mardi-gras arrive. Ce jour-là, le ciel était plein de neige. On regarde à droite, à gauche, en haut, en bas, pas de comète! Les demoiselles paraissent toutes confuses; les garçons couraient chez leurs cousines, chez leurs tantes, chez leurs marraines, dans toutes les maisons : « Vous voyez bien que la vieille Finck est folle, toutes vos idées de comète n'ont pas de bon sens. Est-ce que les comètes arrivent en hiver? Est-ce qu'elles ne choisissent pas toujours le temps des vendanges? Allons, allons, il faut se décider, que diable... Il est encore temps, etc. »

De leur côté, les sous-officiers passaient dans les cuisines et parlaient aux servantes; ils les exhortaient et les accablaient de reproches. Plusieurs reprenaient courage. Les vieux et les vieilles arrivaient bras dessus bras dessous, pour voir la grande salle de la mairie ; les soleils de sabres poignards et les petits drapeaux tricolores entre les fenêtres excitaient l'admiration universelle. Alors tout change ; on se rappelle que c'est mardi-gras ; les demoiselles se dépêchent de tirer leurs jupes de l'armoire et de cirer leurs petits souliers.

À dix heures, la grande salle de la mairie était pleine de monde ; nous avions gagné la bataille : pas une demoiselle de Hunebourg ne manquait à l'appel. Les clarinettes, les trombones, la grosse caisse résonnaient, les hautes fenêtres brillaient dans la nuit, les valses tournaient comme des enragées, les contredanses allaient leur train ; les filles et les garçons étaient dans une jubilation inexprimable, les vieilles grand'mères, bien assises contre les guirlandes, riaient de bon cœur. On se bousculait dans la buvette ; on ne pouvait pas servir assez de rafraîchissements, et le père Zimmer, qui avait la fourniture par adjudication, peut se vanter d'avoir fait ses choux gras en cette nuit.

Tout le long de l'escalier extérieur, on voyait descendre en trébuchant ceux qui s'étaient trop rafraîchis. Dehors, la neige tombait toujours.

L'oncle Tobie m'avait donné la clef de la maison, pour rentrer quand je voudrais. Jusqu'à deux heures, je ne manquai pas une valse, mais alors j'en avais assez, les rafraîchissements me tournaient sur le cœur. Je sortis. Une fois dans la rue, je me sentis mieux et me mis à délibérer, pour savoir si je remonterais ou si j'irais me coucher. J'aurais bien voulu danser encore; mais d'un autre côté j'avais sommeil.

Enfin je me décide à rentrer et je me mets en route pour la rue Saint-Sylvestre, le coude au mur, en me faisant toutes sortes de raisonnements à moi-même.

Depuis dix minutes, je m'avançais ainsi dans la nuit et j'allais tourner au coin de la fontaine, quand, levant le nez par hasard, je vois derrière les arbres du rempart une lune rouge comme de la braise, qui s'avançait par les airs. Elle était encore à des milliers de lieues, mais elle allait si vite, que dans un quart d'heure elle devait être sur nous.

Cette vue me bouleversa de fond en comble; je sentis mes cheveux grésiller, et je me dis :

« C'est la comète ! Zacharias Piper avait raison ! »

Et, sans savoir ce que je faisais, tout à coup je me remets à courir vers la mairie, je regrimpe l'escalier en renversant ceux qui descendaient et criant d'une voix terrible :

« La comète ! la comète ! »

C'était le plus beau moment de la danse : la

grosse caisse tonnait, les garçons frappaient du pied, levaient la jambe en tournant, les filles étaient rouges comme des coquelicots ; mais quand on entendit cette voix s'élever dans la salle : « La comète ! la comète ! » il se fit un profond silence et les gens, tournant la tête, se virent tout pâles, les joues tirées et le nez pointu.

Le sergent Duchêne, s'élançant vers la porte, m'arrêta et me mit la main sur la bouche, en disant :

« Est-ce que vous êtes fou ? Voulez-vous bien vous taire ! »

Mais moi, me renversant en arrière, je ne cessais de répéter d'un ton de désespoir : « La comète ! » Et l'on entendait déjà les pas rouler sur l'escalier comme un tonnerre, les gens se précipiter dehors, les femmes gémir, enfin un tumulte épouvantable. — Quelques vieilles, séduites par le mardi-gras, levaient les mains au ciel, en bégayant : « Jésus ! Maria ! Joseph ! »

En quelques secondes la salle fut vide. Duchêne me laissa, et, penché au bord d'une fenêtre, je regardais, tout épuisé, les gens qui remontaient la rue en courant. Puis je m'en allai, comme fou de désespoir.

En passant par la buvette, je vis la cantinière Catherine Lagoutte avec le caporal Bouquet, qui buvaient le fond d'un bol de punch :

« Puisque c'est fini, disaient-ils, que ça finisse bien ! »

Au-dessous, dans l'escalier, un grand nombre étaient assis sur les marches et se confessaient entre eux ; l'un disait : « J'ai fait l'usure ? » l'autre : « J'ai vendu à faux poids ! » l'autre : « J'ai trompé au jeu ! » Tous parlaient à la fois, et de temps en temps ils s'interrompaient pour crier ensemble : « Seigneur, ayez pitié de nous ! »

Je reconnus là le vieux boulanger Fèvre et la mère Lauritz. Ils se frappaient la poitrine comme des malheureux. Mais toutes ces choses ne m'intéressaient pas ; j'avais bien assez de péchés pour mon propre compte.

Bientôt j'eus rattrapé ceux qui couraient vers la fontaine. C'est là qu'il fallait entendre les gémissements ; tous reconnaissaient la comète, et moi je trouvai qu'elle avait déjà grossi du double. Elle jetait des éclairs, et la profondeur des ténèbres la faisait paraître rouge comme du sang.

La foule, debout dans l'ombre, ne cessait de répéter d'un ton lamentable :

« C'est fini, c'est fini ! O mon Dieu ! c'est fini ! nous sommes perdus ! »

Et les femmes invoquaient saint Joseph, saint Christophe, saint Nicolas, enfin tous les saints du calendrier.

Dans ce moment, je revis aussi tous mes péchés depuis l'âge de la raison, et je me fis horreur à moi-même. J'avais froid sous la langue, en pensant que nous allions être brûlés, et comme le vieux mendiant Balthazar se tenait près de moi sur sa béquille, je l'embrassai en lui disant :

« Balthazar, quand vous serez dans le sein d'Abraham, vous aurez pitié de moi, n'est-ce pas ? »

Alors lui, en sanglotant, me répondit :

« Je suis un grand pécheur, monsieur Christian ; depuis trente ans je trompe la commune par amour de la paresse, car je ne suis pas aussi boiteux qu'on pense.

— Et moi, Balthazar, lui dis-je, je suis le plus grand criminel de Hunebourg. »

Nous pleurions dans les bras l'un de l'autre.

Voilà pourtant comment seront les gens au jugement dernier : les rois avec les cireurs de bottes, les bourgeois avec les va-nu-pieds. Ils n'auront plus honte l'un de l'autre ; ils s'appelleront frères, et celui qui sera bien rasé ne craindra pas d'embrasser celui qui laisse pousser sa barbe pleine de crasse, — parce que le feu purifie tout et que la peur d'être brûlé vous rend le cœur tendre.

Oh ! sans l'enfer, on ne verrait pas tant de bons chrétiens ; c'est ce qu'il y a de plus beau dans notre sainte religion.

Enfin, nous étions tous là depuis un quart d'heure, à genoux, lorsque le sergent Duchêne arriva tout essoufflé. Il avait d'abord couru vers l'arsenal, et, ne voyant rien là-bas, il revenait par la rue des Capucins.

« Eh bien ! fit-il, qu'est-ce que vous avez donc à crier? »

Puis, apercevant la comète :

« Mille tonnerres! s'écria-t-il, qu'est-ce que c'est que ça?

— C'est la fin du monde, sergent, dit Balthazar.

— La fin du monde?

— Oui, la comète. »

Alors il se mit à jurer comme un damné, criant :

« Encore si l'adjudant de place était là... on pourrait connaître la consigne ! »

Puis, tout à coup, tirant son sabre et se glissant contre le mur, il dit :

« En avant! Je m'en moque, il faut pousser une reconnaissance. »

Tout le monde admirait son courage, et moi-même, entraîné par son audace, je me mis derrière lui. — Nous marchions doucement, doucement, les yeux écarquillés, regardant la comète qui grandissait à vue d'œil, en faisant des milliards de lieues chaque seconde.

Enfin, nous arrivâmes au coin du vieux couvent des capucins. La comète avait l'air de monter; plus nous avancions, plus elle montait; nous étions forcés de lever la tête, de sorte que finalement Duchêne avait le cou plié, regardant tout droit en l'air. Moi, vingt pas plus loin, je voyais la comète un peu de côté. Je me demandais s'il était prudent d'avancer encore, lorsque le sergent s'arrêta.

« Sacrebleu! fit-il à voix basse, c'est le réverbère.

— Le réverbère! dis-je en m'approchant, est-ce possible! »

Et je regardai tout ébahi.

En effet, c'était le vieux réverbère du couvent des capucins. On ne l'allume jamais, par la raison que les capucins sont partis depuis 1798, et qu'à Hunebourg tout le monde se couche avec les poules; mais le veilleur de nuit Burrhus, prévoyant qu'il y aurait ce soir-là beaucoup d'ivrognes, avait eu l'idée charitable d'y mettre une chandelle, afin d'empêcher les gens de rouler dans le fossé qui longe l'ancien cloître, puis il était allé dormir à côté de sa femme.

Nous distinguions très-bien les branches de la lanterne. Le lumignon était gros comme le pouce; quand le vent soufflait un peu, ce lumignon s'allumait et jetait des éclairs, voilà ce qui le faisait marcher comme une comète.

Moi, voyant cela, j'allais crier pour avertir les autres, quand le sergent me dit :

« Voulez-vous bien vous taire ! si l'on savait que nous avons chargé sur une lanterne, on se moquerait de nous. — Attention ! »

Il décrocha la chaîne toute rouillée ; le réverbère tomba, produisant un grand bruit. Après quoi nous partîmes en courant.

Les autres attendirent encore longtemps ; mais comme la comète était éteinte, ils finirent aussi par reprendre du courage et allèrent se coucher.

Le lendemain, le bruit courut que c'était à cause des prières de Maria Finck que la comète s'était éteinte ; aussi, depuis ce jour, elle est plus sainte que jamais.

Voilà comment les choses se passent dans la bonne petite ville de Hunebourg !

BOURGMESTRE EN BOUTEILLE

CONTE FANTASTIQUE

J'ai toujours professé une haute estime et même une sorte de vénération pour le noble vin du Rhin; il petille comme le champagne, il réchauffe comme le bourgogne, il lénifie le gosier comme le bordeaux, il embrase l'imagination comme les liqueurs d'Espagne, il nous rend tendres comme le lacryma-christi; enfin, par-dessus tout, il fait rêver, il déroule à nos yeux le vaste champ de la fantaisie.

En 1846, vers la fin de l'automne, je m'étais décidé à faire un pèlerinage au Johannisberg. Monté sur une pauvre haridelle aux flancs creux, j'avais disposé deux cruches de fer-blanc dans ses vastes cavités intercostales, et je voyageais à petites journées.

Quel admirable spectacle que celui des vendanges ! L'une de mes cruches était toujours vide, l'autre toujours pleine ; lorsque je quittais un coteau, il y en avait toujours un autre en perspective. Mon seul chagrin était de ne pouvoir partager ce plaisir avec un véritable appréciateur.

Un soir, à la nuit tombante, le soleil venait de disparaître, mais il lançait encore entre les larges feuilles de vigne quelques rayons égarés. J'entendis le trot d'un cheval derrière moi. J'appuyai légèrement à gauche pour lui laisser passage, et à ma grande surprise, je reconnus mon ami Hippel, qui fit une exclamation joyeuse dès qu'il m'aperçut.

Vous connaissez Hippel, son nez charnu, sa bouche spéciale pour la dégustation, son ventre à triple étage. Il ressemblait au bon Silène poursuivant le dieu Bacchus. Nous nous embrassâmes avec transport.

Hippel voyageait dans le même but que moi; amateur distingué, il voulait fixer son opinion sur la nuance de certains coteaux, qui lui avaient toujours laissé quelques doutes. Nous poursuivîmes de compagnie.

Hippel était d'une gaieté folle ; il traça notre

itinéraire dans les vignobles du Rhingau. Parfois nous faisions halte pour donner une accolade à nos cruches et pour écouter le silence qui régnait loin.

La nuit était assez avancée lorsque nous arrivâmes devant une petite auberge accroupie au versant de la côte. Nous mîmes pied à terre. Hippel jeta un coup d'œil à travers une petite fenêtre presqu'au niveau du sol. Sur une table brillait une lampe, à côté de la lampe dormait une vieille femme.

« Hé! cria mon camarade, ouvrez, la mère. »

La vieille femme tressaillit, se leva, et s'approchant de la fenêtre, elle colla sa figure ratatinée contre l'une des vitres. On eût dit un de ces vieux portraits flamands où l'ocre et le bistre se disputent la préséance.

Quand la vieille sibylle nous eut distingués, elle grimaça un sourire et nous ouvrit la porte.

« Entrez, messieurs, entrez, dit-elle d'une voix chevrotante; je vais éveiller mon fils; soyez les bienvenus.

— Un picotin pour nos chevaux, un bon souper pour nous, s'écria Hippel.

— Bien, bien, » fit la vieille avec empressement.

Elle sortit à petits pas, et nous l'entendîmes monter un escalier plus roide que l'échelle de Jacob.

Nous restâmes quelques minutes dans une salle basse et enfumée. Hippel courut à la cuisine et vint m'apprendre qu'il avait constaté la présence de plusieurs quartiers de lard dans la cheminée.

« Nous souperons, dit-il en se caressant le ventre, oui, nous souperons. »

Les planches crièrent au-dessus de nos têtes, et presque aussitôt un vigoureux gaillard, vêtu d'un simple pantalon, la poitrine nue, les cheveux ébouriffés, ouvrit la porte, fit quatre pas et sortit sans nous dire un mot.

La vieille alluma du feu et le beurre se mit à rire dans la poêle.

Le souper fut servi. On posa sur la table un jambon flanqué de deux bouteilles, l'une de vin rouge, l'autre de vin blanc.

« Lequel préférez-vous ? demanda l'hôtesse.

— Il faut voir, » répondit Hippel en présentant son verre à la vieille, qui lui versa du vin rouge.

Elle emplit aussi le mien. Nous goûtâmes : c'était un vin âpre et fort. Il avait je ne sais quel goût particulier, un parfum de verveine, de cyprès ! J'en bus quelques gouttes, et une tristesse profonde s'empara de mon âme. Hippel, au contraire, fit claquer sa langue d'un air satisfait.

« Fameux ! dit-il, fameux ! D'où le tirez-vous, bonne mère ?

— D'un coteau voisin, dit la vieille, avec un sourire étrange.

— Fameux coteau, reprit Hippel, en se versant une nouvelle rasade. »

Il me sembla qu'il buvait du sang.

« Quelle diable de figure fais-tu, Ludwig? me dit-il. Est-ce que tu as quelque chose ?

— Non, répondis-je, mais je n'aime pas le vin rouge.

— Il ne faut pas disputer des goûts, observa Hippel, en vidant la bouteille et en frappant sur la table.

— Du même, s'écria-t-il, toujours du même, et surtout pas de mélange, belle hôtesse! Je m'y connais. Morbleu! ce vin-là me ranime, c'est un vin généreux. »

Hippel se rejeta sur le dossier de sa chaise. Sa figure me parut se décomposer. D'un seul trait je vidai la bouteille de vin blanc, alors la joie me revint au cœur. La préférence de mon ami pour le vin rouge me parut ridicule, mais excusable.

Nous continuâmes à boire jusqu'à une heure du matin, lui du rouge, moi du blanc.

Une heure du matin! C'est l'heure d'audience de madame la Fantaisie! Les caprices de l'imagination étalent leurs robes diaphanes brodées de cristal et d'azur, comme celles de la mouche, du scarabée, de la demoiselle des eaux dormantes.

Une heure ! C'est alors que la musique céleste chatouille l'oreille du rêveur et souffle dans son âme l'harmonie des sphères invisibles. Alors trotte la souris, alors la chouette déploie ses ailes de duvet et passe silencieuse au-dessus de nos têtes.

« Une heure, dis-je à mon camarade, il faut prendre du repos, si nous voulons partir demain. »

Hippel se leva tout chancelant.

La vieille nous conduisit dans une chambre à deux lits et nous souhaita un bon sommeil.

Nous nous déshabillâmes; je restai debout le dernier pour éteindre la lumière. A peine étais-je couché que Hippel dormait profondément; sa respiration ressemblait au souffle de la tempête. Je ne pus fermer l'œil, mille figures bizarres voltigeaient autour de moi; les gnômes, les diablotins, les sorcières de Walpürgis exécutaient au plafond leur danse cabalistique. Singulier effet du vin blanc !

Je me levai, j'allumai ma lampe, et, attiré par une invincible curiosité, je m'approchai du lit de Hippel. Sa figure était rouge, sa bouche entr'ouverte, le sang faisait battre ses tempes, ses lèvres remuaient comme s'il eût voulu parler. Longtemps je me tins immobile près de lui; j'aurais voulu plonger mon regard au fond de son âme, mais le sommeil est un mystère impénétrable; comme la mort, il garde ses secrets.

Tantôt la figure de Hippel exprimait la terreur, tantôt la tristesse, tantôt la mélancolie; parfois, elle se contractait; on eût dit qu'il allait pleurer.

Cette bonne figure, faite pour éclater de rire, avait un caractère étrange sous l'impression de la douleur.

Que se passait-il au fond de cet abîme ? Je voyais bien quelques vagues monter à la surface, mais d'où venaient ces commotions profondes? Tout à coup le dormeur se leva, ses paupières s'ouvrirent, et je vis que ses yeux étaient blancs... Tous les muscles de son visage tressaillirent, sa bouche sembla vouloir jeter un cri d'horreur... puis il retomba, et j'entendis un sanglot.

« Hippel! Hippel! » m'écriai-je, en lui versant une cruche d'eau sur la tête.

Il s'éveilla.

« Ah! dit-il, Dieu soit loué, c'était un rêve! Mon cher Ludwig, je te remercie de m'avoir éveillé.

— C'est fort bien, mais tu vas me raconter ce que tu rêvais.

— Oui.... demain.... laisse-moi dormir.... j'ai sommeil.

— Hippel, tu es un ingrat; demain tu auras tout oublié.

— Cordieu! reprit-il, j'ai sommeil.... je n'y tiens plus... laisse-moi... laisse-moi! »

Je ne voulus pas lâcher prise.

« Hippel, tu vas retomber dans ton rêve, et cette fois je t'abandonnerai sans miséricorde. »

Ces mots produisirent un effet admirable.

« Retomber dans mon rêve! s'écria-t-il en sautant du lit. Vite mes habits! mon cheval! je pars! Cette maison est maudite. Tu as raison, Ludwig, le diable habite entre ces murs... Allons-nous-en! »

Il s'habillait avec précipitation. Quand il eut fini, je l'arrêtai.

« Hippel, lui dis-je, pourquoi nous sauver? Il n'est que trois heures du matin, reposons-nous. »

J'ouvris une fenêtre, et l'air frais de la nuit pénétrant dans la chambre, dissipa toutes ses craintes.

Appuyé sur le bord de la croisée, il me raconta ce qui suit :

« Nous avons parlé hier des plus fameux vignobles du Rhingau, me dit-il. Quoique je n'aie jamais parcouru ce pays, mon esprit s'en préoccupa sans doute, et le gros vin que nous avons bu donna une couleur sombre à mes idées. Ce qu'il y a de plus étonnant, c'est que je m'imaginais, dans mon rêve, être le bourgmestre de Welche (village voisin), et je m'identifiais tellement avec ce personnage que je pourrais t'en faire la description comme de moi-même. Ce bourgmestre était un homme de taille moyenne et presque aussi gros que moi. Il portait un habit à grandes basques et à boutons de cuivre ; le long de ses jambes, il y avait une autre rangée de petits boutons têtes de clou. Un chapeau à trois cornes coiffait sa tête chauve ; enfin, c'était un homme d'une gravité stupide, ne buvant que de l'eau, n'estimant que l'argent, et ne songeant qu'à étendre ses propriétés.

« Comme j'avais pris l'habit du bourgmestre, j'en avais pris aussi le caractère. Je me serais méprisé, moi, Hippel, si j'avais pu me connaître... Animal de bourgmestre que j'étais ! Ne vaut-il pas mieux vivre gaiement et se moquer de l'avenir que d'entasser écus sur écus et distiller de la bile ? Mais c'est bien... me voilà bourgmestre.

« Je me lève de mon lit, et la première chose qui m'inquiète, c'est de savoir si les ouvriers travaillent à ma vigne. Je prends une croûte de pain pour déjeuner. Une croûte de pain ! faut-il être ladre, avare ! Moi qui mange ma côtelette et qui bois ma bouteille tous les matins. Enfin, c'est égal, je prends, c'est-à-dire le bourgmestre prend une croûte de pain et la met dans sa poche. Il recommande à sa vieille gouvernante de balayer la chambre et de préparer le dîner pour onze heures ; du bouilli et des pommes de terre, je crois. Un pauvre dîner ! N'importe... Il sort.

« Je pourrais te faire la description de la route,

de la montagne, me dit Hippel, je les ai sous les yeux.

« Est-il possible qu'un homme, dans ses rêves, puisse se figurer ainsi un paysage ? Je voyais des champs, des jardins, des prairies, des vignobles. Je pensais : celui-ci est à Pierre; cet autre à Jacques; cet autre à Henri; et je m'arrêtais devant quelques-unes de ces parcelles, en me disant : « Diable, le trèfle de Jacob est superbe; » et plus loin: « Diable, cet arpent de vigne me conviendrait beaucoup. » Mais pendant ce temps-là, je sentais une espèce d'étourdissement, un mal de tête indéfinissable. Je pressai le pas. Comme il était grand matin, tout à coup le soleil se leva, et la chaleur devint excessive. Je suivais un petit sentier qui montait à travers les vignes, sur le versant de la côte. Ce sentier allait aboutir derrière les décombres d'un vieux château, et je voyais plus loin mes quatre arpents. Je me hâtais d'y arriver. J'étais tout essoufflé en pénétrant au milieu des ruines, je fis halte pour reprendre haleine, le sang bourdonnait dans mes oreilles, et mon cœur heurtait ma poitrine, comme le marteau frappe l'enclume. Le soleil était en feu. Je voulus reprendre ma route; mais tout à coup je fus atteint comme d'un coup de massue, je roulai derrière un pan de muraille, et je compris que je venais d'être frappé d'apoplexie.

« Alors un sombre désespoir s'empara de moi.
« Je suis mort, me dis-je ; l'argent que j'ai amassé avec tant de peine, les arbres que j'ai cultivés avec tant de soin, la maison que j'ai bâtie, tout est perdu, tout passe à mes héritiers. Ces misérables, auxquels je n'aurais pas voulu donner un kreutzer, vont s'enrichir à mes dépens. Oh ! traîtres, vous serez heureux de mon malheur... vous prendrez les clefs dans ma poche, vous partagerez mes biens, vous dépenserez mon or.... Et moi... moi... j'assisterai à ce pillage ! Quel affreux supplice ! »

« Je sentis mon âme se détacher du cadavre, mais elle resta debout à côté.

« Cette âme de bourgmestre vit que son cadavre avait la figure bleue et les mains jaunes.

« Comme il faisait très-chaud et qu'une sueur de mort découlait du front, de grosses mouches vinrent se poser sur le visage ; il y en eut une qui entra dans le nez... le cadavre ne bougea point ! Bientôt toute la figure en fut couverte et l'âme désolée ne put les chasser !

« Elle était là... là, pendant des minutes, qu'elle comptait comme des siècles. Son enfer commençait.

« Une heure passa : la chaleur augmentait toujours. Pas un souffle dans l'air, pas un nuage au ciel !

« Une chèvre parut le long des ruines ; elle broutait le lierre, les herbes sauvages qui croissent au milieu de ces décombres. En passant près de mon pauvre corps, elle fit un bond de côté, puis revint, ouvrit ses grands yeux avec inquiétude, flaira les environs et poursuivit sa course capricieuse sur la corniche d'une tourelle. Un jeune pâtre qui l'aperçut alors accourut pour la ramener ; mais en voyant le cadavre, il jeta un grand cri et se mit à courir de toutes ses forces vers le village.

« Une autre heure, lente comme l'éternité, se passa. Enfin, un chuchotement, des pas se firent entendre derrière l'enceinte et mon âme vit gravir lentement... lentement... M. le juge de paix, suivi de son greffier et de plusieurs autres personnes... je les reconnus tous. Ils firent une exclamation à ma vue :

« C'est notre bourgmestre ! »

« Le médecin s'approcha de mon corps et chassa les mouches qui s'envolèrent en tourbillonnant comme un essaim. Il regarda, souleva un bras déjà roide, puis il dit avec indifférence :

« Notre bourgmestre est mort d'un coup d'apoplexie foudroyante ; il doit être là depuis ce matin. On peut l'enlever d'ici, et l'on fera bien de l'enterrer au plus vite, car cette chaleur hâte la décomposition.

— Ma foi, dit le greffier, entre nous, la commune

ne perd pas grand'chose. C'était un avare, un imbécile; il ne comprenait rien de rien.

—Oui, ajouta le juge, et il avait l'air de tout critiquer.

—Ce n'est pas étonnant, dit un autre, les sots se croient toujours de l'esprit.

—Il faudra envoyer les porteurs, reprit le médecin, leur fardeau sera lourd, cet homme avait plus de ventre que de cervelle.

—Je vais dresser l'acte de décès. A quelle heure le fixerons-nous? demanda le greffier.

—Mettez hardiment qu'il est mort à quatre heures.

—L'avare, dit un paysan; il allait épier ses ouvriers pour avoir un prétexte de leur rogner quelque sous à la fin de la semaine.

Puis, croisant les bras sur sa poitrine, et regarrdant le cadavre :

« Eh bien, bourgmestre, fit-il, à quoi te sert maintenant d'avoir pressuré le pauvre monde? La mort t'a fauché tout de même!

—Qu'est-ce qu'il a dans sa poche? » dit un autre Il sortit ma croûte de pain.

« Voici son déjeuner! »

« Tous partirent d'un éclat de rire.

« En devisant de la sorte, ces messieurs se dirigèrent vers l'issue des ruines. Ma pauvre âme les entendit encore quelques instants; le bruit cessa peu à peu. Je restai dans la solitude et le silence.

« Les mouches revinrent par milliers.

« Je ne saurais dire combien de temps se passa, reprit Hippel, car dans mon rêve, les minutes n'avaient pas de fin.

« Cependant les porteurs arrivèrent, ils maudirent le bourgmestre en enlevant mon cadavre. L'âme du pauvre homme les suivit, plongée dans une douleur inexprimable. Je redescendis le chemin par lequel j'étais venu; mais, cette fois, je voyais mon corps porté devant moi sur une litière.

« Lorsque nous arrivâmes devant ma maison, je trouvai beaucoup de gens qui m'attendaient, je reconnus mes cousins et mes cousines jusqu'à la quatrième génération !

« On déposa le brancard, ils me passèrent tous en revue.

« C'est bien lui, disait l'un.

—Il est bien mort, » disait l'autre.

« Ma gouvernante arriva aussi, et joignant les mains d'un air pathétique :

« Qui aurait pu prévoir ce malheur ? s'écria-t-elle. Un homme gros et gras, bien portant ! Que nous sommes peu de chose ! »

« Ce fut toute mon oraison funèbre.

« On me porta dans une chambre et l'on m'étendit sur un lit de paille.

« Quand l'un de mes cousins tira les clefs de ma poche, je voulus jeter un cri de rage. Malheureusement, les âmes n'ont plus de voix ; enfin, mon cher Ludwig, je vis ouvrir mon secrétaire, compter mon argent, évaluer mes créances, je vis poser des scellés, je vis ma gouvernante dérober en cachette mes plus belles nippes ; et, quoique la mort m'eût affranchi de tous les besoins, je ne pus m'empêcher de regretter jusqu'aux liards que je voyais enlever.

« On me déshabilla, on me revêtit d'une chemise, on me cloua entre quatre planches, et j'assistai à mes propres funérailles.

« Quand ils me descendirent dans la fosse, le désespoir s'empara de mon âme ; tout était perdu ! C'est alors que tu m'éveillas, Ludwig ; et je crois encore entendre la terre crouler sur mon cercueil. »

Hippel se tut, et je vis un frisson parcourir tout son corps.

Nous restâmes longtemps méditatifs, sans échanger une parole ; le chant d'un coq nous avertit que la nuit touchait à sa fin, les étoiles parurent s'effacer à l'approche du jour. D'autres coqs lancèrent leurs voix perçantes dans l'espace, et se répondirent d'une ferme à l'autre. Un chien de garde sortit de sa niche pour faire sa ronde matinale, puis une alouette, encore ensommeillée, gazouilla quelques notes de sa joyeuse chanson.

« Hippel, dis-je à mon camarade, il est temps de partir, si nous voulons profiter de la fraîcheur.

—C'est vrai, me dit-il, mais avant tout, il faut se mettre quelque chose sous la dent. »

Nous descendîmes, l'aubergiste était en train de s'habiller; quand il eut passé sa blouse, il nous servit les débris de notre repas, il emplit une de mes cruches de vin blanc, l'autre de vin rouge, il sella nos deux haridelles et nous souhaita un bon voyage.

Nous n'étions pas encore à une demi-lieue de l'auberge lorsque mon ami Hippel, toujours dévoré par la soif, prit une gorgée de vin rouge.

« Prrr! fit-il comme frappé de vertige. Mon rêve, mon rêve de la nuit. »

Il mit son cheval au trot pour échapper à cette vision, qui se peignait en caractères étranges dans sa physionomie; je le suivis de loin, ma pauvre rossinante réclamait des ménagements.

Le soleil se leva, une teinte pâle et rose envahit l'azur sombre du ciel, les étoiles se perdirent au milieu de cette lumière éblouissante, comme un gravier de perles dans les profondeurs de la mer.

Aux premiers rayons du matin, Hippel arrêta son cheval et m'attendit.

« Je ne sais, dit-il, quelles sombres idées se sont emparées de moi. Ce vin rouge doit avoir quelque vertu singulière, il flatte mon gosier, mais il attaque mon cerveau.

—Hippel, lui répondis-je, il ne faut pas se dissimuler que certaines liqueurs renferment les principes de la fantaisie et même de la fantasmagorie. J'ai vu des hommes gais devenir tristes, des hommes tristes devenir gais, des hommes d'esprit devenir stupides et réciproquement, avec quelques verres de vin dans l'estomac. C'est un profond mystère; quel être insensé oserait mettre en doute cette puissance magique de la bouteille? N'est-ce pas le sceptre d'une force supérieure, incompréhensible, devant laquelle nous devons incliner le front, puisque tous nous en subissons parfois l'influence divine ou infernale? »

Hippel reconnut la force de mes arguments, et resta silencieux, comme perdu dans une immense rêverie.

Nous cheminions par un étroit sentier, qui serpente sur les bords de la Queich. Les oiseaux faisaient entendre leur ramage, la perdrix jetait son cri guttural, en se cachant sous les larges feuilles de vignes. Le paysage était magnifique, la rivière murmurait en fuyant à travers de petits ravins. A droite et à gauche, se déroulaient les coteaux chargés de superbes récoltes.

Notre route formait un coude au versant de la côte. Tout à coup, mon ami Hippel resta immobile, la bouche ouverte, les mains étendues dans l'attitude de la stupeur; puis, rapide comme une flèche, il se retourna pour fuir, mais je saisis la bride de son cheval.

« Hippel, qu'as-tu? m'écriai-je, est-ce que Satan s'est mis en embuscade devant toi? Est-ce que l'ange de Balaam a fait briller son glaive à tes yeux?

—Laisse-moi, disait-il en se débattant, mon rêve, c'est mon rêve!

—Allons, calme-toi, Hippel, le vin rouge renferme sans doute des propriétés nuisibles; prends une gorgée de celui-ci, c'est un suc généreux qui écarte les sombres imaginations du cerveau de l'homme. »

Il but avidement; cette liqueur bienfaisante rétablit l'équilibre entre ses facultés.

Nous versâmes sur le chemin ce vin rouge, qui était devenu noir comme de l'encre; il forma de gros bouillons en pénétrant dans la terre, et il me sembla entendre comme de sourds mugissements, des voix confuses, des soupirs, mais si faibles, qu'on eût dit qu'ils s'échappaient d'une contrée lointaine, et que notre oreille de chair ne pouvait les saisir, mais seulement les fibres les plus intimes du cœur. C'était le dernier soupir d'Abel, lorsque son frère l'abattit sur l'herbe et que la terre s'abreuva de son sang.

Hippel était trop ému pour faire attention à ce phénomène, mais j'en fus profondément frappé. En même temps, je vis un oiseau noir, gros comme le poing, sortir d'un buisson et s'échapper en jetant un petit cri de terreur.

« Je sens, me dit alors Hippel, que deux principes contraires luttent dans mon être, le noir et le blanc, le principe du bien et du mal, marchons ! »

Nous poursuivîmes notre route.

« Ludwig, reprit bientôt mon camarade, il se passe dans ce monde des choses tellement étranges, que l'esprit doit s'humilier en tremblant. Tu sais que je n'ai jamais parcouru ce pays. Eh bien, hier je rêve, et aujourd'hui je vois de mes yeux la fantaisie du rêve se dresser devant moi ; regarde ce paysage, c'est le même que j'ai vu pendant mon sommeil. Voici les ruines du vieux château où je fus atteint d'apoplexie. Voici le sentier que j'ai parcouru, et là-bas se trouvent mes quatre arpents de vigne. Il n'y a pas un arbre, pas un ruisseau, pas un buisson, que je ne reconnaisse, comme si je les avais vus cent fois. Lorsque nous aurons tourné le coude du chemin, nous verrons au fond de la vallée, le village de Welche : la deuxième maison à droite est celle du bourgmestre ; elle a cinq fenêtres en haut sur la façade, quatre en bas et la porte. A gauche de ma maison, c'est-à-dire de la maison du bourgmestre, tu verras une grange, une écurie. C'est là que j'enfermais mon bétail. Derrière, dans une petite cour, sous une vaste échoppe, se trouve un pressoir à deux chevaux. Enfin, mon cher Ludwig, tel que je suis, me voilà ressuscité. Le pauvre bourgmestre te regarde par mes yeux, il te parle par ma bouche, et si je ne me souvenais pas qu'avant d'être bourgmestre, ladre, avare, riche propriétaire, j'ai été Hippel, le bon vivant, j'hésiterais à dire qui je suis, car ce que je vois me rappelle une autre existence, d'autres habitudes, d'autres idées. »

Tout se passa comme Hippel me l'avait prédit; nous vîmes le village de loin, au fond d'une superbe vallée, entre deux riches coteaux... les maisons éparpillées aux bords de la rivière; la deuxième à droite était celle du bourgmestre.

Tous les individus que nous rencontrâmes, Hippel eut un vague souvenir de les avoir connus; plusieurs lui parurent même tellement familiers, qu'il fut sur le point de les appeler par leur nom; mais le mot restait sur sa langue, il ne pouvait le dégager de ses autres souvenirs. D'ailleurs, en voyant l'indifférente curiosité avec laquelle on nous regardait, Hippel sentit bien qu'il était inconnu et que sa figure masquait entièrement l'âme défunte du bourgmestre.

Nous descendîmes dans une auberge, que mon ami me signala comme la meilleure du village, il la connaissait de longue date.

Nouvelle surprise... la maîtresse de l'auberge était une grosse commère, veuve depuis plusieurs années, et que le bourgmestre avait déjà convoitée en secondes noces.

Hippel fut tenté de lui sauter au cou, toutes ses vieilles sympathies se réveillèrent à la fois. Cependant il parvint à se modérer : le véritable Hippel combattait en lui les tendances matrimoniales du bourgmestre. Il se borna donc à lui demander, de son air le plus aimable, un bon déjeuner et le meilleur vin de l'endroit.

Lorsque nous fûmes attablés, une curiosité bien naturelle porta Hippel à s'informer de ce qui s'était passé dans le village depuis sa mort.

« Madame, dit-il à notre hôtesse avec un sourire flatteur, vous avez sans doute connu l'ancien bourgmestre de Welche ?

—Est-ce celui qui est mort, il y a trois ans, d'un coup d'apoplxie ? demanda-t-elle.

—Précisément, répondit mon camarade en fixant sur la dame un regard curieux.

—Ah ! si je l'ai connu ! s'écria la commère, cet original, ce vieux ladre qui voulait m'épouser. Si j'avais su qu'il mourrait si tôt, j'aurais accepté. Il me proposait une donation mutuelle au dernier survivant. »

Cette réponse déconcerta un peu mon cher Hippel; l'amour-propre du bourgmestre était horriblement froissé en lui. Pourtant il se contint.

« Ainsi, vous ne l'aimiez pas? madame, dit-il.

—Comment est-il possible d'aimer un homme laid, sale, repoussant, ladre, avare ? »

Hippel se leva pour se regarder dans la glace. En voyant ses joues pleines et rebondies, il sourit à sa figure, et revint se placer devant un poulet, qu'il se mit à déchiqueter.

« Au fait, dit-il, le bourgmestre pouvait être laid, crasseux; cela ne prouve rien contre moi.

—Seriez-vous de ses parents? demanda l'hôtesse toute surprise.

—Moi! je ne l'ai jamais connu. Je dis seulement que les uns sont laids, les autres beaux; parce qu'on a le nez placé au milieu de la figure comme votre bourgmestre, cela ne prouve pas qu'on lui ressemble.

—Oh! non, dit la commère, vous n'avez aucun trait de sa famille.

—D'ailleurs, reprit mon camarade, je ne suis pas avare, moi, ce qui démontre que je ne suis pas votre bourgmestre. Apportez encore deux bouteilles de votre meilleur vin. »

La dame sortit, et je saisis cette occasion, d'avertir Hippel de ne pas se lancer dans des conversations qui pourraient trahir son incognito.

« Pour qui me prends-tu, Ludwig? s'écria-t-il furieux. Sache que je ne suis pas plus bougmestre que toi, et la preuve c'est que mes papiers sont en règle. »

Il tira son passe-port. L'hôtesse rentrait.

« Madame, dit-il, est-ce que votre bourgmestre ressemblait à ce signalement ? »

Il lut :

« Front moyen, nez gros, lèvres épaisses, yeux gris, taille forte, cheveux bruns.

—A peu près, dit la dame, excepté qu'il était chauve. »

Hippel passa la main dans ses cheveux en s'écriant :

« Le bourgmestre était chauve, et personne n'osera soutenir que je suis chauve. »

L'hôtesse crut que mon ami était fou, mais comme il se leva en payant, elle ne dit rien.

Arrivé sur le seuil, Hippel se tourna vers moi et me dit d'une voix brusque :

« Partons !

—Un instant, mon cher ami, lui répondis-je, tu vas d'abord me conduire au cimetière où repose le bourgmestre.

— Non ! s'écria-t-il, non ! jamais ! Tu veux donc me précipiter dans les griffes de Satan ?...

Moi! debout sur ma propre tombe! Mais ce serait contraire à toutes les lois de la nature... Tu n'y songes pas, Ludwig?

—Calme-toi, Hippel, lui dis-je. Tu es en ce moment sous l'empire des puissances invisibles... Elles étendent sur toi leurs réseaux si déliés, si transparents, que nul ne peut les apercevoir... Il faut un effort pour les dissoudre, il faut restituer l'âme du bourgmestre, et cela n'est possible que sur sa tombe... Voudrais-tu être larron de cette pauvre âme? Ce serait un vol manifeste, je connais trop ta délicatesse pour te supposer capable d'une telle infamie. »

Ces arguments invincibles le décidèrent.

« Eh bien, oui, dit-il, j'aurai le courage de fouler aux pieds ces restes dont j'emporte la plus lourde moitié... A Dieu ne plaise qu'un tel larcin me soit imputé... Suis-moi, Ludwig, je vais te conduire. »

Il marchait à pas rapides, précipités, tenant à la main son chapeau, les cheveux épars, agitant les bras, allongeant les jambes, comme un malheureux qui accomplit le dernier acte du désespoir et s'excite lui-même pour ne pas faillir.

Nous traversâmes d'abord plusieurs petites ruelles, ensuite le pont d'un moulin, dont la roue pesante déchirait une blanche nappe d'écume, puis nous suivîmes un sentier qui parcourait une prairie, et nous arrivâmes enfin, derrière le village, près d'une muraille assez haute, revêtue de mousse et de clématites. C'était le cimetière.

A l'un des angles s'élevait l'ossuaire, à l'autre une maisonnette entourée d'un petit jardin.

Hippel s'élança dans la chambre. Là se trouvait le fossoyeur; le long des murailles, il y avait des couronnes d'immortelles. Le fossoyeur sculptait une croix, son travail l'absorbait tellement, qu'il se leva tout effrayé quand Hippel parut. Mon camarade fixa sur lui des yeux qui durent l'effrayer; car, pendant quelques secondes, il resta tout interdit.

« Mon brave homme, lui dis-je, conduisez-nous à la tombe du bourgmestre.

—C'est inutile, s'écria Hippel, je la connais. »

Et sans attendre de réponse, il ouvrit la porte qui donnait sur le cimetière, et se prit à courir comme un insensé, sautant par-dessus les tombes et criant:

« C'est là !... là !... Nous y sommes !... »

Évidemment l'esprit du mal le possédait, car il renversa sur son passage une croix blanche, couronnée de roses. La croix d'un petit enfant!

Le fossoyeur et moi nous le suivions de loin.

Le cimetière était fort vaste. Des herbes grasses, épaisses, d'un vert sombre, s'élevaient à trois pieds du sol. Les cyprès traînaient leur longue chevelure à terre, mais ce qui me frappa tout d'abord, ce fut un treillis adossé contre la muraille et couvert d'une vigne magnifique, tellement chargée de raisins, que les grappes tombaient les unes sur les autres.

En marchant, je dis au fossoyeur :

« Vous avez là une vigne qui doit vous rapporter beaucoup.

—Oh! monsieur, fit-il d'un air dolent, cette vigne ne me rapporte pas grand'chose. Personne ne veut de mon raisin, ce qui vient de la mort retourne à la mort. »

Je fixai cet homme. Il avait le regard faux, un sourire diabolique contractait ses lèvres et ses joues. Je ne crus pas ce qu'il me disait.

Nous arrivâmes devant la tombe du bourgmestre, elle était près du mur. En face, il y avait un énorme cep de vigne, gonflé de suc et qui en semblait gorgé comme un boa. Ses racines pénétraient sans doute jusqu'au fond des cercueils et disputaient leur proie aux vers. De plus, son raisin était d'un rouge violet, tandis que celui des autres était d'un blanc légèrement vermeil.

Hippel, appuyé contre la vigne, paraissait un peu plus calme.

« Vous ne mangez pas ce raisin, dis-je au fossoyeur, mais vous le vendez. »

Il pâlit en faisant un geste négatif.

« Vous le vendez au village de Welche, et je

puis vous nommer l'auberge où l'on boit votre vin, m'écriai-je. C'est à l'auberge de la *Fleur de lis*.

Le fossoyeur trembla de tous ses membres. Hippel voulut se jeter à la gorge de ce misérable; il fallut mon intervention pour l'empêcher de le mettre en pièces.

« Scélérat, dit-il, tu m'as fait boire la quintessence du bourgmestre. J'ai perdu ma personnalité ! »

Mais tout à coup une idée lumineuse frappa son esprit, il se retourna contre la muraille et prit l'attitude célèbre du *mannekenpis* brabançon.

« Dieu soit loué ! dit-il, en revenant à moi. J'ai rendu à la terre l'âme du bourgmestre. Je suis soulagé d'un poids énorme. »

Une heure après nous poursuivions notre route, et mon ami Hippel avait recouvré sa gaieté naturelle.

LE CITOYEN SCHNEIDER

I

« D'où vient que les souvenirs de notre enfance sont ineffaçables? dit le vieux garde Heinrich en allumant sa pipe d'un air mélancolique; lorsqu'on se rappelle à peine les choses du mois dernier, d'où vient que les choses de notre jeunesse restent devant nos yeux et qu'on croit encore y être? Moi, je n'oublierai jamais la pauvre hutte de mon père avec son toit de chaume, sa petite salle basse, l'escalier de bois au fond montant à la mansarde, l'alcôve aux rideaux de serge grise et blanche et les deux petites fenêtres à mailles de plomb, donnant sur le défilé de la Schloucht, près de Munster. Je ne les oublierai jamais, ni les moindres choses de ce temps-là.

« Tout reste vivant dans mon cœur, surtout l'hiver de 1783.

« Durant cet hiver, le grand-père Yéri-Hans, coiffé de son bonnet de laine frisée, ses mains sillonnées de grosses veines bleues, reposant sur ses cuisses maigres, dormait tous les jours, du matin au soir, assis dans le vieux fauteuil de cuir, au coin de l'âtre; son front ridé s'abaissait lentement, lentement, puis se relevait pour redescendre encore. Il respirait et soupirait, comme si des rêves pénibles, des rêves sans fin se fussent enchaînés l'un à l'autre dans son esprit.

« Ma mère filait et me regardait de temps en temps d'un air grave; elle était pâle, et les grands rubans de son bonnet tremblotaient sur sa tête comme les ailes d'un papillon de nuit.

« Mon père, les joues brunes, l'œil étincelant, ses larges tempes ombragées du feutre noir, taillait dans le chêne des têtes de cannes et des tabatières, pour les vendre au printemps; ses mains, couleur de brique, maniaient le ciseau avec une adresse merveilleuse; les copeaux tombaient autour de lui et se roulaient en escargots. Parfois, il sifflait tout bas je ne sais quel air bizarre; parfois il se reposait, battait le briquet, et, serrant l'amadou sur sa pipe, il s'écriait:

« — Catherine!... Ça marche!... ça marche! »

« Puis, me voyant assis sur mon escabeau, tout attentif, car je n'aimais rien tant que de le voir travailler, il me souriait et reprenait l'ouvrage.

« Autour de notre hutte, la neige montait... montait chaque jour; les vieux murs décrépits s'enfonçaient sous terre; déjà nos petites fenêtres n'y voyaient plus que par les vitres d'en haut; les autres au-dessous étaient d'un blanc mat et sombre.

« Je me dressais quelquefois sur ma chaise et je regardais les nuages se plier et se déplier lentement sur la vallée immense; tout en face, les rochers à pic escalader la cime du Honeck, et plus bas, dans la gorge, les sapins innombrables chargés de givre.

« Rien ne remuait, pas un oiseau ne secouait une feuille de son aile frileuse; quelques verdiers seulement venaient se blottir sous le chaume de notre toit, près de la cheminée, d'où sortait en tourbillonnant la fumée grisâtre.

« La vue seule de ce morne paysage vous donnait froid, on grelottait; et pourtant à l'intérieur le feu flamboyait, ses spirales rouges montaient et descendaient comme un diablotin à la crémaillère : il faisait chaud. La petite porte disjointe, qui communiquait à l'étable, laissait entendre le bêlement de notre chèvre, la grande Thérèse, celui de son biquet, qui tetait encore, et les sourds mugissements de notre vache Waldine.

« C'était un plaisir de les entendre par un froid pareil. Nous n'étions pas seuls, au moins, dans les neiges ; nous étions avec les créatures du Seigneur Dieu, nous avions encore des amis.

« Je me rappellerai toujours qu'un matin Waldine, qui s'ennuyait sans doute dans l'ombre, après s'être détachée, je ne sais comment, vint nous voir. Elle entra chez nous sans gêne, et mon père se mit à rire de bon cœur.

« — Hé ! bonjour, Waldine, s'écria-t-il. Tu entres ici sans tirer le chapeau, hé ! hé ! hé !. Laisse-la, Catherine, laisse-la..., elle ne fera pas de mal ; donnons-lui le temps de respirer et de voir la lumière. »

« C'est moi-même qui la reconduisis dans l'écurie et qui la rattachai à la crèche.

« Ainsi se passait le temps : tandis que les oiseaux criaient famine, que les bêtes sauvages cherchaient les cavernes du Honeck et du Valtin, nous, blottis comme une bande de perdreaux autour de l'âtre, nous rêvions en paix, et chaque soir ma mère disait :

« — Encore un jour de passé ! Encore un pas vers le printemps ! »

« Tout cela, je me le rappelle avec bonheur ; mais il arrive des choses choses étranges dans ce bas monde, des choses qui nous reviennent longtemps après et montrent que la sagesse des hommes, et même leur bonté, n'est que folie. Dieu les permet, sans doute pour humilier notre orgueil devant sa face. »

En cet endroit, Heinrich vida les cendres de sa pipe et la mit refroidir au bord de la fenêtre; puis il poursuivit gravement:

« Cette année-là donc, au dernier jour de janvier, entre deux et trois heures de l'après-midi, il s'éleva un grand vent.

« Quoique la maison fût abritée vers le nord, à chaque coup elle tremblait; au bout d'une heure, elle était tellement couverte de neige que l'ouragan passait au-dessus.

« Nous avions éteint le feu, une lampe seule brillait sur la table.

« Ma mère priait; je crois que mon père priait aussi.

« Le grand-père, lui, s'était éveillé tout à coup et semblait épouvanté de ce vacarme.

« Toute la neige tombée depuis trois mois remontait vers le ciel en poussière; tout hurlait, pleurait et sifflait dehors; de seconde en seconde, on entendait les grands arbres lâcher leurs racines avec des craquements épouvantables, puis des bruits sourds, des clameurs infinies. Si le vent était venu de face, il aurait enfoncé nos fenêtres et découvert le toit ; heureusement il soufflait de la montagne.

« Au milieu de ce bruit terrible, il nous semblait parfois entendre des cris humains ; et nous, déjà si troublés pour nous-mêmes, nous frémissions encore en songeant au péril des autres. A chaque fois, la mère disait :

« — Il y a quelqu'un dehors ! »

« Et nous prêtions l'oreille le cœur serré, mais la grande voix de l'ouragan dominait tout ; il soufflait dans le défilé de la Schloucht comme dans une flûte immense.

« Cela dura trois heures ; puis il se fit un grand silence, et nous entendîmes encore une fois bêler notre chèvre.

« — Le vent est tombé, dit mon père ; et, s'approchant de la porte, il écouta quelques instants encore, le doigt sur le loquet.

« Nous étions tous derrière lui lorsqu'il ouvrit, et nous regardâmes, les yeux écarquillés :

« Le temps était sombre, à cause de la neige qui descendait ; une éclaircie blanchâtre sur notre droite indiquait la position du soleil : il pouvait être alors cinq heures.

« Comme nous regardions à travers cette lumière grise, nous aperçûmes, à deux ou trois cents pas au-dessous de nous, dans le sentier qui descend entre le Honeck et la crête du Valtin, une charrette arrêtée et un cheval devant. On ne voyait que la tête du cheval et le dessus de la charrette, avec les pointes de ses deux échelles.

« — Voilà donc ce que nous entendions, s'écria le grand-père Yéri-Hans.

« — Oui, dit mon père en rentrant dans la hutte, un malheur est arrivé. »

« Il prit la pelle de bois derrière la porte et se mit à descendre la côte, ayant de la neige jusqu'aux genoux; moi, je courais derrière lui, malgré les cris de la mère; le grand-père suivait aussi de loin.

« Plus nous descendions, plus la neige devenait profonde. Malgré cela, mon père, arrivant au haut du talus qui domine le sentier, se laissa glisser jusqu'au bas en s'appuyant sur le manche de la pelle, et, dans cet endroit, je fis halte pour le regarder.

« Il saisit le cheval par la bride; mais aussitôt, voyant à deux ou trois pas de là quelque chose sur la neige, il s'approcha, souleva péniblement un gros homme vêtu de noir, dont la tête retomba sur son épaule, et le posa en travers du cheval; puis il coupa les traits et parvint, à force de cris et de secousses, à tirer l'animal de son trou.

« Ce fut une grande affaire pour l'amener sur le talus et pour le traîner à la maison. Il y parvint en faisant le tour de toutes les roches et des racines d'arbres où s'était accumulée la neige.

« Le grand-père et moi, nous suivions fort tristes, regardant le malheureux qui ballottait en travers du cheval. Il avait des bas de soie noire, une soutane et des souliers à boucles d'argent : c'était un prêtre.

« Et maintenant, qu'on se figure la désolation de ma mère en voyant ce saint homme dans un si pitoyable état ! Il me semble encore l'entendre crier, les mains jointes au-dessus de sa tête :

« — Seigneur, ayez pitié de nous ! »

« Elle voulait envoyer mon père tout de suite à Munster chercher un médecin. Mais la nuit étant survenue, il faisait noir à la porte comme dans un four, et toute la bonne volonté du monde ne pouvait pas vous faire trouver le chemin au milieu des neiges.

« Dans cette désolation universelle, on se dépêcha d'allumer du feu, de chauffer des couvertures, et comme j'étais un embarras pour tout le monde, on m'envoya coucher dans la chambre du grand-père.

« Toute la nuit, j'entendis aller et venir au-dessous de moi ; la lumière brillait à travers les fentes du plancher ; ma mère se lamentait. Enfin, vers une heure, accablé de fatigue et l'estomac creux, je m'endormis si profondément qu'il fallut m'éveiller le lendemain à huit heures, sans quoi je dormirais peut-être encore.

« — Heinrich ! Heinrich ! criait le grand-père, en levant la trappe de sa tête chauve, Heinrich arrive donc ! la soupe est prête ! »

« A cette voix je m'éveillai ; je regardai, il faisait grand jour, et la bonne odeur de la soupe aux pommes de terre remplissait toute la maison.

« Alors je ne pris que le temps de passer mon petit pantalon de toile grise et de mettre mes sabots pour descendre. Tous les événements de la veille se représentaient à mon esprit; outre mon bon appétit, j'étais encore curieux de savoir ce qui s'était passé. Aussi, du haut de l'escalier, je me penchais déjà sur la rampe pour regarder dans la chambre.

« La soupière fumait sur une belle nappe blanche ; le grand-père, assis en face, faisait le signe de la croix; le père et la mère, debout, disaient le *Benedicite* dévotement. Et le gros homme, assis dans le fauteuil de cuir, au coin de l'âtre, les jambes enveloppées d'une bonne couverture de laine, et ses mains potelées croisées sur son ventre qui se relevait en forme de cornemuse, ressemblait, avec sa face charnue, ses cheveux roux et sa tonsure, à un bon chat qui dort sur la cendre chaude, en rêvant à toutes les excellentes choses que le Seigneur a mises au monde pour ses enfants : le fromage, les omelettes, les andouilles, etc., etc.

« C'était attendrissant de le voir.

« — Descends donc, Heinrich, me dit ma mère, n'aie pas peur, monsieur le curé ne te fera pas de mal ! »

« Le gros homme tourna la tête et se mit à me sourire en disant :

« — C'est votre petit garçon ?

« — Oui, monsieur le curé, notre seul enfant.

« — Arrive donc, petit, » fit-il.

« Ma mère me prit par la main et me conduisit près de ce bon prêtre, qui me regarda de ses gros yeux gris d'un air tendre, puis me tapa sur la joue et demanda :

« — Est-ce qu'il sait déjà ses prières ?

« — Oh oui ! monsieur le curé, c'est la première chose que nous lui avons apprise.

« — A la bonne heure ! à la bonne heure ! j'aime ça ! »

« Ma mère m'avait ôté mon bonnet, et moi, les mains jointes, les yeux à terre, je récitai l'*Ave Maria* et le *Pater Noster* d'un trait.

« — C'est bien, c'est bien, fit le gros homme en me pinçant l'oreille, hé ! hé ! hé ! tu seras un bon serviteur devant Dieu. Va, maintenant déjeune, je suis content de toi ! »

« Il parlait doucement, et toute la famille pensait :

« — Quel brave homme ! quel bon cœur ! quel malheur s'il était resté gelé dans la Schloucht ! C'est le Seigneur qui l'a sauvé, sans doute à cause de toutes ses bonnes actions et de celles qu'il fera plus tard encore. »

« Mais une circonstance survint alors qui nous montra ce bonhomme sous une tout autre physionomie.

« Vous saurez que mon père était descendu de grand matin vers la charrette prendre les effets de M. le curé, son tricorne et un gros rouleau de papiers, auquel il paraissait tenir beaucoup. Toutes ces choses étaient posées sur un vieux bahut, à l'autre coin de l'âtre : la caisse au-dessous, le tricorne au-dessus et le rouleau de papiers sur le tricorne.

« En passant, je touchai le rouleau de papiers, qui se déroula presque sur le feu.

« Alors cet homme paisible fit entendre un cri, mais un véritable cri de loup, accompagné de jurements épouvantables.

« Il se précipita sur les papiers, les arracha de la flamme et les éteignit dans ses mains. Puis il me regarda tout pâle, d'un œil si féroce que j'en eus la chair de poule.

Nous étions tous consternés, la bouche béante. Lui, regardant les papiers un peu roussis sur les bords, se mit à bégayer en frémissant comme un dogue dans sa niche :

« — Mon Thucydide !.... petit animal, mon Thucydide ! »

« Après quoi, roulant ses papiers les uns dans les autres, et s'apercevant de notre stupeur, il me menaça du doigt en reprenant son air bonhomme; mais nous n'avions plus envie de rire avec lui.

« — Ah! mauvais petit gueux, dit-il, tu viens de me faire peur. Figurez-vous que j'arrive tout exprès de Cologne. Oui, j'ai fait cent lieues pour chercher ces vieux manuscrits au couvent de Saint-Dié; il m'a fallu trois mois pour y mettre un peu d'ordre, et l'imprudence de ce malheureux enfant allait anéantir une œuvre peut-être unique dans le monde. J'en sue à grosses gouttes! »

« C'est vrai, sa large face était devenue pourpre, des gouttes de sueur lui couvraient le front.

« Après cela, vous pensez bien que toute notre famille devint grave; nous n'étions pas habitués d'entendre des prêtres jurer comme ceux qui conduisent des bœufs à la pâture, et mille fois pire encore.

« Ma mère ne disait plus rien, elle était devenue toute rêveuse.

« Nous mangions en silence, et quand nous eûmes fini, le père sortit; il décrocha le traîneau suspendu sous le hangar. Nous l'entendîmes tirer le cheval de l'écurie et l'atteler devant la porte. Enfin il rentra et dit:

« — Monsieur le curé, si vous voulez monter sur le traîneau, dans une heure nous serons à Munster.

« — Je veux bien, » fit-il en se levant.

Et regardant dans la chambre d'un air grave, il dit :

« — Vous êtes de braves gens, oubliez un instant de colère ; l'esprit est fort, mais la chair est faible. Permettez-moi de vous témoigner ma reconnaissance.

« Il voulut remettre un frédéric d'or à ma mère, mais elle refusa et répondit :

« — C'est au nom de Notre Seigneur Jésus-Christ que nous vous avons assisté dans le malheur, monsieur le curé. Si nous avions été dans le même besoin, vous auriez fait la même chose pour nous.

« — Sans doute, sans doute, dit-il, mais cela n'empêche pas...

« — Non, ne nous privez pas du mérite de la bonne action.

« — Amen ! » fit-il brusquement.

« Il prit le rouleau de papiers sur le bahut, se coiffa du tricorne et sortit.

« Mon père avait déjà porté la malle sur le traîneau ; il était lui-même assis près du timon ; le curé s'assit derrière, et nous les regardâmes filer jusqu'à la roche creuse ; puis nous rentrâmes. Tout le monde était pensif ; souvent le grand-père regardait ma mère en silence ; bien des pensées nous passaient par l'esprit, mais personne ne disait rien.

« Le soir, vers quatre heures, mon père revint portant le traîneau sur l'épaule. Il dit que le prêtre de Cologne était descendu chez M. le curé de Munster. Ce fut tout.

« Cette année-là, le printemps revint comme à l'ordinaire.

Le soleil, au bout de cinq grands mois, fit fondre les neiges et sécha notre plancher humide.

On sortit la vache, la chèvre et son biquet ; on vida l'étable, on renouvela l'air.

« En conduisant les bêtes à la pâture, en faisant claquer mon fouet, je fis résonner les échos de mes cris joyeux.

« Les bruyères refleurirent, et le grand ouragan fut oublié.

« Mais le vieux temps, qui marche toujours et n'arrive jamais, n'oublie pas tout sur sa route et souvent, quand on y pense le moins, les souvenirs repoussent comme les églantines sur les haies et les orties à l'ombre, chacune selon leur espèce. »

II

« Plusieurs années s'étaient écoulées, le grand-père Yéri-Hans était mort, et mon père m'avait envoyé dans la basse Alsace apprendre le métier de tourneur chez mon oncle Conrad, à Vendenheim.

« J'approchais de quinze ans et je commençai à me croire un homme.

« C'était au temps où tout le monde portait le bonnet sang de bœuf et la cocarde tricolore ; où l'on partait par centaines, en pantalons de toile grise, le fusil sur l'épaule.

« Je me rappelle qu'en ce temps-là deux régiments se formaient à Strasbourg, et qu'il fallait des enfants pour battre la charge, parce que les hommes voulaient tous avoir le fusil.

« Cinq garçons se présentèrent à Vendenheim; j'étais du nombre, et l'on tira pour savoir qui partirait.

« C'est notre voisin, le petit Fritzel, qui partit, et tout le village cria qu'il avait gagné.—Maintenant on a gagné quand on reste : voilà pourtant comme les idées changent.

« En même temps, le citoyen Schneider exterminait les curés, les moines et les chanoines en Alsace. On ne voulait plus reconnaître que la déesse Raison et les Grâces.

« J'en sais plus d'une au pays qui faisait la déesse au mois de fructidor et de messidor, car j'ai bonne mémoire. Mais il est malhonnête aujourd'hui de parler de ces choses.

« Quant à notre sainte religion, elle n'existait

plus ; lorsqu'il fallut la rétablir, plus tard, personne ne se la rappelait, excepté quelques vieilles femmes, qui dirent la manière de s'y prendre pour recommencer les offices.

« C'était très-difficile de remettre les choses en train : dans beaucoup de villages, on oubliait ici les cierges, là les encensoirs. Sans les bonnes femmes, on n'aurait jamais su s'en tirer.

« Enfin, grâce à Dieu, tout est rentré dans l'ordre, et les âmes sont encore une fois sauvées.

« Voilà le principal.

« C'est au premier consul que nous devons ce grand bienfait ; sans lui nous serions tous damnés. Qu'il en soit béni dans les siècles des siècles ! »

Heinrich, à ce souvenir, s'essuya une larme au coin de l'œil et poursuivit :

« C'est à cause de cela que les prêtres sont si reconnaissants envers les descendants de l'empereur et qu'on le bénit dans les églises, lui et toute sa race ; car la reconnaissance est une vertu dans notre sainte Église.

« Mais, pour en revenir à ce que je disais, un beau matin, j'étais en train de tourner des bâtons de chaise à la fenêtre de notre maison, qui donnait sur la petite place de la fontaine ; mon oncle Conrad fumait sa pipe sur la porte et la tante Grédel balayait les copeaux dans l'allée.

« Il pouvait être environ une heure et demie, lorsqu'il se fit un grand tumulte dehors ; les gens couraient devant la maison, d'autres traversaient la petite place ; d'autres, en suivant la foule, demandaient :

« — Qu'est-ce qui se passe ?»

« Naturellement je sortis pour voir la chose, et j'étais encore dans l'allée, que le trot de plusieurs chevaux, un cliquetis de sabres, le roulement sourd d'une grosse charrette se firent entendre au loin ; puis le son d'une trompette éclata dans le village.

«Au même instant, un peloton de hussards débouchait sur la place ; ceux de devant, le pistolet armé en l'air et les autres le sabre au poing. Plus loin venait, sur un cheval noir, un gros homme, en habit bleu à parements blancs rabattus sur la poitrine, le grand chapeau à claque surmonté de plumes tricolores en travers de la tête, l'écharpe autour de la panse et le grand sabre de cavalerie ballottant contre la botte. Son cheval hennissait et frémissait. Derrière lui s'avançait, cahotant sur le pavé, une grande voiture attelée de chevaux gris et pleine de poutres rouges.

« Le gros homme à plumes riait de sa face rubiconde, pendant que les gens, tout pâles, s'aplatissaient le dos au mur, la bouche ouverte et les bras pendants.

« Du premier coup d'œil, je reconnus le

bon prêtre que nous avions sauvé des neiges.

« Quelques farceurs, pour se donner l'air de n'avoir rien à craindre, criaient :

« — Voici le citoyen Schneider qui vient écheniller les environs de Vendenheim. Gare aux aristocrates ! »

« D'autres chantaient en faisant des grimaces :

« Les aristocrates à la lanterne ! »

« Ils levaient les bras et les jambes en cadence, mais cela ne les empêchait pas d'avoir le ventre serré comme tout le monde et de rire jaune.

« En face de la fontaine, le cortége s'arrêta ; Schneider, levant le nez, regarda tout autour de la place les hauts pignons avec leurs troits pointus, les figures innombrables qui se pressaient dans les lucarnes, et les petites niches d'où l'on avait ôté les saintes vierges depuis longtemps.

« — Quel nid de punaises ! cria-t-il au capitaine de hussards, un grand noir, dont les moustaches coupaient en deux la face pâle. Quel nid de punaises ! Nous allons avoir de l'ouvrage ici pour huit jours. »

« En entendant cela, l'oncle Conrad me prit par le bras en disant :

« — Rentrons, Heinrich, rentrons ! Il n'aurait qu'à nous choisir à vue de nez ! C'est terrible, terrible ! »

« Il tremblotait sur ses jambes. Moi, je sentais le frisson s'étendre le long de mon dos.

« En rentrant dans l'atelier, je vis la tante Grédel qui priait, les mains jointes, et chantait les litanies. Je n'eus que le temps de la pousser dans la cave et de fermer la porte dessus : avec sa grande dévotion, elle pouvait nous faire guillotiner tous.

« Alors l'oncle et moi nous regardâmes par les petites vitres.

La foule chantait toujours dehors :

« Ça ira ! les aristocrates à la lanterne ! »

comme ces cigales, qui chantent lorsque l'hiver approche, et que la première gelée doit roussir.

« Bien des gens étaient debout devant la fenêtre : par-dessus leurs épaules et leurs têtes, on voyait les hussards, le citoyen Schneider, la fontaine et la haute voiture.

« Deux grands gaillards étaient en train de décharger les poutres ; ils avaient des mines honnêtes ; l'aubergiste Rœmer leur passait une bouteille d'eau-de-vie, et un petit homme sec, pâle, faible comme une allumette, le nez long, la figure en lame de rasoir, vêtu d'une petite blouse rouge serrée aux reins, surveillait l'ouvrage. Il avait l'air d'un véritable Hans-Wurst. Mais Dieu nous préserve d'un Hans-Wurst pareil : c'était le bourreau !

« Tandis que ces choses se passaient sous nos yeux, le maire Rebstock, un honnête vigneron, grave, large des épaules, également coiffé du chapeau à claque et ceint de l'écharpe tricolore, s'avançait à travers la place.

« Tous les *tridi* et les *sextidi*, il réunissait le village au club, dans l'église, et faisait réciter aux enfants les Droits de l'homme. Il s'était fait faire une veste avec le voile du tabernacle. Et ça, c'est le plus grand crime qu'un magistrat puisse commettre sur la terre. Mais ce jour-là, ce grand crime fut cause qu'il sauva la vie à la moitié de Vendenheim.

« Comme il s'approchait, Schneider se penchant sur le cou de son grand cheval noir s'écria :

« —Voici le pressoir, où sont les raisins ?

« —Quels raisins, citoyen Schneider ?

« —Les aristocrates.

« —Il n'y en a pas ici, nous sommes tous de bons patriotes. »

« La figure de Schneider devint terrible ; je crus le voir encore une fois arracher son rouleau de papiers au feu.

« —Tu mens ! s'écria-t-il, tu en es un toi-même. Qu'est-ce que cet or et cet argent sur tes habits, quand la République n'a pas de quoi nourrir ses enfants ?

« —Ça, citoyen Schneider, c'est le voile du tabernacle. Je l'ai mis sur mon dos, pour exterminer l'hydre de la superstition. »

« Alors, Schneider partit d'un grand éclat de rire en criant :

« —A la bonne heure ! à la bonne heure ! Mais rappelle-toi bien, il doit y avoir tout de même des aristocrates par ici !

« —Non, ils se sont tous sauvés. Nos garçons vont les chercher à Coblentz et nos enfants battent la charge.

« —Nous verrons ça, dit Schneider, tu m'as l'air d'un vrai patriote ! Ton idée de tabernacle me plaît. Nous allons dîner avec toi. C'est bon ; ha ! ha ! ha ! »

« Il se tenait le ventre à deux mains.

« Tous les hussards allèrent dîner chez le maire avec Schneider. On fit une réquisition exprès dans le village, et chacun donna ce qu'il avait de meilleur.

« Ces gens burent jusqu'à minuit, en chantant des airs qui vous donnent froid dans les os.

« Le lendemain, Schneider alla voir le club; il entendit les enfants réciter en chœur les Droits de l'homme.

Tout se serait bien passé. Malheureusement, un ancien sonneur de cloches, qui s'appelait Schnéegans, et qui se croyait aristocrate, s'était caché dans le grenier de l'auberge du Lion-d'Or ; les hussards, en cherchant quelques bottes de foin, le dénichèrent et l'on voulut savoir pourquoi ce pauvre diable se cachait.

« Schneider apprit qu'il avait sonné les cloches, et le fit guillotiner, pendant qu'on était encore à table, sous prétexte que la République avait besoin de sacrifices en tout genre, et qu'il ne figurait pas assez de sonneurs sur la liste générale.

« Ce fut un véritable chagrin pour Rebstock ; mais il n'osa rien dire, de peur d'être guillotiné lui-même.

« Schneider s'en alla le jour même, à la grande satisfaction de tout le village.

« Voilà comment je reconnus le bon apôtre, et j'ai souvent pensé depuis, que si mon père avait su ce qui devait arriver plus tard, il l'aurait laissé périr dans la Schloucht.

« Quant au vieux maire de Vendenheim, on ne lui pardonna jamais de s'être fait faire une veste avec le voile du tabernacle, et les vieilles commères surtout, qu'il avait empêchées par ce moyen d'être guillotinées, s'acharnèrent à le maudire, ce qui lui fit le plus grand tort.

« Un jour que je causais avec lui dans les vignes, et que nous parlions de cette vieille histoire, il se mit à sourire tristement et dit :

« —Si pourtant je leur avais laissé couper le cou, ces bonnes âmes seraient dans la hotte de Schneider, avec le voile du tabernacle. Je n'aurais pas de reproche à me faire; j'aurais été lâche comme tout le monde. »

« Alors je pensai :

« —Ce pauvre vieux Rebstock, il n'a pas tout à fait tort. Sauvez donc les gens, pour que les uns vous maudissent et que les autres vous guillotinent! Ce n'est pas encourageant! Si les hommes ne faisaient pas ces choses par charité chrétienne, ils seraient vraiment très-bêtes. Les mauvais gueux seuls n'ont jamais de reproches à s'adresser : pourvu qu'ils soient contents, ils ne s'inquiètent pas du reste, et s'endorment. »

« C'est triste à dire, mais c'est bien la vérité. »

LE REQUIEM DU CORBEAU

I

Mon oncle Zacharias est bien le plus curieux original que j'aie rencontré de ma vie. Figurez-vous un petit homme, gros, court, replet, le teint coloré, le ventre en outre et le nez en fleur : c'est le portrait de mon oncle Zacharias. Le digne homme était chauve comme un genou. Il portait d'habitude de grosses lunettes rondes, et se coiffait d'un petit bonnet de soie noire, qui ne lui couvrait guère que le sommet de la tête et la nuque.

Ce cher oncle aimait à rire; il aimait aussi la dinde farcie, le pâté de foie gras et le vieux johannisberg, mais ce qu'il préférait à tout au monde, c'était la musique. Zacharias Müller était né musicien par la grâce de Dieu, comme d'autres naissent Français ou Russes; il jouait de tous les instruments avec une facilité merveilleuse. On ne pouvait comprendre, à voir son air de bonhomie naïve, que tant de gaieté, de verve et d'entrain pussent animer un tel personnage.

Ainsi Dieu fit le rossignol, gourmand, curieux, et chanteur :—mon oncle était rossignol.

On l'invitait à toutes les noces, à toutes les fêtes, à tous les baptêmes, à tous les enterrements : maitre Zacharias, lui disait-on, il nous faut un *Hopser*[1], un *Alleluia*, un *Requiem* pour tel jour, et lui répondait simplement : « Vous l'aurez. » Alors il se mettait à l'œuvre, il sifflait devant son pupitre, il fumait des pipes, et tout en lançant une pluie de notes sur son papier, il battait la mesure du pied gauche.

L'oncle Zacharias et moi, nous habitions une vieille maison de la rue des *Minnæsingers* à Tubingue; il en occupait le rez-de-chaussée, un véritable magasin de bric-à-brac, encombré de vieux meubles et d'instruments de musique; moi, je couchais dans la chambre au-dessus, et toutes les autres pièces restaient inoccupées.

[1] *Hopser*, sauteuse.

Juste en face de notre maison habitait le docteur Hâselnoss. Le soir, lorsqu'il faisait nuit dans ma petite chambre, et que les fenêtres du docteur s'illuminaient, il me semblait, à force de regarder, que sa lampe s'avançait... s'avançait... et finalement me touchait les yeux. Et je voyais en même temps la silhouette de Hâselnoss s'agiter sur le mur d'une façon bizarre, avec sa tête de rat coiffée d'un tricorne, sa petite queue sautillant de droite à gauche, son grand habit à larges basques, et sa mince personne plantée sur deux jambes grêles. Je distinguais aussi, dans les profondeurs de la chambre, des vitrines remplies d'animaux étrangers, de pierres luisantes, et de profil, le dos de ses livres, brillant par leurs dorures, et rangés en bataille sur les rayons d'une bibliothèque.

Le docteur Hâselnoss était, après mon oncle Zacharias, le personnage le plus original de la ville. Sa servante Orchel se vantait de ne faire sa lessive que tous les six mois, et je la croirais volontiers, car les chemises du docteur étaient marquées de taches jaunes, ce qui prouvait la quantité de linge enfermée dans ses armoires; mais la particularité la plus intéressante du caractère de Hâselnoss, c'est que ni chien ni chat qui franchissait le seuil de sa maison ne reparaissait plus jamais. Dieu sait ce qu'il en faisait. La rumeur publique l'accusait même de porter dans l'une de ses poches de derrière un morceau de lard pour attirer ces pauvres bêtes : mais lorsqu'il sortait le matin pour aller voir ses malades, et qu'il passait, trottant menu, devant la maison de mon oncle, je ne pouvais m'empêcher de considérer avec une vague terreur les grandes basques de son habit flottant à droite et à gauche.

Telles sont les plus vives impressions de mon enfance; mais ce qui me charme le plus dans ces lointains souvenirs, ce qui, par-dessus tout, se retrace à mon esprit quand je rêve à cette chère petite ville de Tubingue, c'est le corbeau Hans, voltigeant par les rues, pillant l'étalage des bouchers, saisissant tous les papiers au vol, pénétrant dans les maisons, et que tout le monde admirait, choyait, appelait: «Hans!» par-ci... «Hans!» par là...

Singulier animal, en vérité; un jour il était arrivé en ville l'aile cassée : le docteur Hâselnoss la lui avait remise, et tout le monde l'avait adopté. L'un lui donnait de la viande, l'autre du fromage. Hans appartenait à toute la ville, Hans était sous la protection de la foi publique.

Que j'aimais ce Hans, malgré ses grands coups de bec! Il me semble le voir encore sauter à deux pattes dans la neige, tourner légèrement la tête et vous regarder du coin de son œil noir, d'un air moqueur. Quelque chose tombait-il de votre poche, un kreutzer, une clef, n'importe quoi, Hans s'en saisissait et l'emportait dans les combles de l'église. C'est là qu'il avait établi son magasin, c'est là qu'il cachait le fruit de ses rapines; car Hans était malheureusement un oiseau voleur.

Du reste, l'oncle Zacharias ne pouvait souffrir ce Hans; il traitait les habitants de Tubingue d'imbéciles, de s'attacher à un semblable animal, et cet homme, si calme, si doux, perdait toute espèce de mesure, quand par hasard ses yeux rencontraient le corbeau planant devant nos fenêtres.

Or, par une belle soirée d'octobre, l'oncle Zacharias paraissait encore plus joyeux que d'habitude, il n'avait pas vu Hans de toute la journée. Les fenêtres étaient ouvertes, un gai soleil pénétrait dans la chambre; au loin, l'automne répandait ses belles teintes de rouille, qui se détachent avec tant de splendeur sur le vert sombre des sapins. L'oncle Zacharias, renversé dans son large fauteuil, fumait tranquillement sa pipe, et moi, je le regardais, me demandant ce qui le faisait sourire en lui-même, car sa bonne grosse figure rayonnait d'une satisfaction indicible.

« Cher Tobie, me dit-il en lançant au plafond une longue spirale de fumée, tu ne saurais croire quelle douce quiétude j'éprouve en ce moment. Depuis bien des années, je ne me suis pas senti mieux disposé pour entreprendre une grande œuvre, une œuvre dans le genre de *la Création* de Haydn. Le ciel semble s'ouvrir devant moi, j'entends les anges et les séraphins entonner leur hymne céleste, je pourrais en noter toutes les voix... O la belle composition, Tobie, la belle composition!... Si tu pouvais entendre la basse des douze apôtres, c'est magnifique... magnifique. Le soprano du petit Raphaël perce les nuages, on dirait la trompette du jugement dernier; les petits anges battent de l'aile en riant, et les saintes pleurent d'une manière vraiment harmonieuse... Chut!... Voici le *Veni Creator*, la basse colossale s'avance... la terre s'ébranle... Dieu va paraître ! »

Et maître Zacharias penchait la tête, il semblait écouter de toute son âme, de grosses larmes roulaient dans ses yeux : « *Bene*, Raphaël, *bene*, » murmurait-il. Mais comme mon oncle se plongeait ainsi dans l'extase, que sa figure, son regard, son attitude, que tout en lui exprimait un ravissement céleste, voilà Hans qui s'abat tout à coup sur notre fenêtre en poussant un *couac* épouvantable. Je vis l'oncle Zacharias pâlir; il regarda vers la fenêtre d'un œil effaré, la bouche ouverte, la main étendue dans l'attitude de la stupeur.

Le corbeau s'était posé sur la traverse de la fenêtre. Non, je ne crois pas avoir jamais vu de physionomie plus railleuse; son grand bec se retournaît légèrement de travers, et son œil brillait comme une perle. Il fit entendre un second *couac* ironique, et se mit à peigner son aile de deux ou trois coups de bec.

Mon oncle ne soufflait mot, il était comme pétrifié.

Hans reprit son vol, et maître Zacharias, se tournant vers moi, me regarda quelques secondes.

« L'as-tu reconnu ? me dit-il.

—Qui donc ?

—Le diable !...

—Le diable !... Vous voulez rire ? »

Mais l'oncle Zacharias ne daigna point me répondre et tomba dans une méditation profonde.

La nuit était venue, le soleil disparaissait derrière les sapins de la forêt Noire.

Depuis ce jour, maître Zacharias perdit toute sa bonne humeur. Il essaya d'abord d'écrire sa grande symphonie des *Séraphins*, mais n'ayant pas réussi, il devint fort mélancolique ; il s'étendait tout au large dans son fauteuil, les yeux au plafond, et ne faisait plus que rêver à l'harmonie céleste. Quand je lui représentais que nous étions à bout d'argent, et qu'il ne ferait pas mal d'écrire une valse, un *hopser*, ou toute autre chose, pour nous remettre à flot.

«Une valse !... un hopser !... s'écriait-il, qu'est-ce

que cela ?... Si tu me parlais de ma grande symphonie, à la bonne heure ; mais une valse ! Tiens, Tobie, tu perds la tête, tu ne sais ce que tu dis. »
Puis il reprenait d'un ton plus calme :

« Tobie, crois-moi, dès que j'aurai terminé ma grande œuvre, nous pourrons nous croiser les bras et dormir sur les deux oreilles. C'est l'alpha et l'oméga de l'harmonie. Notre réputation sera faite ! Il y a longtemps que j'aurais terminé ce chef-d'œuvre ; une seule chose m'en empêche, c'est le corbeau !

— Le corbeau !... mais, cher oncle, en quoi ce corbeau peut-il vous empêcher d'écrire, je vous le demande ? n'est-ce pas un oiseau comme tous les autres ?

— Un oiseau comme tous les autres ! murmurait mon oncle indigné ; Tobie, je le vois, tu conspires avec mes ennemis !... cependant, que n'ai-je pas fait pour toi ? Ne t'ai-je pas élevé comme mon propre enfant ? n'ai-je pas remplacé ton père et ta mère ? ne t'ai-je pas appris à jouer de la clarinette ? Ah ! Tobie, Tobie, c'est bien mal ! »

Il disait cela d'un ton si convaincu que je finissais par le croire, et je maudissais dans mon cœur ce Hans, qui troublait l'inspiration de mon oncle. Sans lui, me disais-je, notre fortune serait faite !... Et je me prenais à douter si le corbeau n'était pas le diable en personne, ainsi que le pensait mon oncle.

Quelquefois l'oncle Zacharias essayait d'écrire; mais, par une fatalité curieuse et presque incroyable, Hans se montrait toujours au plus beau moment, ou bien on entendait son cri rauque. Alors le pauvre homme jetait sa plume avec désespoir, et s'il avait eu des cheveux, il se les serait arrachés à pleines poignées, tant son exaspération était grande. Les choses en vinrent au point que maître Zacharias emprunta le fusil du boulanger Râzer, une vieille *patraque* toute rouillée, et se mit en faction derrière la porte, pour guetter le maudit animal. Mais alors Hans, rusé comme le diable, n'apparaissait plus, et dès que mon oncle, grelottant de froid, car on était en hiver, dès que mon oncle venait se chauffer les mains, aussitôt Hans jetait son cri devant la maison. Maître Zacharias courait bien vite dans la rue... Hans venait de disparaître!...

C'était une véritable comédie, toute la ville en parlait. Mes camarades d'école se moquaient de mon oncle, ce qui me força de livrer plus d'une bataille sur la petite place. Je le défendais à outrance, et je revenais chaque soir avec un œil poché ou le nez meurtri. Alors il me regardait tout ému et me disait :

« Cher enfant, prends courage... Bientôt

tu n'auras plus besoin de te donner tant de peine ! »

Et il se mettait à me peindre avec enthousiasme l'œuvre grandiose qu'il méditait. C'était vraiment superbe ; tout était en ordre : d'abord l'ouverture des apôtres, puis le chœur des séraphins en mi-bémol, puis le *Veni Creator* grondant au milieu des éclairs et du tonnerre !... « Mais, ajoutait mon oncle, il faut que le corbeau meure. C'est le corbeau qui est cause de tout le mal, vois-tu, Tobie ; sans lui, ma grande symphonie serait faite depuis longtemps, et nous pourrions vivre de nos rentes. »

II

Un soir, revenant entre chien et loup de la petite place, je rencontrai Hans. Il avait neigé, la lune brillait par-dessus les toits, et je ne sais quelle vague inquiétude s'empara de mon cœur à la vue du corbeau. En arrivant à la porte de notre maison, je fut tout étonné de la trouver ouverte ; quelques lueurs se jouaient sur les vitres, comme le reflet d'un feu qui s'éteint. J'entre, j'appelle, pas de réponse ! Mais qu'on se figure ma surprise lorsqu'au reflet de la flamme je vis mon oncle, le nez bleu, les oreilles violettes, étendu tout au large dans son fauteuil, le vieux fusil de notre voisin entre les jambes et les souliers chargés de neige.

Le pauvre homme était allé à la chasse du corbeau. « Oncle Zacharias, m'écriai-je, dormez-vous? » Il entr'ouvrit les yeux, et, me fixant d'un regard assoupi :

« Tobie, dit-il, je l'ai couché en joue plus de vingt fois, et toujours il disparaissait comme une ombre, au moment où j'allais presser la détente. »

Ayant dit ces mots, il retomba dans une torpeur profonde. J'avais beau le secouer, il ne bougeait plus! Alors, saisi de crainte, je courus chercher Hâselnoss. En levant le marteau de la porte, mon cœur battait avec une force incroyable, et quand le coup retentit au fond du vestibule, mes genoux fléchirent. La rue était déserte, quelques flocons de neige voltigeaient autour de moi, je frissonnais. Au troisième coup, la fenêtre du docteur s'ouvrit, et la tête de Hâselnoss, en bonnet de coton, s'inclina au dehors.

« Qui est là? fit-il d'une voix grêle.

— Monsieur le docteur, venez vite chez maître Zacharias, il est bien malade.

— Hé! fit Hâselnoss, le temps de passer un habit et j'arrive. »

La fenêtre se referma. J'attendis encore un grand quart d'heure, regardant la rue déserte, écoutant crier les girouettes sur leurs aiguilles rouillées, et dans le lointain un chien de ferme aboyer à la lune. Enfin, des pas se firent entendre, et lentement, lentement, quelqu'un descendit l'escalier. On introduisit une clef dans la serrure, et Häselnoss, enveloppé dans une grande houppelande grise, une petite lanterne en forme de bougeoir à la main, parut sur le seuil.

« Prr! fit-il, quel froid! j'ai bien fait de m'envelopper.

— Oui, répondis-je, depuis vingt minutes je grelotte.

— Je me suis dépêché pour ne pas te faire attendre. »

Une minute après nous entrions dans la chambre de mon oncle.

« Hé! bonsoir, maître Zacharias, dit le docteur Häselnoss le plus tranquillement du monde, en soufflant sa lanterne, comment vous portez-vous? Il paraît que nous avons un petit rhume de cerveau. »

A cette voix, l'oncle Zacharias parut s'éveiller.

« Monsieur le docteur, dit-il, je vais vous raconter la chose depuis le commencement.

— C'est inutile, fit Häselnoss en s'asseyant en

face de lui sur un vieux bahut, je sais cela mieux que vous; je connais le principe et les conséquences, la cause et les effets : vous détestez Hans, et Hans vous déteste... Vous le poursuivez avec un fusil, et Hans vient se percher sur votre fenêtre, pour se moquer de vous. Hé! hé! hé! c'est tout simple, le corbeau n'aime pas le chant du rossignol, et le rossignol ne peut souffrir le cri du corbeau. »

Ainsi parla Hâselnoss en puisant une prise dans sa petite tabatière, puis il se croisa les jambes, secoua les plis de son jabot, et se mit à sourire en fixant maître Zacharias de ses petits yeux malins.

Mon oncle était ébahi.

« Écoutez, reprit Hâselnoss, cela ne doit pas vous surprendre, chaque jour on voit des faits semblables. Les sympathies et les antipathies gouvernent notre pauvre monde. Vous entrez dans une taverne, dans une brasserie, n'importe où, vous remarquez deux joueurs à table, et sans les connaître vous faites aussitôt des vœux pour l'un ou pour l'autre. Quelles raisons avez-vous de préférer l'un à l'autre? Aucune... Hé! hé! hé! là-dessus, les savants bâtissent des systèmes à perte de vue, au lieu de dire tout bonnement : voici un chat, voici une souris; je fais des vœux pour la souris, parce que nous sommes de la même famille, parce qu'avant d'être Hâselnoss, docteur en médecine, j'ai été rat, écureuil ou mulot, et qu'en conséquence... »

Mais il ne termina point sa phrase, car au même instant le chat de mon oncle étant venu par hasard à passer près de lui, le docteur le saisit à la *tignasse* et le fit disparaître dans sa grande poche avec une rapidité foudroyante. L'oncle Zacharias et moi nous nous regardâmes tout stupéfaits.

« Que voulez-vous faire de mon chat? » dit enfin l'oncle.

Mais Hâselnoss, au lieu de répondre, sourit d'un air contraint et balbutia :

« Maître Zacharias, je veux vous guérir.

— Rendez-moi d'abord mon chat.

— Si vous me forcez à rendre ce chat, dit Hâselnoss, je vous abandonne à votre triste sort; vous n'aurez plus une minute de repos, vous ne pourrez plus écrire une note, et vous maigrirez de jour en jour.

— Mais, au nom du ciel! reprit mon oncle, qu'est-ce qu'il vous a donc fait, ce pauvre animal?

— Ce qu'il m'a fait, répondit le docteur, dont les traits se contractèrent, ce qu'il m'a fait!... Sachez que nous sommes en guerre depuis l'origine des siècles! Sachez que ce chat résume en lui la quintessence d'un chardon qui m'a étouffé quand j'étais violette, d'un houx qui m'a fait ombre quand j'étais buisson, d'un brochet qui m'a mangé quand j'étais carpe et d'un épervier qui m'a dévoré quand j'étais souris ! »

Je crus que Hâselnoss perdait la tête; mais l'oncle Tobie, fermant les yeux, répondit après un long silence :

« Je vous comprends, docteur Hâselnoss, je vous comprends... vous pourriez bien n'avoir pas tort!... Guérissez-moi, et je vous donne mon chat. »

Les yeux du docteur scintillèrent.

« A la bonne heure! s'écria-t-il; maintenant je vais vous guérir. »

Il tira de sa trousse un canif, et prit sur l'âtre un petit morceau de bois, qu'il fendit avec dextérité. Mon oncle et moi nous le regardions faire. Après avoir fendu son morceau de bois, il se mit à le creuser, puis il détacha de son portefeuille une petite lanière de parchemin fort mince, et l'ayant ajustée entre les deux lames de bois, il l'appliqua contre ses lèvres en souriant.

La figure de mon oncle s'épanouit.

« Docteur Hâselnoss, s'écria-t-il, vous êtes un homme rare, un homme vraiment supérieur, un homme...

— Je le sais, interrompit Hâselnoss, je le sais... Mais éteignez la lumière, que pas un charbon ne brille dans l'ombre ! »

Et tandis que j'exécutais son ordre, il ouvrit la fenêtre tout au large. La nuit était glaciale. Au-dessus des toits apparaissait la lune calme et limpide. L'éclat éblouissant de la neige et l'obscurité de la chambre formaient un contraste étrange. Je voyais l'ombre de mon oncle et celle de Hâselnoss se découper sur le devant de la fenêtre; mille impressions confuses m'agitaient à la fois. L'oncle Zacharias éternua, la main de Hâselnoss s'étendit avec impatience pour lui commander de se taire, puis le silence devint solennel.

Tout à coup un sifflement aigu traversa l'espace. « Pie-wîte! pie-wîte! » Après ce cri tout redevint silencieux. J'entendais mon cœur galoper. Au bout d'un instant le même sifflement se fit entendre: « Pie-wîte! pie-wîte! » Je reconnus alors que c'était le docteur qui le produisait avec son appeau. Cette remarque me rendit un peu de courage, et je fis attention aux moindres circonstances des choses qui se passaient autour de moi.

L'oncle Zacharias, à demi-courbé, regardait la lune. Hâselnoss se tenait immobile, une main à la fenêtre et l'autre au sifflet.

Il se passa bien deux ou trois minutes,

puis tout à coup le vol d'un oiseau fendit l'air.

« Oh ! » murmura mon oncle.

« Chut ! » fit Hâselnoss, et le « pie-wîte » se répéta plusieurs fois avec des modulations étranges et précipitées. Deux fois l'oiseau effleura les fenêtres de son vol rapide, inquiet. L'oncle Zacharias fit un geste pour prendre son fusil, mais Hâselnoss lui saisit le poignet en murmurant : « Êtes-vous fou ? » Alors mon oncle se contint, et le docteur redoubla ses coups de sifflet avec tant d'art, imitant le cri de la pie-grièche prise au piége, que Hans, tourbillonnant à droite et à gauche, finit par entrer dans notre chambre, attiré sans doute par une curiosité singulière qui lui troublait la cervelle. J'entendis ses deux pattes tomber lourdement sur le plancher. L'oncle Zacharias jeta un cri et s'élança sur l'oiseau, qui s'échappa de ses mains.

« Maladroit ! » s'écria Hâselnoss en fermant la fenêtre.

Il était temps, Hans planait aux poutres du plafond. Après avoir fait cinq ou six tours, il se cogna contre une vitre avec tant de force, qu'il glissa tout étourdi le long de la fenêtre, cherchant à s'accrocher des ongles aux traverses. Hâselnoss alluma bien vite la chandelle, et je vis alors le pauvre Hans entre les mains de mon oncle, qui lui serrait le cou avec un enthousiasme frénétique, en disant :

« Ha! ha! ha! je te tiens, je te tiens!»

Hâselnoss l'accompagnait de ses éclats de rire.

« Hé! hé! hé! vous êtes content, maître Zacharias, vous êtes content? »

Jamais je n'ai vu de scène plus effrayante. La figure de mon oncle était cramoisie. Le pauvre corbeau allongeait les pattes, battait des ailes comme un grand papillon de nuit, et le frisson de la mort ébouriffait ses plumes.

Ce spectacle me fit horreur, je courus me cacher au fond de la chambre.

Le premier moment d'indignation passé, l'oncle Zacharias redevint lui-même. « Tobie, s'écria-t-il, le diable a rendu ses comptes, je lui pardonne. Tiens-moi ce Hans devant les yeux. Ah! je me sens revivre! Maintenant, silence, écoutez!»

Et maître Zacharias, le front inspiré, s'assit gravement au clavecin. Moi, j'étais en face de lui et je tenais le corbeau par le bec. Derrière, Hâselnoss levait la chandelle, et l'on ne pouvait voir de tableau plus bizarre que ces trois figures, Hans, l'oncle Zacharias et Hâselnoss, sous les poutres hautes et vermoulues du plafond. Je les vois encore, éclairées par la lumière tremblotante, ainsi que nos vieux meubles, dont les ombres vacillaient contre la muraille décrépite.

Aux premiers accords mon oncle parut se transformer, ses grands yeux bleus brillèrent d'enthousiasme, il ne jouait pas devant nous, mais dans une cathédrale, devant une assemblée immense, pour Dieu lui-même!

Quel chant sublime! tour à tour sombre, pathétique, déchirant et résigné; puis tout à coup, au milieu des sanglots, l'espérance déployant ses ailes d'or et d'azur. Oh! Dieu, est-il possible de concevoir d'aussi grandes choses!

C'était un *Requiem*, et durant une heure, l'inspiration n'abandonna point une seconde l'oncle Zacharias.

Hâselnoss ne riait plus. Insensiblement sa figure railleuse avait pris une expression indéfinissable. Je crus qu'il s'attendrissait; mais bientôt je le vis faire des mouvements nerveux, serrer le poing, et je m'aperçus que quelque chose se débattait dans les basques de son habit.

Quand mon oncle, épuisé par tant d'émotions, s'appuya le front au bord du clavecin, le docteur tira de sa grande poche le chat, qu'il avait étranglé.

« Hé! hé! hé! fit-il, bonsoir maître Zacharias, bonsoir. Nous avons chacun notre gibier, hé! hé! hé! vous avez fait un *Requiem* pour le corbeau Hans, il s'agit maintenant de faire un *Alleluia* pour votre chat... Bonsoir!... »

Mon oncle était tellement abattu, qu'il se contenta de saluer le docteur d'un mouvement de tête, en me faisant signe de le reconduire.

Or, cette nuit même, mourut le grand-duc Yéri-Péter, deuxième du nom, et comme Häselnoss traversait la rue, j'entendis les cloches de la cathédrale se mettre lentement en branle. En rentrant dans la chambre, je vis l'oncle Zacharias debout.

« Tobie, me dit-il d'une voix grave, va te coucher, mon enfant, va te coucher, je suis remis; il faut que j'écrive tout cela cette nuit, de crainte d'oublier. »

Je me hâtai d'obéir, et je n'ai jamais mieux dormi.

Le lendemain, vers neuf heures, je fus réveillé par un grand tumulte. Toute la ville était en l'air, on ne parlait que de la mort du grand-duc.

Maître Zacharias fut appelé au château. On lui commanda le *Requiem* de Yéri-Péter II, œuvre qui lui valut enfin la place de maître de chapelle, qu'il ambitionnait depuis si longtemps. Ce *Requiem* n'était autre que celui de Hans. Aussi l'oncle Zacharias, devenu un grand personnage, depuis qu'il avait mille thalers à dépenser par an, me disait souvent à l'oreille :

laissent bien tranquilles! Pourvu qu'on leur joue des valses et des *hopser* pendant qu'ils boivent des chopes, ils sont heureux et ne demandent pas autre chose.—C'est un bon peuple! »

LE JUIF POLONAIS

PREMIÈRE PARTIE

LA VEILLE DE NOEL.

Une salle d'auberge alsacienne. Tables, bancs, fourneau de fonte, grande horloge. Portes et fenêtres au fond sur la rue. Porte à droite, communiquant à l'intérieur. Porte de la cuisine, à gauche. A côté de la porte, un grand buffet de chêne. Le soir, une chandelle allumée sur la table. Catherine, la femme du bourgmestre, est assise à son rouet. Le garde forestier Heinrich entre par le fond; il est tout blanc de neige.

I

CATHERINE, HEINRICH.

HEINRICH, *frappant du pied.* — De la neige, madame Mathis, toujours de la neige. (*Il pose son fusil derrière l'horloge.*)

CATHERINE. — Encore au village, Heinrich?

HEINRICH. — Mon Dieu oui; la veille de Noël, il faut bien s'amuser un peu.

CATHERINE. — Vous savez que votre sac de farine est prêt, au moulin?

HEINRICH. — C'est bon, c'est bon, je ne suis pas pressé; Walter le chargera tout à l'heure sur sa voiture.

CATHERINE. — L'anabaptiste est encore ici? Je croyais l'avoir vu partir depuis longtemps.

HEINRICH. — Non, non! Il est au *Mouton-d'Or*, à vider bouteille. Je viens de voir sa voiture devant l'épicier Harvig, avec le sucre, le café, la cannelle tout couverts de neige. Hé! hé! hé!..... C'est un bon vivant... Il aime le bon vin... il a raison. Nous partirons ensemble.

CATHERINE. — Vous n'avez pas peur de verser?

HEINRICH. — Bah! bah! vous nous prêterez une lanterne. Qu'on m'apporte seulement une chopine de vin blanc; vous savez, de ce petit vin blanc de Hünevir? (*Il s'assied en riant.*)

CATHERINE, *appelant*. — Loïs?

LOÏS, *de la cuisine*. — Madame?

CATHERINE. — Une chopine de Hünevir, pour M. Heinrich.

LOÏS, *de même*. — Tout de suite.

HEINRICH. — Ce petit vin-là réchauffe; par un temps pareil, il faut ça.

CATHERINE.—Oui, mais prenez garde, il est fort tout de même.

HEINRICH.—Soyez tranquille, tout ira bien. Mais dites donc, madame Mathis, notre bourgmestre, on ne le voit pas..... Est-ce qu'il serait malade?

CATHERINE. — Il est parti pour Ribeauvillé, il y a cinq jours.

II

LES PRÉCÉDENTS, LOÏS.

LOÏS, *entrant*. — Voici la bouteille et un verre, maître Heinrich.

HEINRICH.—Bon, bon! (*Il verse.*) Ah! le bourgmestre est à Ribeauvillé?

CATHERINE. — Oui, nous l'attendons pour ce soir; mais allez donc compter sur les hommes, quand ils sont dehors.

HEINRICH. — Il est bien sûr allé chercher du vin?

CATHERINE. — Oui.

HEINRICH. — Hé! vous pouvez bien penser que votre cousin Bôth ne l'aura pas laissé repartir tout de suite. Voilà quelque chose qui me conviendrait, d'aller de temps en temps faire un tour dans les pays vignobles. J'aimerais mieux ça que de courir les bois. — A votre santé, madame Mathis.

CATHERINE, *à Loïs*. — Qu'est-ce que tu écoutes donc là, Loïs? Est-ce que tu n'as rien à faire? (*Loïs sort sans répondre.*) Mets de l'huile dans la petite lanterne, Heinrich l'emportera.

III

LES PRÉCÉDENTS, *moins* LOÏS.

CATHERINE. — Il faut que les servantes écoutent tout ce qui se passe!

HEINRICH. — Je parie que le bourgmestre est allé chercher le vin de la noce?

CATHERINE, *riant*. — C'est bien possible.

HEINRICH. — Oui... tout à l'heure encore, au *Mouton-d'Or*, on disait que Mlle Mathis et le maréchal des logis de gendarmerie Christian allaient bientôt se marier ensemble. Ça m'était difficile à croire. Christian est bien un brave et honnête homme, et un bel homme aussi, personne ne peut soutenir le contraire; mais il n'a que sa solde, au lieu que Mlle Annette est le plus riche parti du village.

CATHERINE. — Vous croyez donc, Heinrich, qu'il faut toujours regarder à l'argent?

HEINRICH. — Non, non, au contraire! Seulement, je pense que le bourgmestre...

CATHERINE. — Eh bien! voilà ce qui vous trompe Mathis n'a pas seulement demandé : — Combien avez-vous? — Il a dit tout de suite? — Pourvu qu'Annette soit contente, moi je consens!

HEINRICH. — Et mademoiselle Annette est contente?

CATHERINE. — Oui, elle aime Christian. Et comme nous ne voulons que le bonheur de notre enfant, nous ne regardons pas à la richesse.

HEINRICH. — Si vous êtes tous contents... moi, je suis content aussi! Je trouve que M. Christian a de la chance, et je voudrais bien être à sa place.

IV

LES PRÉCÉDENTS, NICKEL.

NICKEL, *entrant, un sac de farine sur la tête.* — Votre sac de farine, maître Heinrich; bien pesé!

HEINRICH. — C'est bon, Nickel, c'est bon, mets-le dans un coin.

CATHERINE, *allant à la porte de la cuisine* — Loïs, tu peux dresser la soupe de Nickel.

HEINRICH, *se levant.* — Ah! voyons si j'ai toutes mes affaires. (*Il ouvre sa gibecière.*) Voilà d'abord la farine.. voici le tabac, la cannelle, le plomb de lièvre... voici les deux livres de savon... Il me manque quelque chose... Ah! le sel... J'ai oublié le sel sur le comptoir du père Harvig... C'est ma femme qui aurait crié!... (*Il sort.*)

V

CATHERINE, NICKEL, puis HEINRICH.

NICKEL. — Vous saurez, madame, que la rivière est prise tellement, que si l'on arrête de moudre, la glace viendra bientôt jusque dans la vanne, et que si l'on continue, il pourrait nous arriver comme dans le temps, où la grande roue s'est cassée. Le verglas tombe toujours... Je ne sais pas ce qu'il faut faire.

CATHERINE. — Il faut attendre que Mathis soit venu. Nous n'avons plus beaucoup à moudre, cette semaine?

NICKEL. — Non, la grande presse de Noël est passée..., une vingtaine de sacs.

CATHERINE. — Eh bien, tu peux souper; Mathis ne tardera pas. (*Heinrich paraît au fond, un paquet à la main.*)

HEINRICH. — Voilà mon affaire! J'ai tout maintenant. (*Il arrange le paquet dans sa gibecière.*)

NICKEL. — Alors, je peux arrêter le moulin, madame Mathis?

CATHERINE. — Oui, tu souperas après. (*Nickel sort par la porte de la cuisine, Annette entre par la droite.*)

VI

CATHERINE, HEINRICH, ANNETTE.

ANNETTE. — Bonsoir, monsieur Heinrich.

HEINRICH, *se retournant.* — Hé! c'est vous, mademoiselle Annette; bonsoir... bonsoir!... Nous parlions tout à l'heure de vous.

ANNETTE. — De moi?

HEINRICH. — Mais oui, mais oui... (*Il pose sa gibecière sur un banc; puis d'un air d'admiration.*) Oh! oh! comme vous voilà riante et gentiment habillée... C'est drôle, on dirait que vous allez à la noce.

ANNETTE. — Vous voulez rire, monsieur Heinrich?

HEINRICH. — Non, non, je ne ris pas; je dis ce que je pense, vous le savez bien. Ces bonnes joues rouges, ce joli bonnet et cette petite robe bien faite, avec ces petits souliers, ne sont pas pour l'agrément des yeux d'un vieux garde forestier comme moi. C'est pour un autre (*il cligne de* l'œil), pour un autre que je connais bien, hé! hé! hé!

ANNETTE. — Oh! peut-on dire?...

HEINRICH.—Oui, oui, on peut dire que vous êtes une jolie fille, bien tournée, et riante, et avenante... et que l'autre grand... vous savez bien, avec ses moustaches brunes et ses grosses bottes, n'est pas à plaindre... Non... je ne le plains pas du tout. (*Walter ent'rouvre la porte du fond et avance la tête. Annette regarde.*)

VII

LES PRÉCÉDENTS, WALTER.

WALTER, *riant*. — Hé! elle a tourné la tête..... Ça n'est pas lui... ce n'est pas lui! (*Il entre.*)

ANNETTE. — Qui donc, père Walter?

WALTER, *riant aux éclats*.—Ha! ha! ha! voyez-vous les filles... jusqu'à la dernière minute, elles ne veulent avoir l'air de rien.

ANNETTE, *d'un ton naïf*.—Moi, je ne comprends pas... je ne sais pas ce qu'on veut dire.

WALTER, *levant le doigt*. — Ah! c'est comme ça, Annette... Eh bien, écoute, puisque tu te caches, puisque tu ne veux rien dire, et que tu me prends pour un vieux benêt qui ne voit rien et qui ne sait rien, ce sera moi, Daniel Walter, qui t'attacherai la jarretière.

HEINRICH. — Non, ce sera moi.

CATHERINE, *riant*. — Vous êtes deux vieux fous.

WALTER. — Nous ne sommes pas si fous que nous en avons l'air. Je dis que j'attacherai la jarretière de la mariée, et qu'en attendant, nous allons boire ensemble un bon coup en l'honneur de Christian. Nous allons voir maintenant si Annette aura le courage de refuser. Je dis que si elle refuse, elle n'aime pas Christian.

ANNETTE. — Oh! moi, j'aime le bon vin, et quand on m'en offre, j'en bois... Voilà!

TOUS, *riant*. — Ha! ha! ha! maintenant tout est découvert.

WALTER. — Apportez la bouteille, apportez, que nous buvions avec Annette. Ce sera pour la première fois, mais je pense que ce ne sera pas la dernière, et que nous trinquerons ensemble, tous les baptêmes.

CATHERINE, *appelant*. — Loïs!... Loïs!... descends à la cave... Tu prendras une bouteille dans le petit caveau. (*Loïs entre, et dépose en passant une lanterne allumée sur la table, puis elle ressort.*)

WALTER. — Qu'est-ce que cette lanterne veut dire?

HEINRICH. — C'est pour attacher à la voiture.

ANNETTE, *riant*. — Vous partirez au clair de lune. (*Elle souffle la lanterne.*)

WALTER, *de même*. — Oui... oui... au clair de lune... (*Loïs apporte une bouteille et des verres, puis elle rentre dans la cuisine. Heinrich verse.*) A la santé du maréchal des logis et de la gentille Annette. (*On trinque et l'on boit.*)

HEINRICH, *déposant son verre*. — Fameux... fameux... C'est égal, de mon temps les choses ne se seraient pas passées comme cela.

CATHERINE. — Quelles choses?

HEINRICH. — Le mariage. (*Il se lève, se met en garde, et frappant du pied.*) Il aurait fallu s'aligner... (*Il se rassied.*) Oui, si par malheur un étranger était venu prendre la plus jolie fille du pays, la plus gentille et la plus riche... Mille tonnerres!... Heinrich Schmitt aurait crié : Halte! halte! nous allons voir ça!

WALTER. — Et moi, j'aurais empoigné ma fourche pour courir dessus.

HEINRICH. — Oui, mais les jeunes gens de ce temps n'ont plus de cœur; ça ne pense qu'à fumer et à boire. Quelle misère! Ce n'est pas pour crier contre Christian, non, il faut le respecter et l'honorer; mais je soutiens qu'un pareil mariage est la honte des garçons du pays.

ANNETTE. — Et si je n'en avais pas voulu d'autre, moi?

HEINRICH, *riant*. — Il aurait fallu marcher tout de même.

ANNETTE. — Oui, mais je me serais battue contre, avec celui que j'aurais voulu.

HEINRICH. — Ah! si c'est comme ça, je ne dis plus rien. Plutôt que de me battre contre Annette, j'aurais mieux aimé boire à la santé de Christian. (*On rit et l'on trinque.*)

WALTER, *gravement*. — Écoute, Annette, je veux te faire un plaisir.

ANNETTE. — Quoi donc, père Walter?

WALTER. — Comme j'entrais, tout à l'heure, j'ai vu le maréchal des logis qui revenait avec deux gendarmes. Il est en train d'ôter ses grosses bottes, j'en suis sûr, et dans un quart d'heure...

ANNETTE. — Écoutez!

CATHERINE. — C'est le vent qui se lève. Pourvu maintenant que Mathis ne soit pas en route.

ANNETTE. — Non... non... c'est lui!... (*Christian paraît au fond.*)

VIII

LES PRÉCÉDENTS, CHRISTIAN.

TOUS, *riant*. — C'est lui!... c'est lui!..

CHRISTIAN, *secouant son chapeau et frappant*

des pieds. — Quel temps! Bonsoir, madame Mathis; bonsoir, mademoiselle Annette. (*Il lui serre la main.*)

WALTER. — Elle ne s'était pas trompée!

CHRISTIAN, *étonné, regardant les autres rire.* — Eh bien, qu'y a-t-il donc de nouveau?

HEINRICH. — Hé, maréchal des logis, nous rions parce que mademoiselle Annette a crié d'avance : C'est lui!

CHRISTIAN. — Tant mieux; ça prouve qu'elle pensait à moi.

WALTER. — Je crois bien; elle tournait la tête chaque fois qu'on ouvrait la porte.

CHRISTIAN. — Est-ce que c'est vrai, mademoiselle Annette?

ANNETTE. — Oui, c'est vrai.

CHRISTIAN. — A la bonne heure! voilà ce qui s'appelle parler. Je suis bien heureux de l'entendre dire à mademoiselle Annette. (*Il suspend son chapeau au mur, et dépose son épée dans un coin.*) Ça me réchauffe, et j'en ai besoin.

CATHERINE. — Vous arrivez du dehors, monsieur Christian!

CHRISTIAN. — Du Hôwald, madame Mathis, du Hôwald. Quelle neige! J'en ai bien vu dans l'Auvergne et dans les Pyrénées, mais je n'avais jamais rien vu de pareil. (*Il s'assied et se chauffe les mains au poêle, en grelottant. Annette, qui s'est* dépêchée de sortir, revient de la cuisine avec une cruche de vin qu'elle pose sur le poêle.)

ANNETTE. — Il faut laisser chauffer le vin, cela vaudra mieux.

WALTER, *riant, à Heinrich.* — Comme elle prend soin de lui! Ce n'est pas pour nous autres qu'elle aurait été chercher du sucre et de la cannelle.

CHRISTIAN. — Hé! vous ne passez pas non plus vos journées dans la neige; vous n'avez pas besoin qu'on vous réchauffe.

WALTER, *riant.* — Oui, la chaleur ne nous manque pas encore, Dieu merci! Nous ne grelottons pas comme ce maréchal des logis. C'est tout de même triste de voir un maréchal des logis, qui grelotte auprès d'une jolie fille qui lui donne du sucre et de la cannelle.

ANNETTE. — Taisez-vous, père Walter; vous devriez être honteux de penser des choses pareilles.

CHRISTIAN, *souriant.* — Défendez-moi, mademoiselle Annette, ne me laissez pas abîmer par ce père Walter, qui se moque bien de la neige et du vent, au coin d'un bon feu. S'il avait passé cinq heures dehors comme moi, je voudrais voir la mine qu'il aurait.

CATHERINE. — Vous avez passé cinq heures dans le Hôwald, Christian? Mon Dieu! c'est pourtant un service terrible, cela.

CHRISTIAN. — Que voulez-vous?... Sur les deux heures, on est venu nous prévenir que les contrebandiers du Banc de la Roche passeraient la rivière, à la nuit tombante, avec du tabac et de la poudre de chasse; il a fallu monter à cheval.

HEINRICH. — Et les contrebandiers sont venus.

CHRISTIAN. — Non, les gueux! Ils avaient reçu l'éveil; ils ont passé ailleurs. Encore maintenant, je ne me sens plus, à force d'avoir l'onglée. (*Annette verse du vin dans un verre, et le lui présente.*)

ANNETTE. — Tenez, monsieur Christian, réchauffez-vous.

CHRISTIAN. — Merci, mademoiselle Annette. (*Il boit.*) Cela me fait du bien.

WALTER. — Il n'est pas difficile, le maréchal des logis.

CATHERINE. — Annette, apporte la carafe; il n'y a plus d'eau dans mon mouilloir. (*Annette va chercher la carafe sur le buffet, à gauche. — A Christian.*) C'est égal, Christian, vous avez encore de la chance; écoutez quel vent dehors.

CHRISTIAN. — Oui, il se levait au moment où nous avons fait la rencontre du docteur Frantz. (*Il rit.*) Figurez-vous que ce vieux fou revenait du Schnéeberg, avec une grosse pierre qu'il était allé déterrer dans les ruines; le vent soufflait et l'enterrait presque dans la neige avec son traîneau.

CATHERINE, *à Annette, qui verse de l'eau dans son mouilloir.* — C'est bon... merci. (*Annette va remettre la carafe sur le buffet, puis elle prend sa corbeille à ouvrage, et s'assied à côté de Catherine.*)

HEINRICH, *riant.* — On peut bien dire que tous ces savants sont des fous. Combien de fois n'ai-je pas vu le vieux docteur se détourner d'une et même de deux lieues, pour aller regarder des pierres toutes couvertes de mousse, et qui ne sont bonnes à rien. Est-ce qu'il ne faut pas avoir la cervelle à l'envers?

WALTER. — Oui, c'est un original, il aime toutes les choses du temps passé : les vieilles coutumes et les vieilles pierres; mais ça ne l'empêche pas d'être le meilleur médecin du pays.

CHRISTIAN, *bourrant sa pipe.* — Sans doute... sans doute.

CATHERINE. — Quel vent! J'espère bien que Mathis aura le bon sens de s'arrêter quelque part. (*S'adressant à Walter et à Heinrich.*) Je vous disais bien de partir... Vous seriez tranquilles chez vous.

HEINRICH, *riant.* — Mademoiselle Annette est cause de tout; elle ne devait pas souffler la lanterne.

ANNETTE. — Oh! vous étiez bien contents de rester.

WALTER. — C'est égal, madame Mathis a raison : nous aurions mieux fait de partir.

CHRISTIAN. — Vous avez de rudes hivers, par ici.

WALTER. — Oh! pas tous les ans, maréchal des logis; depuis quinze ans, nous n'en avons pas eu de pareil.

HEINRICH. — Non, depuis l'hiver du Polonais, je ne me rappelle pas avoir vu tant de neige. Mais, cette année-là, le Schnéeberg était déjà blanc les premiers jours de novembre, et le froid dura jusqu'à la fin de mars. A la débâcle, toutes les rivières étaient débordées, on ne voyait que des souris, des taupes et des mulots noyés dans les champs.

CHRISTIAN. — Et c'est à cause de cela qu'on l'appelle l'hiver du Polonais?

WALTER. — Non, c'est pour autre chose, une chose terrible, et que les gens du pays se rappelleront toujours. Madame Mathis s'en souvient aussi, pour sûr.

CATHERINE. — Vous pensez bien, Walter; elle a fait assez de bruit dans le temps, cette affaire.

HEINRICH. — C'est là, maréchal des logis, que vous auriez pu gagner la croix.

CHRISTIAN. — Mais qu'est-ce que c'est donc? (*Coup de vent dehors.*)

ANNETTE. — Le vent augmente.

CATHERINE. — Oui, mon enfant, pourvu que ton père ne soit pas sur la route.

WALTER, *à Christian*. — Je puis vous raconter la chose depuis le commencement jusqu'à la fin, car je l'ai vue moi-même. Tenez, il y a juste aujourd'hui quinze ans que j'étais à cette même table avec Mathis, qui venait d'acheter son moulin depuis cinq ou six mois, Diederich Omacht, Johann Roeber, qu'on appelait le petit sabotier, et plusieurs autres, qui dorment maintenant derrière le grand if, sur la côte. Nous irons tous là, tôt ou tard; bienheureux ceux qui n'ont rien sur la conscience. (*En ce moment Christian se baisse, prend une braise dans le creux de sa main et allume sa pipe; puis il s'accoude au bord de la table.*) Nous étions donc en train de jouer aux cartes, et dans la salle se trouvait encore beaucoup de monde, lorsque, sur le coup de dix heures, la sonnette d'un traîneau s'arrête devant la porte, et presque aussitôt un Polonais entre, un juif polonais, un homme de quarante-cinq à cinquante ans, solide, bien bâti. Je crois encore le voir entrer, avec son manteau vert, garni de fourrures, son bonnet de peau de martre, sa grosse barbe brune et ses grandes bottes rembourrées de peau de lièvre. C'était un marchand de graines. Il dit en entrant : « Que la paix soit avec vous! » Tout le monde tournait la tête et pensait : « D'où vient celui-là?... Qu'est-ce qu'il veut? » parce que les juifs polonais qui vendent de la semence n'arrivent dans le pays qu'au mois de février. Mathis lui demande : « Qu'y a-t-il pour votre service ? » Mais lui, sans répondre, commence par ouvrir son manteau et par déboucler une grosse ceinture qu'il avait aux reins. Il pose sur la table cette ceinture, où l'on entendait sonner de l'or, et dit : « La neige est profonde, le chemin difficile... allez mettre mon cheval à l'écurie ; dans une heure, je repartirai. » Ensuite, il prend une bouteille de vin, sans parler à personne, comme un homme triste et qui pense à ses affaires. A onze heures, le wachtmann Yéri entre, tout le monde s'en va, le Polonais reste seul. (*Grand coup de vent au dehors, avec un bruit de vitres qui se brisent.*)

CATHERINE. — Mon Dieu, qu'est-ce qui vient d'arriver ?

HEINRICH. — Ce n'est rien, madame Mathis, c'est un carreau qui se brise ; on aura sans doute laissé une fenêtre ouverte.

CATHERINE, *se levant*. — Il faut que j'aille voir. (*Elle sort.*)

ANNETTE, *criant*. — Tu ne sortiras pas...

CATHERINE, *de la cuisine*. — Sois donc tranquille, je reviens tout de suite.

IX

Les précédents, moins CATHERINE.

CHRISTIAN. — Je ne vois pas encore comment j'aurais pu gagner la croix, père Walter.

WALTER. — Oui, monsieur Christian, mais attendez : le lendemain, on trouva le cheval du Polonais sous le grand pont de Wéchem, et cent pas plus loin, dans le ruisseau, le manteau vert et le bonnet plein de sang. Quant à l'homme, on n'a jamais pu savoir ce qu'il est devenu.

HEINRICH. — Tout ça, c'est la pure vérité. La gendarmerie de Rothau arriva le lendemain, malgré la neige, et c'est même depuis ce temps qu'on laisse ici la brigade.

CHRISTIAN. — Et l'on n'a pas fait d'enquête?

HEINRICH. — Une enquête ! je crois bien... C'est l'ancien maréchal des logis, Kelz, qui s'est donné de la peine pour cette affaire ! En a-t-il fait des courses, réuni des témoins, écrit des procès-verbaux ! Sans parler du juge de paix Bénédum, du procureur Richter et du vieux médecin Hornus, qui sont venus voir le manteau, le bâton et le bonnet.

CHRISTIAN. — Mais on devait avoir des soupçons sur quelqu'un?

HEINRICH. — Ça va sans dire, les soupçons ne manquent jamais ; mais il faut des preuves. Dans ce temps-là, voyez-vous, les deux frères Kasper et Yokel Hierthès, qui demeurent au bout du village, avaient un vieil ours, les oreilles et le nez tout déchirés, avec un âne et trois gros chiens qu'ils menaient aux foires pour livrer bataille. Ça leur rapportait beaucoup d'argent, ils buvaient de l'eau-de-vie tant qu'ils en voulaient. Justement, quand le Polonais disparut, ils étaient à Wéchem, et le bruit courut alors qu'ils l'avaient fait dévorer par leurs bêtes, et qu'on ne pouvait plus retrouver que son bonnet et son manteau, parce que l'ours et les chiens avaient eu assez du reste. Naturellement on mit la main sur ces gueux, ils passèrent quinze mois dans les cachots; mais finalement, on ne put rien prouver contre les Hierthès, et malgré tout, il fallut les relâcher. Leur âne, leur ours et leurs chiens étaient morts. Ils se mirent donc à étamer des casseroles, et M. Mathis leur loua sa baraque du coin des Chenevières. Ils vivent là-dedans et ne payent jamais un liard pour le loyer.

WALTER. — Mathis est trop bon pour ces bandits. Depuis longtemps il aurait dû les balayer.

CHRISTIAN. — Ce que vous me racontez là m'étonne; je n'en avais jamais entendu dire un mot,

HEINRICH. — Il faut une occasion... J'aurais cru que vous saviez cela mieux que nous.

CHRISTIAN. — Non, c'est la première nouvelle. (*Catherine rentre.*)

X

Les précédents, CATHERINE.

CATHERINE. — J'étais sûre que Loïs avait laissé la fenêtre de la cuisine ouverte. On a beau lui dire de fermer les fenêtres, cette fille n'écoute rien. Maintenant tous les carreaux sont cassés.

WALTER. — Hé! madame Mathis, cette fille est jeune; à son âge, on a toutes sortes de choses en tête.

CATHERINE, *se rasseyant*. — Fritz est dehors, Christian, il veut vous parler.

CHRISTIAN. — Fritz, le gendarme?

CATHERINE. — Oui, je lui ai dit d'entrer, mais il n'a pas voulu. C'est pour une affaire de service.

CHRISTIAN. — Ah! bon, je sais ce que c'est. (*Il se lève, prend son chapeau, et se dirige vers la porte.*)

ANNETTE. — Vous reviendrez, Christian!

CHRISTIAN, *sur la porte.* — Oui... dans un instant. (*Il sort.*)

XI

Les précédents, *moins* CHRISTIAN.

walter.—Voilà ce qu'on peut appeler un brave homme, un homme doux, mais qui ne plaisante pas avec les gueux.

heinrich. — Oui, M. Mathis a de la chance de trouver un pareil gendre ; depuis que je le connais, tout lui réussit. D'abord il achète cette auberge, où Georges Hoûte s'était ruiné. Chacun pensait qu'il ne pourrait jamais la payer, et voilà que toutes les bonnes pratiques arrivent ; il entasse, il entasse... il paye... il achète le grand pré de la Bruche, la chenevière du fond des Houx, les douze arpents de la Finckmath, la scierie des Trois-Chênes... Ensuite son moulin, ensuite son magasin de planches. Mademoiselle Annette grandit... il place de l'argent sur bonne hypothèque... on le nomme bourgmestre... Il ne lui manquait plus qu'un gendre, un honnête homme, rangé, soigneux, qui ne jette pas l'argent par les fenêtres, qui plaise à sa fille et que chacun respecte... Eh bien, Christian Bême se présente, un homme solide, sur lequel on ne peut dire que du bien ! — Que voulez-vous ? M. Mathis est venu au monde sous une bonne étoile ! Pendant que les autres suent sang et eau pour réunir les deux bouts à la fin de l'année, lui n'a jamais fini de s'enrichir, de s'arrondir et de prospérer.—Est-ce vrai, madame Mathis ?

CATHERINE.—Nous ne nous plaignons pas, Heinrich, au contraire.

HEINRICH. — Oui, et le plus beau de tout, c'est que vous le méritez, personne ne vous porte envie ; chacun pense : — Ce sont de braves gens, ils ont gagné leurs biens par le travail. — Et tout le monde est content pour mademoiselle Annette.

WALTER. — Oui, c'est un beau mariage.

CATHERINE, *écoutant*. — Voilà Christian qui revient.

ANNETTE. — Oui, j'entends les éperons sur l'escalier. (*La porte s'ouvre, et Mathis paraît, enveloppé d'un grand manteau tout blanc de neige, coiffé d'un bonnet de peau de loutre, une grosse cravache à la main, les éperons aux talons.*)

XII

Les précédents, MATHIS.

MATHIS, *d'un accent joyeux*. — Hé ! hé ! hé ! c'est moi... c'est moi ?...

CATHERINE, *se levant*. — Mathis !

HEINRICH. — Le bourgmestre !

ANNETTE, *courant l'embrasser*. — Te voilà !

MATHIS. — Oui... oui... Dieu merci ! Avons-nous de la neige..... en avons-nous ! J'ai laissé la voiture à Bichem, avec Johann, il l'amènera demain.

CATHERINE, *elle arrive l'embrasser et le débarrasse de son manteau*. — Donne-moi ça... Tu nous fais joliment plaisir, va, de rentrer ce soir. Quelles inquiétudes nous avions !

MATHIS. — Je pensais bien, Catherine ; c'est pour ça que je suis revenu. (*Regardant autour de la salle.*) Hé ! hé ! hé ! le père Walter et Heinrich. Vous allez avoir un beau temps pour retourner chez vous !

CATHERINE, *appelant à la porte de la cuisine*. — Loïs... Loïs... apporte les gros souliers de M. Mathis. Dis à Nickel de mettre le cheval à l'écurie.

LOÏS, *sur la porte*. — Oui, madame, tout de suite. (*Elle regarde un instant en riant, puis disparaît.*)

HEINRICH, *riant*. — Mademoiselle Annette veut que nous partions au clair de lune.

MATHIS, *de même*. — Ha ! ha ! ha !... Oui.. oui... il est beau, le clair de lune.

ANNETTE, *lui retirant ses moufles*. — Nous pensions que le cousin Bôth ne t'avait pas laissé partir.

MATHIS. — Hé! mes affaires étaient déjà finies hier matin, je voulais partir; mais Bôth m'a retenu pour voir la comédie.

ANNETTE. — Hanswurst[1] est à Ribeauvillé?

MATHIS. — Ce n'est pas Hanswurst, c'est un Parisien qui fait des tours de physique... Il endort les gens!

ANNETTE. — Il endort les gens?

MATHIS. — Oui.

CATHERINE. — Il leur fait bien sûr boire quelque chose, Mathis?

MATHIS. — Non, il les regarde en faisant des signes... et ils s'endorment. C'est une chose étonnante; si je ne l'avais pas vu, je ne pourrais pas le croire.

HEINRICH. — Ah! le brigadier Stenger m'a parlé de ça l'autre jour; il a vu la même chose à Saverne. Ce Parisien endort les gens, et quand ils dorment, il leur fait faire tout ce qu'il veut.

MATHIS, *s'asseyant et commençant à tirer ses bottes.* — Justement! (*A sa fille.*) Annette?

ANNETTE. — Quoi, mon père?

MATHIS. — Regarde un peu dans la grande poche de la houppelande.

WALTER. — Les gens deviennent trop malins... le monde finira bientôt. (*Loïs entre avec les souliers du bourgmestre.*)

[1]. Polichinel allemand.

XIII

LES PRÉCÉDENTS, LOIS.

LOÏS. — Voici vos souliers, monsieur le bourgmestre.

MATHIS. — Ah! bon.... bon.... Tiens, Loïs, emporte les bottes; tu déferas les éperons et tu les pendras dans l'écurie, avec le harnais.

LOÏS. — Oui, monsieur le bourgmestre. (*Elle sort. Annette, qui vient de tirer une boîte de la poche du manteau, s'approche de son père.*)

ANNETTE. — Qu'est-ce que c'est?

MATHIS, *mettant ses souliers.* — Ouvre donc la boîte. (*Elle ouvre la boîte et en tire une toque alsacienne à paillettes d'or et d'argent.*)

ANNETTE. — Oh! mon Dieu, est-ce possible?

MATHIS. — Eh bien... eh bien... qu'est-ce que tu penses de ça?

ANNETTE. — Oh! c'est pour moi?

MATHIS. — Hé! pour qui donc? Ce n'est pas pour Loïs, je pense! (*Tout le monde s'approche pour voir. Annette met la toque, et se regarde dans la glace.*)

HEINRICH. — Ça, c'est tout ce qu'on peut voir de plus beau, mademoiselle Annette.

WALTER. — Et ça te va comme fait exprès.

ANNETTE. — Oh! mon Dieu, qu'est-ce que pensera Christian en me voyant?

MATHIS. — Il pensera que tu es la plus jolie fille du pays. (*Annette vient l'embrasser.*)

MATHIS. — C'est mon cadeau de noce, Annette; le jour de ton mariage, tu mettras ce bonnet, et tu le conserveras toujours. Plus tard, dans quinze ou vingt ans d'ici, tu te rappelleras que c'est ton père qui te l'a donné.

ANNETTE, *attendrie*. — Oui, mon père.

MATHIS. — Tout ce que je demande, c'est que tu sois heureuse avec Christian. Et maintenant, qu'on m'apporte un morceau et une bouteille de vin. (*Catherine entre dans la cuisine. — A Walter et à Heinrich.*) Vous prendrez bien un verre de vin avec moi?

HEINRICH. — Avec plaisir, monsieur le bourgmestre.

WALTER, *riant*. — Oui, pour toi, nous ferons bien encore ce petit effort. (*Catherine apporte un jambon de la cuisine; elle est suivie par Loïs, qui tient le verre et la bouteille.*)

CATHERINE, *riant*. — Et moi, Mathis, tu ne m'as rien apporté! Voyez, les hommes... Dans le temps, quand il voulait m'avoir, il arrivait toujours les mains pleines de rubans; mais à cette heure...

MATHIS, *d'un ton joyeux*. — Allons, Catherine, tais-toi. Je voulais te faire des surprises, et maintenant il faut que je raconte d'avance que le châle, le bonnet et le reste sont dans ma grande caisse, sur la voiture.

CATHERINE. — Ah! si le reste est sur la voiture, c'est bon, je ne dis plus rien. (*Elle s'assied et file. Loïs met la nappe, place l'assiette, la bouteille, le verre. Mathis s'assied à table et commence à manger de bon appétit. Walter et Heinrich boivent. Loïs sort.*)

MATHIS. — Le froid vous ouvre joliment l'appétit. — A votre santé!

WALTER. — A la tienne, Mathis.

HEINRICH. — A la vôtre, monsieur le bourgmestre.

MATHIS. — Christian n'est pas venu, ce soir?

ANNETTE. — Si, mon père. On est venu le chercher; il va revenir.

MATHIS. — Ah! bon, bon.

CATHERINE. — Il est arrivé tard, à cause d'une faction derrière le Hôwald, pour attendre des contrebandiers.

MATHIS, *mangeant*. — C'est pourtant une diable de chose d'aller faire faction par un temps pareil. Du côté de la rivière j'ai trouvé cinq pieds de neige.

WALTER. — Oui, nous avons causé de ça; nous

disions au maréchal des logis, que depuis l'hiver du Polonais on n'avait rien vu de pareil. (*Mathis, qui levait son verre, le repose sans boire.*

MATHIS. — Ah! vous avez parlé de ça?

HEINRICH. — Cette année-là, vous devez bien vous en souvenir, monsieur Mathis, tout le vallon au-dessous du grand pont était comblé de neige. Le cheval du Polonais, sous le pont, pouvait à peine sortir la tête, et Kelz vint chercher main-forte à la maison forestière.

MATHIS, *d'un ton d'indifférence*. — Hé! c'est bien possible... Mais tout ça, voyez-vous, ce sont de vieilles histoires; c'est comme les contes de ma grand'mère... on n'y pense plus.

WALTER. — C'est pourtant bien étonnant qu'on n'ait jamais pu découvrir ceux qui ont fait le coup.

MATHIS. — C'étaient des malins... On ne saura jamais rien! (*Il boit. En ce moment, le tintement d'une sonnette se fait entendre dans la rue, puis le trot d'un cheval s'arrête devant l'auberge. Tout le monde se retourne. La porte du fond s'ouvre, un juif polonais paraît sur le seuil. Il est vêtu d'un manteau vert bordé de fourrure et coiffé d'un bonnet de peau de martre. De grosses bottes fourrées lui montent jusqu'aux genoux. Il regarde dans la salle d'un œil sombre. Profond silence.*)

XIV

LES PRÉCÉDENTS, LE POLONAIS, puis CHRISTIAN.

LE POLONAIS, *entrant*. — Que la paix soit avec vous!

CATHERINE, *se levant*. — Qu'y a-t-il pour votre service, monsieur?

LE POLONAIS. — La neige est profonde... le chemin difficile... Qu'on mette mon cheval à l'écurie... Je repartirai dans une heure... (*Il ouvre son manteau, déboucle sa ceinture et la jette sur la table. Mathis se lève, les deux mains appuyées aux bras de son fauteuil; le Polonais le regarde, il chancelle, étend les bras et tombe en poussant un cri terrible. Tumulte.*)

CATHERINE, *se précipitant*. — Mathis!... Mathis!...

ANNETTE, *de même*. — Mon père! (*Walter et Heinrich relèvent Mathis, Christian paraît au fond.*)

CHRISTIAN, *sur le seuil*. — Qu'est-ce qu'il y a?

HEINRICH, *ôtant la cravate de Mathis avec précipitation*. — Le médecin... courez chercher le médecin!

LE JUIF POLONAIS

DEUXIÈME PARTIE

LA SONNETTE.

La chambre à coucher de Mathis. Porte à gauche ouvrant sur la salle d'auberge. Escalier à droite. Fenêtres au fond, sur la rue. Secrétaire en vieux chêne à ferrures luisantes, entre les fenêtres. Lit à baldaquin, grande armoire, tables, chaises. Poêle de faïence au milieu de la chambre. Mathis est assis dans un fauteuil, à côté du poêle. Catherine, en costume des dimanches, et le docteur Frantz, en habit carré, gilet rouge, culotte courte, bottes montantes et grand feutre noir à l'alsacienne, sont debout près de lui.

I

MATHIS, CATHERINE, LE DOCTEUR FRANTZ.

LE DOCTEUR. — Vous allez mieux, monsieur le bourgmestre?

MATHIS. — Je vais très-bien.

LE DOCTEUR. — Vous ne sentez plus vos maux de tête ?

MATHIS. — Non.

LE DOCTEUR. — Ni vos bourdonnements d'oreilles ?

MATHIS. — Quand je vous dis que tout va bien... que je suis comme tous les jours... c'est assez clair, je pense !

CATHERINE. — Depuis longtemps, il avait de mauvais rêves... il parlait... il se levait pour boire de l'eau fraîche.

MATHIS. — Tout le monde peut avoir soif la nuit.

LE DOCTEUR. — Sans doute... mais il faut vous ménager. Vous buvez trop de vin blanc, monsieur le bourgmestre ; le vin blanc donne la goutte et vous cause souvent des attaques dans la nuque : deux nobles maladies, mais fort dangereuses. Nos anciens landgraves, margraves et rhingraves, seigneurs du Sundgau, du Brisgau, de la haute et de la basse Alsace, mouraient presque tous de la goutte remontée, ou d'une attaque foudroyante. Maintenant, ces nobles maladies tombent sur les bourgmestres, les notaires, les gros bourgeois. C'est honorable... très-honorable... mais funeste. Votre accident d'avant-hier soir vient de là... Vous aviez trop bu de rikewir chez votre cousin Bôth, et puis le grand froid vous a saisi, parce que tout le sang était à la tête

MATHIS. — J'avais froid aux pieds, c'est vrai ; mais il ne faut pas aller chercher si loin : le juif polonais est cause de tout.

LE DOCTEUR. — Comment?

MATHIS. — Oui, dans le temps j'ai vu le manteau du pauvre diable, que le maréchal des logis, le vieux Kelz, rapportait avec le bonnet; cette vue m'avait bouleversé, parce que la veille le juif était entré chez nous. Depuis, je n'y pensais plus, quand avant-hier soir, le marchand de graines entre, et dit les mêmes paroles que l'autre... Ça m'a produit l'effet d'un revenant! Je sais bien qu'il n'y a pas de revenants, et que les morts sont bien morts; mais que voulez-vous? on ne pense pas toujours à tout. (*Se tournant vers Catherine.*) Tu as fait prévenir le notaire?

CATHERINE. — Oui... sois donc tranquille!

MATHIS. — Je suis bien tranquille; mais il faut que ce mariage se fasse le plus tôt possible. Quand on voit qu'un homme bien portant, sain de corps et d'esprit, peut avoir des attaques pareilles, on doit tout régler d'avance et ne rien remettre au lendemain. Ce qui m'est arrivé avant-hier peut encore m'arriver ce soir; je peux rester sur le coup, et je n'aurais pas vu mes enfants heureux... Voilà! — Et maintenant, laissez-moi tranquille avec toutes vos explications. Que ce soit du vin blanc, du froid, ou du Polonais, que le coup de sang m'ait attrapé, cela revient au même. J'ai l'esprit aussi clair que le premier venu; le reste ne signifie rien.

LE DOCTEUR. — Mais peut-être serait-il bon, monsieur le bourgmestre, de remettre la signature de ce contrat à plus tard; vous concevez... l'agitation des affaires d'intérêt...

MATHIS, *levant les mains d'un air d'impatience*. — Mon Dieu... mon Dieu... que chacun s'occupe donc de ses affaires. Avec tous vos *si*, vos *parce que*, on ne sait plus où tourner la tête. Que les médecins fassent de la médecine, et qu'ils laissent les autres faire ce qu'ils veulent. Vous m'avez saigné... bon! Je suis guéri... tant mieux! Qu'on appelle le notaire, qu'on prévienne les témoins, et que tout finisse!

LE DOCTEUR, *bas à Catherine*. — Ses nerfs sont encore agacés; le meilleur est de faire ce qu'il veut. (*Walter et Heinrich entrent par la gauche, en habits des dimanches.*)

II

LES PRÉCÉDENTS, WALTER, HEINRICH.

WALTER. — Eh bien... eh bien... on nous dit que tu vas mieux?

MATHIS, *se retournant*. — Hé! c'est vous... A

la bonne heure; je suis content de vous voir. (*Il leur serre la main.*)

WALTER, *souriant*. — Te voilà donc tout à fait remis, mon pauvre Mathis?

MATHIS, *riant*. — Hé! oui, tout est passé. Quelle drôle de chose pourtant! C'est Heinrich, avec sa vieille histoire de juif, qui m'a valu ça. Ha! ha! ha!

HEINRICH. — Qu'est-ce qui pouvait prévoir une chose pareille?

MATHIS. — C'est clair. Et cet autre qui entre aussitôt. Quel hasard! quel hasard! Est-ce qu'on n'aurait pas dit qu'il arrivait exprès?

WALTER. — Ma foi, monsieur le docteur, vous le croirez si vous voulez, mais à moi-même, en voyant entrer ce Polonais, les cheveux m'en dressaient sur la tête.

CATHERINE. — Pour des hommes de bon sens, peut-on avoir des idées pareilles?

MATHIS. — Enfin, puisque j'en suis réchappé, grâce à Dieu, vous saurez, Walter et Heinrich, que nous allons finir le mariage d'Annette avec Christian. C'est peut-être un avertissement qu'il faut se presser.

HEINRICH. — Ah! monsieur le bourgmestre, il n'y a pas de danger.

WALTER. — Ce n'était rien... c'est passé, Mathis.

MATHIS. — Non... non... moi je suis comme

cela, je profite des bonnes leçons. Walter, Heinrich, je vous choisis pour témoins. On signera le contrat ici, sur les onze heures, après la messe; tout le monde est prévenu.

WALTER. — Si tu le veux absolument?

MATHIS. — Oui, absolument. (*A Catherine.* Catherine?

CATHERINE. — Quoi?

MATHIS. — Est-ce que le Polonais est encore là?

CATHERINE. — Non! il est parti hier. Tout cela lui a fait beaucoup de peine.

MATHIS. — Tant pis qu'il soit parti... J'aurais voulu le voir, lui serrer la main, l'inviter à la noce. Je ne lui en veux pas à cet homme... ce n'est pas sa faute si tous les juifs polonais se ressemblent... s'ils ont tous le même bonnet, la même barbe et le même manteau... Il n'est cause de rien.

HEINRICH. — Non, on ne peut rien lui reprocher.

WALTER. — Enfin, c'est une affaire entendue, à onze heures nous serons ici.

MATHIS. — Oui. (*Au médecin.*) Et je profite aussi de l'occasion pour vous inviter, monsieur Frantz. Si vous venez à la noce, ça nous fera honneur.

LE DOCTEUR. — J'accepte, monsieur le bourgmestre, j'accepte avec plaisir.

HEINRICH. — Voici le second coup qui sonne. Allons, au revoir, monsieur Mathis.

MATHIS. — A bientôt. (*Il leur serre la main. Walter, Heinrich et le docteur sortent.*)

III

MATHIS, CATHERINE.

CATHERINE, *criant dans l'escalier.* — Annette... Annette!

ANNETTE, *de sa chambre.* — Je descends.

CATHERINE. — Arrive donc, le second coup est sonné.

ANNETTE, *de même.* — Tout de suite.

CATHERINE, *à Mathis.* — Elle ne finira jamais.

MATHIS. — Laisse donc cette enfant en repos; tu sais bien qu'elle s'habille.

CATHERINE. — Je ne mets pas deux heures à m'habiller.

MATHIS. — Toi... toi... est-ce que c'est la même chose? Quand vous arriveriez un peu tard, le banc sera toujours là, personne ne viendra le prendre.

CATHERINE. — Elle attend Christian.

MATHIS. — Eh bien, est-ce que ce n'est pas naturel? Il devait venir ce matin... quelque chose le retarde. (*Annette, toute souriante, descend avec sa belle toque alsacienne et son avant-cœur doré.*)

IV

LES PRÉCÉDENTS, ANNETTE.

CATHERINE. — Tu as pourtant fini !

ANNETTE. — Oui, c'est fini.

MATHIS, *la regardant d'un air attendri.* — Oh ! comme te voilà belle, Annette !

ANNETTE. — J'ai mis le bonnet.

MATHIS. — Tu as bien fait. (*Annette se regarde dans le miroir.*)

CATHERINE. — Mon Dieu... mon Dieu... jamais nous n'arriverons pour le commencement... Allons donc, Annette, allons ! (*Elle va prendre son livre de messe sur la table.*)

ANNETTE, *regardant à la fenêtre.* — Christian n'est pas encore venu ?

MATHIS. — Non, il a bien sûr des affaires.

CATHERINE. — Arrive donc... il te verra plus tard. (*Elle sort, Annette la suit.*)

MATHIS, *appelant.* — Annette... Annette... tu ne me dis rien, à moi ?

ANNETTE, *revenant l'embrasser.* — Tu sais bien que je t'aime !

MATHIS. — Oui... oui... Va maintenant, mon enfant, ta mère n'a pas de cesse !

CATHERINE, *dehors, criant.* — Le troisième coup qui sonne. (*Annette sort.*)

MATHIS, *d'un ton bourru.* — Le troisième coup ! le troisième coup !... Ne dirait-on pas que le curé les attend pour commencer. (*On entend la porte extérieure se refermer. Les cloches du village sonnent; des gens endimanchés passent devant les fenêtres, puis tout se tait.*)

V

MATHIS, *seul.*

MATHIS. — Les voilà dehors.... (*Il écoute, puis se lève et jette un coup d'œil par la fenêtre.*) Oui, tout le monde est à l'église. (*Il se promène, prend une prise dans sa tabatière et l'aspire bruyamment.*) Ça va bien.... Tout s'est bien passé.... Quelle leçon, Mathis, quelle leçon !... un rien, et le juif revenait sur l'eau, tout s'en allait au diable.... Autant dire qu'on te menait pendre ! (*Il réfléchit; puis, avec indignation.*) Je ne sais pas où l'on a quelquefois la tête ! Ne faut-il pas être fou ? Un marchand de graines qui entre en vous souhaitant le bonsoir.... comme si les juifs polonais qui vendent de la graine, ne se ressemblaient pas tous! (*Il hausse les épaules de pitié, puis se calme tout à coup.*) Quand je crierais jusqu'à la fin des siècles, ça ne changerait rien à la chose... Heureusement, les gens sont si bêtes... ils ne comprennent rien! (*Il cligne de l'œil, et reprend sa place dans le fauteuil.*) Oui... oui... les gens sont bêtes! (*Il arrange le feu.*) C'est pourtant ce Parisien qui est cause de tout... ça m'avait tracassé... Le gueux voulait aussi m'endormir... mais j'ai pensé tout de suite : Halte!.. halte!.. Prends garde, Mathis... cette manière d'endormir le monde est une invention du diable... tu pourrais raconter des histoires... (*Souriant.*) Il faut être fin... il ne faut pas mettre le cou dans la bricole... (*Il rit d'un air goguenard.*) Tu mourras vieux, Mathis, et le plus honnête homme du pays; tu verras tes enfants et tes petits-enfants dans la joie, et l'on mettra sur ta tombe une belle pierre, avec des inscriptions en lettres d'or du haut en bas. (*Silence.*) Allons, allons, tout s'est bien passé!... Seulement, puisque tu rêves, et que Catherine bavarde comme une pie devant le médecin, tu coucheras là-haut, la clef dans ta poche; les murs t'écouteront s'ils veulent. (*Il se lève.*) Et maintenant, nous allons compter les écus du gendre... pour que le gendre nous aime... (*Il rit.*) pour qu'il soutienne le beau-père, si le beau-père disait des bêtises après avoir bu un coup de trop... Hé! hé! hé! c'est un finaud, Christian, ce n'est pas un Kelz à moitié sourd et aveugle, qui dressait des procès-verbaux d'une aune, et rien dedans; non, il serait bien capable de mettre le nez sur une bonne piste. La première fois que je l'ai vu, je me suis dit : — Toi, tu seras mon gendre... et si le Polonais fait mine de ressusciter, tu le repousseras dans l'autre monde! (*Il devient grave et s'approche du secrétaire, qu'il ouvre. Puis il s'assied, tire du fond un gros sac plein d'or, qu'il vide sur le devant, et se met à compter lentement, en rangeant les piles avec soin. Cette occupation lui donne quelque chose de solennel. De temps en temps, il s'arrête, examine une pièce, et continue après l'avoir pesée sur le bout du doigt. — Bas.*) Nous disons trente mille... (*comptant les piles*) oui, trente mille livres... un beau denier pour Annette... Hé! hé! hé! c'est gentil d'entendre grelotter ça... le gendarme sera content. (*Il poursuit, puis examine une pièce avec plus d'attention que les autres.*) Du vieil or... (*Il se tourne vers la lumière.*) Ah! celle-là vient encore de la ceinture... Elle nous a fait joliment de bien, la ceinture... (*Rêvant.*) Oui... oui... sans cela l'auberge aurait mal tourné.... Il était temps... Huit jours plus tard, l'huissier Ott serait venu sur son char-à-bancs... Mais nous étions en règle, nous avions les écus... soi-disant de l'héritage de l'oncle Martine... (*Il remet la pièce dans une pile qu'il repasse.*) La ceinture nous a tiré une vilaine épine du pied... Si Catherine avait su... Pauvre Catherine!... (*Regardant les piles.*) Trente mille livres... (*Bruit de sonnette; il écoute.*) C'est la sonnette du moulin... (*Appelant.*) Nickel... Nickel! (*La porte s'ouvre. Nickel paraît sur le seuil, un almanach à la main.*)

VI

MATHIS, NICKEL.

NICKEL. — Vous m'avez appelé, monsieur le bourgmestre?

MATHIS. — Il y a quelqu'un au moulin?

NICKEL. — Non, monsieur, tout notre monde est à la messe... La roue est arrêtée.

MATHIS. — J'ai entendu la sonnette... Tu étais dans la grande salle?

NICKEL. — Oui, monsieur, je n'ai rien entendu.

MATHIS. — C'est étonnant... je croyais... (*Il se met le petit doigt dans l'oreille. — A part.*) Mes bourdonnements me reprennent... (*A Nickel.*) Qu'est-ce que tu faisais donc là?

NICKEL. — Je lisais *le Messager boiteux*.

MATHIS. — Des histoires de revenants, bien sûr?

NICKEL. — Non, monsieur le bourgmestre, une drôle d'histoire : Des gens d'un petit village de la Bavière, des voleurs qu'on a découverts au bout de vingt-trois ans, à cause d'une vieille lame de couteau qui se trouvait chez un forgeron, dans un tas de ferraille. Tous ont été pris ensemble, comme une nichée de loups, la mère, les deux fils et le grand-père... On les a pendus l'un à côté de l'autre... Regardez... (*Il présente l'almanach.*)

MATHIS, *brusquement.* — C'est bon.... c'est bon!... Tu ferais mieux de lire ta messe... (*Nickel sort.*)

VII

MATHIS seul, puis CHRISTIAN.

MATHIS, *haussant les épaules.*— Des gens qu'on pend après vingt-trois ans, à cause d'une vieille lame de couteau! Imbéciles... il fallait faire comme moi... ne pas laisser de preuves. (*Il poursuit ses comptes.*) Je disais trente mille livres... oui... c'est bien ça... une... deux... trois... (*Ses paroles finissent par s'éteindre. Il prend les piles d'or et les laisse tomber dans le sac, qu'il ficelle avec soin.*) Ont-ils de la chance!... Ce n'est pas à moi qu'on a fait des cadeaux pareils... Il a fallu tout gagner, liard par liard Enfin... enfin... les uns naissent avec un bon numéro, les autres sont forcés de se faire une position. (*Il se lève.*) Voilà tout en règle. (*On toque à la vitre, il regarde. — Bas.*) Christian... (*Elevant la voix.*) Entrez, Christian, entrez! (*Il se dirige vers la porte, Christian paraît.*)

CHRISTIAN, *lui serrant la main.* — Eh bien, monsieur Mathis, vous allez mieux?

MATHIS. — Oui, ça ne va pas mal. Tenez, Christian, je viens de compter la dot d'Annette.... de beaux louis sonnants... du bel or! Ça fait toujours plaisir à voir, même quand on doit le donner. Ça vous rappelle des souvenirs de travail, de bonne conduite.... de bonnes veines; on voit pour ainsi dire défiler devant ses yeux toute sa jeunesse, et l'on pense que tout ça va profiter à ses enfants ; ça vous touche... ça vous attendrit!

CHRISTIAN. — Je vous crois, monsieur Mathis, l'argent bien gagné par le travail est le seul qui profite; c'est comme la bonne semence, qui lève toujours et qui produit les moissons.

MATHIS. — Voilà justement ce que je pensais. Et je me disais aussi qu'on est bien heureux, quand la bonne semence tombe dans la bonne terre.

CHRISTIAN. — Vous voulez que nous signions le contrat aujourd'hui?

MATHIS. — Oui, plus tôt ce sera fait, mieux ça vaudra. Je n'ai jamais aimé remettre les choses. Je ne peux pas souffrir les gens qui ne sont jamais décidés. Une fois qu'on est d'accord, il n'y a plus de raison pour renvoyer les affaires de semaine en semaine; ça prouve peu de caractère, et les hommes doivent avoir du caractère.

CHRISTIAN. — Hé! monsieur Mathis, moi je ne demande pas mieux; mais je pensais que peut-être mademoiselle Annette...

MATHIS. — Annette vous aime... ma femme aussi... tout le monde... (*Il ferme le secrétaire.*)

CHRISTIAN. — Eh bien, signons.

MATHIS. — Oui, et le contrat signé, nous ferons la noce.

CHRISTIAN. — Monsieur Mathis, vous ne pouvez rien me dire de plus agréable.

MATHIS, *souriant*. — On n'est jeune qu'une fois... il faut profiter de sa jeunesse. Maintenant la dot est prête, et j'espère que vous en serez content.

CHRISTIAN. — Vous savez, moi, monsieur Mathis, je n'apporte pas grand'chose... Je n'ai...

MATHIS. — Vous apportez votre courage, votre bonne conduite et votre grade; quant au reste, je m'en charge : je veux que vous ayez du bien. Seulement, Christian, il faut que vous me fassiez une promesse.

CHRISTIAN. — Quelle promesse?

MATHIS. — Les jeunes gens sont ambitieux, ils veulent avoir de l'avancement, c'est tout naturel. Je demande que vous restiez au village, malgré tout, tant que nous vivrons, Catherine et moi Vous comprenez, nous n'avons qu'une enfant, nous l'aimons comme les yeux de notre tête, et de la voir partir, ça nous crèverait le cœur.

CHRISTIAN. — Mon Dieu, monsieur Mathis, je ne serai jamais aussi bien que dans la famille d'Annette, et...

MATHIS. — Me promettez-vous de rester, quand même on vous proposerait de passer officier ailleurs.

CHRISTIAN. — Oui.

MATHIS. — Vous m'en donnez votre parole d'honneur?

CHRISTIAN. — Je vous la donne avec plaisir.

MATHIS. — Cela suffit. Je suis content. (*A part.*) Il fallait cela! (*Haut.*) Et maintenant, causons d'autre chose. Vous êtes resté tard ce matin, vous aviez donc des affaires? Annette vous a attendu, mais à la fin...

CHRISTIAN. — Ah! c'est une chose étonnante... une chose qui ne m'est jamais arrivée. Figurez-vous que j'ai lu des procès-verbaux depuis cinq heures jusqu'à dix... Le temps passait... plus je lisais, plus j'avais envie de lire.

MATHIS. — Quels procès-verbaux ?

CHRISTIAN. — Touchant l'affaire du juif polonais, qu'on a tué sous le grand pont. Heinrich m'avait raconté cette affaire avant-hier soir, ça me trottait en tête. C'est pourtant bien étonnant, monsieur Mathis, qu'on n'ait jamais rien découvert.

MATHIS. — Sans doute... sans doute...

CHRISTIAN, *d'un air d'admiration*. — Savez-vous que celui qui a fait le coup devait être un rusé gaillard tout de même ! Quand on pense que tout était en l'air : la gendarmerie, le tribunal, la police, tout... et qu'on n'a pas seulement trouvé la moindre trace ! J'ai lu ça..: j'en suis encore étonné.

MATHIS. — Oui, ce n'était pas une bête.

CHRISTIAN. — Une bête !... c'est-à-dire que c'était un homme très-fin, un homme qui aurait pu devenir le plus fin gendarme du département.

MATHIS. — Vous croyez ?

CHRISTIAN. — J'en suis sûr. Car il y a tant, tant de moyens pour rechercher les gens dans les plus petites affaires, et si peu sont capables d'en réchapper, que pour un crime pareil il fallait un esprit extraordinaire.

MATHIS. — Écoutez, Christian, ce que vous dites montre votre bon sens. J'ai toujours pensé qu'il fallait mille fois plus de finesse, je dis de la mauvaise finesse, vous entendez bien, de la ruse dangereuse, pour échapper aux gendarmes, que pour déterrer les gueux, parce qu'on a tout le monde contre soi.

CHRISTIAN. — C'est clair.

MATHIS. — Oui... Et ensuite, celui qui a fait un mauvais coup, lorsqu'il a gagné, veut en faire un second, un troisième, comme les joueurs. Il trouve très-commode d'avoir de l'argent sans travailler; presque toujours il recommence, jusqu'à ce qu'on le prenne. Je crois qu'il lui faut beaucoup de courage pour rester sur son premier coup.

CHRISTIAN. — Vous avez raison, monsieur Mathis, et celui dont nous parlons doit s'être retenu depuis. Mais le plus étonnant, c'est qu'on n'ait jamais retrouvé la moindre trace du Polonais; savez-vous l'idée qui m'est venue?

MATHIS. — Quelle idée?

CHRISTIAN. — Dans ce temps, il y avait plusieurs fours à plâtre sur la côte de Wéchem. Je pense qu'on aura brûlé le corps dans l'un de ces fours, et que pour cette cause on n'a pas retrouvé d'autre pièce de conviction que le manteau et le bonnet. Le vieux Kelz, qui suivait l'ancienne routine, n'a jamais pensé à cela.

MATHIS. — C'est bien possible... cette idée ne m'était pas venue. Vous êtes le premier...

CHRISTIAN. — Oui, monsieur Mathis, j'en mettrais ma main au feu. Et cette idée mène à bien d'autres. Si l'on connaissait les gens qui brûlaient du plâtre dans ce temps-là...

MATHIS. — Prenez garde, Christian, j'en brûlais, moi; j'avais un four quand le malheur est arrivé.

CHRISTIAN, *riant*. — Oh! vous, monsieur Mathis!... (*Ils rient tous les deux. Annette et Catherine paraissent à une fenêtre du fond.*)

ANNETTE, *du dehors*. — Il est là! (*Christian et Mathis se retournent. La porte s'ouvre, Catherine paraît, puis Annette.*)

VIII

LES PRÉCÉDENTS, CATHERINE, ANNETTE.

MATHIS. — Eh bien, Catherine, est-ce que les autres arrivent?

CATHERINE. — Ils sont déjà tous dans la salle; le notaire leur lit le contrat.

MATHIS. — Bon... bon. (*Annette et Christian se réunissent et causent à voix basse.*)

CHRISTIAN, *tenant les mains d'Annette*. — Oh! mademoiselle Annette, que vous êtes gentille avec cette belle toque!

ANNETTE. — C'est le père qui me l'a apportée de Ribeauvillé.

CHRISTIAN. — Voilà ce qui s'appelle un père.

MATHIS, *se regardant dans le miroir.* — On se rase un jour comme celui-ci. (*Se retournant d'un air joyeux.*) Hé! maréchal des logis, voici le grand moment!

CHRISTIAN, *sans se retourner.* — Oui, monsieur Mathis.

MATHIS. — Eh bien, savez-vous ce qu'on fait, quand tout le monde est d'accord, quand le père, la mère et la fille sont contents?

CHRISTIAN. — Qu'est-ce qu'on fait?

MATHIS. — On souhaite le bonjour à celle qui sera notre femme; on l'embrasse, hé! hé! hé!

CHRISTIAN. — Est-ce vrai, mademoiselle Annette?

ANNETTE, *lui donnant la main.* — Oh! je ne sais pas, moi, monsieur Christian. (*Christian l'embrasse.*)

MATHIS. — Il faut bien faire connaissance! (*Annette et Christian se regardent tout attendris. Silence. Catherine, assise près du fourneau, se couvre la figure de son tablier; elle semble pleurer.*)

MATHIS, *prenant la main de Catherine.* — Catherine, regarde donc ces braves enfants... comme ils sont heureux! Quand je pense que nous avons été comme ça! (*Catherine se tait. Mathis, à part, d'un air rêveur.*) C'est pourtant vrai, j'ai été comme ça! (*Haut.*) Allons, allons, tout va bien. (*Prenant le bras de Catherine et l'emmenant.*) Arrive, il faut laisser un peu ces enfants seuls. Je suis sûr qu'ils ont bien des choses à se dire. — Pourquoi pleures-tu? Es-tu fâchée!

CATHERINE. — Non.

MATHIS. — Eh bien, donc, puisque ça devait arriver, nous ne pouvons rien souhaiter de mieux. (*Ils sortent.*)

IX

CHRISTIAN, ANNETTE.

CHRISTIAN. — C'est donc vrai, Annette, que nous allons être mariés ensemble... bien vrai?

ANNETTE, *souriant*. — Eh! oui, le notaire est là... si vous voulez le voir?

CHRISTIAN. — Non, mais j'ai de la peine à croire à mon bonheur. Moi, Christian Bême, simple maréchal des logis, épouser la plus jolie fille du pays, la fille du bourgmestre, de M. Mathis, l'homme le plus honorable et le plus riche... voyez-vous, ça me paraît comme un rêve! C'est pourtant vrai, dites, Annette?

ANNETTE. — Mais oui... c'est vrai!

CHRISTIAN. — Comme les choses arrivent... Il faut que le bon Dieu me veuille du bien, ce n'est pas possible autrement. Tant que je vivrai, Annette, je me rappellerai la première fois que je vous ai vue. C'était le printemps dernier, devant la fontaine, au milieu de toutes les filles du village; vous riiez ensemble en lavant le linge. Moi, j'arrivais à cheval de Wasselonne, avec le vieux Fritz; nous étions allés porter une dépêche. Je vous vois encore, avec votre petite jupe coquelicot, vos bras blancs et vos joues rouges; vous tourniez la tête et vous me regardiez venir.

ANNETTE. — C'était deux jours après Pâques, je m'en souviens bien.

CHRISTIAN. — Dieu du ciel, j'y suis encore! Je dis à Fritz sans avoir l'air de rien : « Qu'est-ce donc que cette jolie fille, père Fritz? — Ça, maréchal des logis, c'est mademoiselle Mathis, la fille du bourgmestre, la plus riche et la plus belle des environs. » Aussitôt je pense : Bon, ce n'est pas pour toi, Christian, ce n'est pas pour toi, malgré tes cinq campagnes et tes deux blessures! — Et depuis ce moment, je me disais toujours en moi-même : Y a-t-il des gens heureux dans ce monde, des gens qui n'ont jamais risqué leur peau, et qui attrapent tout ce qu'il y a de plus agréable! Un garçon riche va venir, le fils d'un

notaire, d'un brasseur, n'importe quoi, il dira :
« Ça me convient. » Et bonsoir.

ANNETTE. — Oh! je n'aurais pas voulu.

CHRISTIAN. — Mais si vous l'aviez aimé, ce garçon?

ANNETTE. — Je n'aurais pas pu l'aimer, puisque j'en aime un autre.

CHRISTIAN, *attendri*. — Annette, vous ne saurez jamais combien ça me fait plaisir de vous entendre dire... Non... vous ne le saurez jamais! (*Annette rougit et baisse les yeux. Silence. Christian lui prend la main.*) Vous rappelez-vous, Annette, cet autre jour, à la fin des moissons, quand on rentrait les dernières gerbes et que vous étiez sur la voiture, avec le bouquet et trois ou quatre autres filles du village? Vous chantiez de vieux airs... De loin, je vous écoutais et je pensais : Elle est là!.. Aussitôt je commence à galoper sur la route. Alors, vous, en me voyant, tout à coup vous ne chantez plus. Les autres vous disaient : « Chante donc, Annette, chante! » Mais vous ne vouliez plus chanter. Pourquoi donc est-ce que vous ne chantiez plus?

ANNETTE. — Je ne sais pas... j'étais honteuse.

CHRISTIAN. — Vous n'aviez encore rien pour moi?

ANNETTE. — Oh! si.

CHRISTIAN. — Vous m'aimiez déjà?

ANNETTE. — Oui !

CHRISTIAN. — Eh bien, tenez, cette chose-là m'a donné du chagrin, je pensais : elle ne veut pas chanter devant un gendarme, elle est trop fière.

ANNETTE. — Oh... Christian !

CHRISTIAN. — Oui, ça m'a donné beaucoup de chagrin ! Je devenais triste. Le père Fritz me disait : « Vous avez quelque chose, maréchal des logis, bien sûr, vous avez quelque chose ? » Mais je ne voulais rien reconnaître, et je lui répondais : « Laissez-moi tranquille... Occupez-vous de votre service... Ça vaudra mieux ! » Je m'en voulais à moi-même ; si je n'avais pas connu mes devoirs, j'aurais fait deux procès-verbaux aux délinquants au lieu d'un.

ANNETTE, *souriant*. — Ça ne vous empêchait pas de m'aimer tout de même !

CHRISTIAN. — Non ! c'était plus fort que moi. Chaque fois que je passais devant la maison et que vous regardiez...

ANNETTE. — Je regardais toujours... Je vous entendais bien venir, allez !

CHRISTIAN. — Chaque fois, je pensais : Quelle jolie fille !... quelle jolie fille !... Celui-là pourra se vanter d'avoir de la chance, qui l'aura en mariage.

ANNETTE, *souriant*. — Et vous veniez tous les soirs...

CHRISTIAN. — Après le service. J'arrivais toujours le premier à l'auberge, soi-disant prendre ma chope; et quand vous me l'apportiez vous-même, je ne pouvais pas m'empêcher de rougir. C'est drôle, pour un vieux soldat, un homme qui a fait la guerre... Eh bien, c'est pourtant comme cela. Vous le voyiez, peut-être?

ANNETTE. — Oui... j'étais contente! (*Ils se regardent et rient ensemble.*)

CHRISTIAN, *lui serrant les mains*. — Oh! Annette... Annette... comme je vous aime!

ANNETTE. — Et moi je vous aime bien aussi, Christian.

CHRISTIAN. — Depuis le commencement?

ANNETTE. — Oui, depuis le premier jour que je vous ai vu. Tenez, j'étais justement à cette fenêtre avec Loïs, nous filions, sans penser à rien. Voilà que Loïs dit : « Le nouveau maréchal des logis! » Moi, j'ouvre le rideau, et en vous voyant à cheval, je pense tout de suite : Celui-là me plairait bien. (*Elle se cache la figure des deux mains, comme honteuse.*)

CHRISTIAN. — Et dire que sans le père Fritz, je n'aurais jamais osé vous demander en mariage. Vous étiez tellement, tellement au-dessus d'un simple maréchal des logis, que je n'aurais jamais eu cet orgueil. Si je vous racontais comme j'ai pris courage, vous ne pourriez pas le croire.

ANNETTE. — Ça ne fait rien... racontez toujours.

CHRISTIAN. — Eh bien, un soir, en faisant le pansage, tout à coup Fritz me dit : « Maréchal des logis, vous aimez mademoiselle Mathis ! — En entendant ça, je ne pouvais plus me tenir sur mes jambes. — Vous aimez mademoiselle Mathis... Pourquoi donc est-ce que vous ne la demandez pas en mariage? — Moi! moi! est-ce que vous me prenez pour une bête? Est-ce qu'une fille pareille voudrait d'un maréchal des logis? Vous ne pensez pas à ce que vous dites, Fritz! — Pourquoi pas, mademoiselle Mathis vous regarde d'un bon œil; chaque fois que le bourgmestre vous rencontre, il vous crie de loin : — Hé! bonjour donc, monsieur Christian, comment ça va-t-il. Venez donc me voir plus souvent; j'ai reçu du wolxhein, nous boirons un bon coup. J'aime les jeunes gens actifs, moi! » C'est vrai, M. Mathis me disait ça!

ANNETTE. — Oh! je savais bien qu'il vous aimait... C'est un si bon père!

CHRISTIAN. — Oui, je trouvais ça bien honnête de sa part; mais d'aller croire qu'il me donnerait sa fille comme une poignée de main, ça m'avait l'air de faire une grande différence, vous comprenez? Aussi, tout ce que me racontait Fritz ou rien, c'était la même chose, et je lui dis : « Le preuve que je ne suis pas aussi bête que vous croyez, père Fritz, c'est que je vais demander mon changement! — Ne faites pas ça... ne faites pas ça! Je suis sûr que tout ira bien, seulement, vous n'avez pas de courage; pour un homme fier et qui a fait ses preuves, c'est étonnant. Mais puisque vous n'osez pas, moi, j'ose! — Vous? — Oui! » Et je ne sais comment le voilà qui part, sans que j'aie répondu. Dieu du ciel, il n'était pas plus tôt dehors, que j'aurais voulu le rappeler! Tout tournait dans ma tête, j'avais honte de moi-même. Je monte... Je me cache derrière le volet... Le temps durait... durait... Fritz restait toujours. Je me figurais qu'on lui faisait des excuses, comme on en fait, vous savez: Que la fille est trop jeune... qu'elle a le temps d'attendre, etc., etc., et finalement qu'on le mettait dehors!

ANNETTE. — Pauvre Christian!

CHRISTIAN. — A la fin des fins, le voilà qui rentre. Je l'entends qui me crie dans l'allée : « Maréchal des logis, où diable êtes-vous? — Eh bien, me voilà!.. On vous a donné le panier?—Le panier! allons donc... tout le monde vous veut, tout le monde: le père, la mère... — Et mademoiselle Annette?—Mademoiselle Annette? je crois bien! » Alors moi, voyez-vous, en entendant ça, je suis tellement heureux... le père Fritz n'est pas beau, n'est-ce pas?... eh bien, je le prends (*il passe ses* bras autour du cou d'Annette) et je l'embrasse... je l'embrasse! (*Il embrasse Annette, qui rit.*) Enfin je n'ai jamais eu de bonheur pareil.

ANNETTE. — C'est comme moi, quand on m'a dit : « M. Christian te demande en mariage, est-ce que tu le veux ? » Tout de suite j'ai crié : —Je n'en veux pas d'autre... j'aime mieux mourir que d'en avoir un autre! — Je pleurais sans savoir pourquoi, et mon père avait beau me dire : « Allons! allons! ne pleure pas... tu l'auras, puisque tu le veux! » Ça ne m'empêchait pas de pleurer tout de même. (*Ils rient. La porte s'ouvre, Mathis paraît sur le seuil; il est en habit de gala : culotte de peluche, bottes montantes, gilet rouge, habit carré à boutons de métal et large feutre à l'alsacienne.*)

X

LES PRÉCÉDENTS, MATHIS.

MATHIS, *d'un ton grave.* — Eh bien, mes enfants, tout est prêt! (*A Christian.*) Vous connaissez l'acte, Christian; si vous voulez le relire.

CHRISTIAN. — Non, monsieur Mathis, c'est inutile.

MATHIS. — Il ne s'agit donc plus que de signer.

(*Allant à la porte.*) Walter, Heinrich, entrez... que tout le monde entre... Les grandes choses de la vie doivent se passer sous les yeux de tout le monde. C'était notre ancienne coutume en Alsace, une coutume honnête. Voilà ce qui faisait la sainteté des actes, bien mieux que les écrits! (*Pendant que Mathis parle, Walter, Heinrich, la mère Catherine, Loïs, Nickel et des étrangers entrent. Les uns vont serrer la main à Christian, les autres félicitent Annette. On se range à mesure autour de la chambre. Le vieux notaire entre le dernier, saluant à droite et à gauche, son portefeuille sous le bras. Loïs roule le fauteuil devant la table. Silence général. Le notaire s'assied, et toute l'assemblée, hommes et femmes, se presse autour de lui.*)

XI

LES PRÉCÉDENTS, WALTER, HEINRICH, CATHERINE, LE NOTAIRE, LOÏS, NICKEL, PAYSANS ET PAYSANNES.

LE NOTAIRE. — Messieurs les témoins, vous avez entendu la lecture du contrat de mariage de M. Christian Bême, maréchal des logis de gendarmerie, et de Mlle Annette Mathis, fille de

Hans Mathis et de son épouse légitime Catherine Mathis, née Weber. Quelqu'un a-t-il des observations à faire? (*Silence.*) Si vous le désirez, nous allons le relire.

PLUSIEURS. — Non, non, c'est inutile.

LE NOTAIRE, *se levant*. — Nous allons donc passer à la signature.

MATHIS, *à haute voix, d'un accent solennel.*— Un instant... laissez-moi dire quelques mots. (*Se tournant vers Christian.*) Christian, écoutez-moi : Je vous considère aujourd'hui comme un fils, et je vous confie le bonheur d'Annette. Vous savez que ce qu'on a de plus cher au monde, ce sont nos enfants, ou si vous ne le savez pas encore, vous le saurez plus tard. Vous saurez que c'est en eux qu'est toute notre joie, toute notre espérance et toute notre vie, que pour eux rien ne nous est pénible, ni le travail, ni la fatigue, ni les privations, qu'on leur sacrifie tout, et que nos plus grandes misères ne sont rien, auprès du chagrin de les voir malheureux! — Vous comprendrez donc, Christian, quelle est ma confiance en vous, combien je vous estime, pour vous confier le bonheur de notre enfant unique, sans crainte et même avec joie.

Bien des partis riches se sont présentés. Si je n'avais considéré que la fortune, j'aurais pu les accepter; mais, bien avant la fortune, je place la probité et le courage, que d'autres méprisent. Ce sont là les vraies richesses, celles que nos anciens estimaient d'abord, et que je place au-dessus de tout. A force d'amasser et de s'enrichir, on peut avoir trop d'argent, on n'a jamais trop d'honneur! — J'ai donc repoussé ceux qui n'apportaient que de l'argent, et je reçois dans ma famille celui qui n'a que sa bonne conduite, son courage et son bon cœur. (*Se tournant vers les assistants, et élevant la voix.*) Oui, je choisis Christian Bême entre tous, parce que c'est un honnête homme, et que je sais qu'il rendra ma fille heureuse.

CHRISTIAN, *ému*. — Monsieur Mathis, je vous le promets. (*Il lui serre la main.*)

MATHIS. — Eh bien, signons.

LE NOTAIRE. *Il se retourne dans son fauteuil.* Les paroles que tout le monde vient d'entendre sont de bonnes paroles, des paroles justes, pleines de bon sens, et qui montrent bien la sagesse de M. Mathis. J'ai fait beaucoup de mariages dans ma vie, c'était toujours le pré qu'on mariait avec la maison, le verger avec le jardin, les écus de six livres avec les pièces de cent sous! Mais de marier la fortune avec l'honneur, le bon caractère... voilà ce que j'appelle beau, ce que j'estime. — Et, croyez-moi, j'ai l'expérience des choses de la vie, je vous prédis que ce mariage sera un bon mariage, un mariage heureux, tel que le méritent d'honnêtes gens. Ces mariages-là deviennent de plus en plus rares. (*S'adressant au bourgmestre.*) Monsieur Mathis?

MATHIS. — Quoi, monsieur Hornus?

LE NOTAIRE. — Il faut que je vous serre la main; vous avez bien parlé!

MATHIS. — J'ai dit ce que je pense.

WALTER. — Oui, oui, tu penses comme ça; malheureusement bien peu d'autres te ressemblent.

HEINRICH. — Je n'ai pas l'habitude de m'attendrir, mais c'était très-bien. (*Annette et Catherine s'embrassent en pleurant. Plusieurs autres femmes les entourent; quelques-unes sanglotent. Mathis ouvre le secrétaire; il en tire une grande sacoche, qu'il dépose sur la table, devant le notaire. Tout le monde regarde émerveillé.*)

MATHIS, *gravement*. — Monsieur le notaire, voici la dot... elle était prête depuis deux ans... Ce ne sont pas des promesses... ce n'est pas du papier... c'est de l'or... trente mille francs en bon or de France!

TOUS LES ASSISTANTS, *bas*. — Trente mille francs!...

CHRISTIAN. — C'est trop, monsieur Mathis.

MATHIS, *riant de bon cœur*. — Allons donc, Christian, entre le père et le fils on ne compte pas. Quand nous serons partis, Catherine et moi, vous en trouverez bien d'autres! — Ce qui me fait le plus de plaisir, c'est que cet argent-là, voyez-vous, c'est de l'argent honnête... de l'argent dont je connais la source. Je sais qu'il n'y a pas un liard mal acquis là-dedans... je sais... (*Bruit de sonnette dans la sacoche.*)

LE NOTAIRE, *se retournant.* — Allons, monsieur Christian, allons... votre signature... (*Christian va signer. Mathis reste immobile, les yeux fixés sur la sacoche, comme frappé de stupeur.*)

WALTER, *passant la plume à Christian.* — On ne signe pas tous les jours des contrats pareils, maréchal des logis!

CHRISTIAN, *riant.* — Ah! non, père Walter, non!... (*Il signe, et donne la plume à Catherine.*)

MATHIS, *à part, regardant à droite et à gauche.* — Les autres n'entendent rien!...

LE NOTAIRE. — Monsieur le bourgmestre, à votre tour, et tout est fini.

CATHERINE. — Tiens, Mathis, voici la plume... moi, je ne sais pas signer... j'ai fait ma croix.

MATHIS, *à part.* — C'est le sang qui bourdonne dans mes oreilles!...

LE NOTAIRE, *indiquant du doigt la place sur le contrat.* — Ici, monsieur le bourgmestre... à côté de madame Catherine. (*Le bruit de la sonnette redouble.*)

MATHIS, *à part d'un ton rude.* — Hardi, Mathis!... (*Il s'approche, signe d'une main ferme;*

puis il empoigne le sac d'écus et le vide brusquement sur la table. Quelques pièces tombent sur le plancher. Étonnement général.)

CATHERINE. — Ah! mon Dieu, qu'est-ce que tu fais ?... (*Elle court après les pièces qui roulent.*)

MATHIS, *à part*. — C'était le sang!... (*Haut.*) Je veux que le notaire compte la dot devant tout le monde! (*Avec un sourire étrange.*) On aurait pu croire qu'il y avait des gros sous au fond du sac...

CHRISTIAN, *vivement*. — Ah! monsieur Mathis, à quoi pensez-vous?

MATHIS, *étendant le bras*. — Écoutez, Christian, les secrets sont pour les gueux! Entre honnêtes gens, tout doit se passer au grand jour. Il faut que chacun puisse dire : J'étais là.... j'ai vu la dot sur la table... en beaux louis d'or... (*Au notaire.*) Comptez, monsieur Hornus.

WALTER, *riant*. — Tu as quelquefois de drôles d'idées, Mathis.

LE NOTAIRE, *gravement*. — Monsieur le bourgmestre a raison, c'est plus régulier. (*Il commence à compter. Mathis se penche, les mains appuyées au bord de la table et regarde. Tout le monde se rapproche. Silence.*)

MATHIS, *à part, les yeux fixés sur le tas de louis*. — C'était le sang!...

LE JUIF POLONAIS

TROISIÈME PARTIE

LE RÊVE DU BOURGMESTRE.

Une chambre au premier, chez Mathis. Alcôve à gauche, porte à droite, deux fenêtres au fond. La nuit.

I

MATHIS, WALTER, HEINRICH, CHRISTIAN, ANNETTE, CATHERINE. LOÏS, *portant une chandelle allumée et une carafe. — Ils entrent brusquement et semblent égayés par le vin.*

HEINRICH, *riant*. — Ha! ha! ha! tout finit bien..., il fallait quelque chose pour bien finir.

WALTER. — En avons-nous bu du wolxheim!

On se souviendra longtemps du contrat d'Annette.

CHRISTIAN. — Alors, c'est décidé, Monsieur Mathis, vous couchez ici?

MATHIS. — Oui, c'est décidé. (*A Loïs.*) Loïs, mets la chandelle et la carafe sur la table de nuit.

CATHERINE. — Quelle idée, Mathis!

MATHIS. — J'ai besoin de fraîcheur, je ne veux pas encore attraper un coup de sang.

ANNETTE, *bas, à Christian.* — Il faut le laisser faire... quand il a ses idées...

CHRISTIAN. — Eh bien, monsieur Mathis, puisque vous croyez que vous serez mieux ici...

MATHIS. — Oui! je sais ce qu'il me faut... La chaleur est cause de mon accident... cela changera... (*Il s'assied, et commence à se déshabiller. On entend chanter au-dessous.*)

HEINRICH. — Écoutez, comme les autres s'en donnent! Venez, père Walter, redescendons.

WALTER. — Tu nous quittes au plus beau moment, Mathis, tu nous abandonnes.

MATHIS, *brusquement.* — Je me fais une raison, que diable! Depuis onze heures du matin jusqu'à minuit, c'est bien assez!

CATHERINE. — Oui, le médecin lui a dit de prendre garde au vin blanc... que ça lui jouerait un mauvais tour; il en a déjà trop bu depuis ce matin.

MATHIS. — C'est bon... c'est bon... je vais boire un coup d'eau fraîche avant de me coucher, ça me calmera. (*Trois ou quatre buveurs entrent en se poussant.*)

LE PREMIER. — Ha! ha! ha! ça va bien... ça va bien!

UN AUTRE. — Bonsoir, monsieur le bourgmestre, bonsoir.

UN AUTRE. — Dites donc, Heinrich, vous ne savez pas, le garde de nuit est en bas.

HEINRICH. — Qu'est-ce qu'il veut?

LE BUVEUR. — Il veut qu'on vide la salle.... c'est l'heure.

MATHIS. — Qu'on lui fasse boire un bon coup, et puis, bonsoir tous!

WALTER. — Pour un bourgmestre, il n'y a pas de règlement.

MATHIS. — Le règlement est pour tout le monde.

CATHERINE. — Eh bien, Mathis, nous allons redescendre.

MATHIS. — Oui... oui... va... Qu'on me laisse en repos.

WALTER, *lui donnant la main.* — Bonne nuit, Mathis, et pas de mauvais rêves!

MATHIS, *d'un ton bourru.* — Je ne rêve jamais — Bonne nuit, tous... allez... allez!

CATHERINE. — Quand il a quelque chose en tête!... (*Elle sort. Tous défilent en riant, et* crient dans l'escalier : — Bonsoir, bonsoir, monsieur le bourgmestre! — *Annette et Christian restent les derniers.*)

II

MATHIS, ANNETTE, CHRISTIAN.

ANNETTE, *se penchant pour embrasser Mathis.* — Bonsoir, mon père, dors bien !

MATHIS, *l'embrassant.* — Bonsoir, mon enfant ! (*A Christian, qui se tient près d'Annette.*) Je serai mieux ici : tout ce vin blanc, ces cris, ces chansons me montent à la tête... Je dormirai mieux.

CHRISTIAN. — Oui, la chambre est fraîche. Bonne nuit... dormez bien !

MATHIS, *leur serrant la main.* — Pareillement, mes enfants ! (*Annette et Christian sortent.*)

III

MATHIS, *seul.*

MATHIS, *il écoute, puis se lève et va fermer la porte au verrou.* — Enfin me voilà débarrassé... Tout va bien... le gendarme est pris...

Je vais dormir sur les deux oreilles. (*Il se rassied et continue à se déshabiller.*) S'il arrive un nouveau hasard contre le beau-père du maréchal des logis, tout sera bientôt étouffé. (*Il bâille, et prête l'oreille aux chants d'en bas.*) Il faut savoir s'arranger dans la vie... il faut avoir les bonnes cartes en main... Les bonnes cartes, c'est tout... La mauvaise chance ne vient jamais contre les bonnes cartes... On arrange la chance! (*Il se lève du fauteuil et se dirige vers l'alcôve. En ce moment la porte de l'auberge en bas s'ouvre, les chants débordent dans la rue; Mathis lève le rideau et regarde.*) Ceux-là maintenant ne demandent plus rien, ils ont leur compte... Hé! hé! hé! vont-ils faire des trous dans la neige avant d'arriver chez eux! C'est drôle, le vin... un verre de vin... et tout vous paraît en beau! (*Les chants s'éloignent et se dispersent. Mathis ouvre les fenêtres, tire les persiennes et redescend vers l'alcôve.*) Oui, ça va bien! (*Il prend la carafe et boit.*) Ça va très-bien! (*Il remet la carafe sur la table de nuit, entre dans l'alcôve et tire les rideaux. Soufflant la lumière.*) Tu peux te vanter d'avoir bien mené tes affaires, Mathis. (*Il bâille lentement et se couche.*) Personne ne t'entendra, si tu rêves... personne!... Les rêves... des folies... (*Silence.*)

IV

MATHIS, *endormi dans l'alcôve*, — puis LE TRIBUNAL, LE PRÉSIDENT, LE PROCUREUR, LES JUGES, LES GENDARMES, LE PUBLIC. (*Le fond de la scène change lentement. La lumière, vague d'abord, croît peu à peu, les lignes se précisent; on est dans un tribunal : haute voûte sombre, des bancs en hémicycle sur le devant, remplis de spectateurs; deux fenêtres en ogive, à vitraux de plomb; les trois juges en toque et robe noire, au fond sur leurs siéges, le greffier à droite, le procureur à gauche. Petite porte latérale communiquant au guichet. Une table aux pieds des juges; sur la table, un manteau vert garni de fourrure et un bonnet de peau de martre. Le président agite sa sonnette. Mathis, en guenilles, hâve, paraît à la porte latérale, entouré de gendarmes. Les souffrances du cachot sont peintes sur sa figure. Il va s'asseoir sur la sellette; trois gendarmes se placent derrière lui. — Toute cette scène mystérieuse se passe dans une sorte de pénombre; les paroles et les bruits sont des chuchotements. A mesure que l'action se précise, les paroles deviennent plus* distinctes. C'est le travail de l'imagination du dormeur, c'est son rêve qui se matérialise. — *Sur un geste du président, le greffier lit, en psalmodiant, l'acte d'accusation et les dépositions des témoins. On distingue de loin en loin ces mots : « Nuit du 24 décembre... Baruch Koweski... l'aubergiste Mathis... la ruse profonde... en s'entourant de la considération publique... échapper durant quinze ans... l'heure de la justice... une circonstance indifférente... les frères Hierthès... » Nouveau silence. A la fin de cette lecture, la scène s'éclaire plus vivement.)*

LE PRÉSIDENT. — Accusé, vous venez d'entendre les dépositions des témoins; qu'avez-vous à répondre?

MATHIS. — Des témoins! des gens qui n'ont rien vu... des gens qui demeurent à deux, trois lieues de l'endroit où s'est commis le crime... dans la nuit... en hiver... Vous appelez cela des témoins?

LE PRÉSIDENT. — Répondez avec calme; ces gestes, ces emportements ne peuvent vous être utiles. — Vous êtes un homme rusé.

MATHIS. — Non, monsieur le président, je suis un homme simple.

LE PRÉSIDENT. — Vous avez su choisir le moment... vous avez su détourner les soupçons... vous avez écarté toute preuve matérielle... Vous êtes un être redoutable !

MATHIS — Parce qu'on ne trouve rien contre moi, je suis redoutable. Tous les honnêtes gens sont donc redoutables, puisqu'on ne trouve rien contre eux ?

LE PRÉSIDENT. — La voix publique vous accuse.

MATHIS. — Écoutez, messieurs les juges, quand un homme prospère... quand il s'élève au-dessus des autres, quand il s'acquiert de la considération et du bien, des milliers de gens l'envient. Vous savez cela, c'est une chose qui se rencontre tous les jours. Eh bien, malheureusement pour moi, des milliers d'envieux, depuis quinze ans, ont vu prospérer mes affaires, et voilà pourquoi tous m'accusent ; ils voudraient me voir tomber, ils voudraient me voir périr. Mais est-ce que des hommes justes, pleins de bon sens, doivent écouter ces envieux ? Est-ce qu'ils ne devraient pas les forcer à se taire ? Est-ce qu'ils ne devraient pas les condamner ?

LE PRÉSIDENT. — Vous parlez bien, accusé ; depuis longtemps vous avez étudié ces discours en vous-même. Mais nous avons l'œil clair, nous voyons ce qui se passe en vous. — D'où vient que vous entendez des bruits de sonnette ?

MATHIS. — Je n'entends pas de bruits de sonnette. (*Bruit de sonnette au dehors.*)

LE PRÉSIDENT. — Vous mentez! Dans ce moment même, vous entendez ce bruit... Dites-nous pourquoi?

MATHIS. — Ce n'est rien... c'est le sang qui bourdonne dans mes oreilles.

LE PRÉSIDENT. — Si vous n'avouez pas la cause de ce bruit, nous allons appeler le songeur pour nous l'expliquer.

MATHIS. — Il est vrai que j'entends ce bruit.

LE PRÉSIDENT. — Greffier, écrivez qu'il entend ce bruit.

MATHIS, *vivement*. — Oui... mais je l'entends en rêve.

LE PRÉSIDENT. — Écrivez qu'il l'entend en rêve.

MATHIS. — Il est permis à tout honnête homme de rêver.

UN SPECTATEUR, *bas, à son voisin*. — C'est vrai, les rêves nous viennent malgré nous.

UN AUTRE, *de même*. — Tout le monde rêve.

MATHIS, *se tournant vers le public*. — Écoutez, ne craignez rien pour moi... Tout ceci n'est qu'un rêve... Si ce n'était pas un rêve, est-ce que ces juges porteraient des perruques, comme du temps des anciens seigneurs, il y a plus de cent ans! A-t-on jamais vu des êtres assez fous, pour s'occuper d'un bruit de sonnette qu'on entend en rêve? Il faudrait donc aussi condamner un chien qui gronde en rêvant? Et voilà des juges!... voilà des hommes qui, pour de vaines pensées, veulent faire pendre leur semblable!... (*Il part d'un grand éclat de rire.*)

LE PRÉSIDENT, *d'un accent sévère.* — Silence, accusé, silence! vous approchez du jugement éternel, et vous osez rire... vous osez affronter les regards de Dieu!... (*Se tournant vers les juges.*) Messieurs les juges, ce bruit de sonnette vient d'un souvenir... Les souvenirs font la vie de l'homme; on entend la voix de ceux qu'on a aimés, longtemps après leur mort. L'accusé entend ce bruit, parce qu'il a dans son âme un souvenir qu'il nous cache : — Le cheval du Polonais avait une sonnette!...

MATHIS. — C'est faux... je n'ai pas de souvenirs!

LE PRÉSIDENT. — Taisez-vous!

MATHIS, *avec colère.* — Un homme ne peut être condamné sur des suppositions. Il faut des preuves. Je n'entends pas de bruits de sonnette!

LE PRÉSIDENT. — Greffier, écrivez que l'accusé se contredit; il avouait... maintenant il se rétracte.

MATHIS, *s'emportant.* — Non... je n'entends rien!... (*Le bruit de sonnette se fait entendre.*) C'est le sang qui bourdonne dans mes oreilles... (*Le bruit redouble.*) Je demande Christian, mon gendre. (*Élevant la voix et regardant de tous les côtés.*) Pourquoi Christian n'est-il pas ici? (*Silence. Les juges se regardent. Chuchote-*

ments dans l'auditoire. *Le bruit de sonnette s'éloigne.*)

LE PRÉSIDENT, *d'un ton grave.* — Accusé, vous persistez dans vos dénégations?

MATHIS, *avec force.* — Oui... j'ai trop de sang... voilà tout! Il n'y a rien contre moi. C'est la plus grande injustice de tenir un honnête homme dans les prisons. Je souffre pour la justice.

LE PRÉSIDENT. — Vous persistez!... — Eh bien, nous, Rudiger, baron de Mersbach, grand prévôt de Sa Majesté impériale en basse Alsace, assisté de nos conseils et juges, sieurs Louis de Falkenstein et de Feininger, docteurs ès droit; — Considérant que cette affaire traîne depuis quinze ans, qu'il est impossible de l'éclaircir par les moyens ordinaires; — Vu la prudence, la ruse et l'audace de l'accusé; — Vu la mort des témoins qui pourraient nous éclairer dans cette œuvre laborieuse, à laquelle s'attache l'honneur de notre tribunal; — Attendu que le crime ne peut rester impuni, que l'innocent ne peut succomber pour le coupable; — Considérant que cette cause doit servir d'exemple aux temps à venir, pour réfréner l'avarice, la cupidité de ceux qui se croient couverts par une longue suite d'années; — A ces causes, ordonnons qu'on entende le songeur. — Huissiers, faites entrer le songeur!

MATHIS, *d'une voix terrible.* — Je m'y oppose...

je m'y oppose... Les songes ne prouvent rien!

LE PRÉSIDENT, *d'une voix ferme.* — Faites entrer le songeur.

MATHIS, *frappant sur la table.* — C'est abominable... c'est contraire à la justice!

LE PRÉSIDENT. — Si vous êtes innocent, pourquoi donc redoutez-vous le songeur? Parce qu'il lit dans les âmes! Croyez-moi, soyez calme, ou vos cris prouveront que vous êtes coupable.

MATHIS. — Je demande l'avocat Linder, de Saverne; pour une affaire pareille, je ne regarde pas à la dépense. Je suis calme comme un homme qui n'a rien à se reprocher... Je n'ai peur de rien... mais les rêves sont des rêves... (*Criant.*) Pourquoi Christian n'est-il pas ici? Mon honneur est son honneur... Qu'on le fasse venir... C'est un honnête homme, celui-là! (*S'exaltant.*) Christian, je t'ai fait riche, viens me défendre!... (*Silence. La scène s'obscurcit. Mathis, dans l'alcôve, soupire et s'agite. Tout devient sombre. Au bout d'un instant, le tribunal reparaît dans l'obscurité et s'éclaire d'un coup: Mathis s'est rendormi profondément.*)

V

LES PRÉCÉDENTS, LE SONGEUR.

LE PRÉSIDENT, *au songeur*. — Asseyez-vous.

LE SONGEUR. — Monsieur le président et messieurs les juges, c'est la volonté de votre tribunal qui me force à venir ; sans cela, l'épouvante me tiendrait loin d'ici.

MATHIS. — On ne peut croire aux folies des songeurs ; ils trompent le monde pour gagner de l'argent... Ce sont des tours de physique... J'ai vu celui-ci chez mon cousin Bôth, à Ribeauvillé.

LE PRÉSIDENT, *au songeur*. — Pouvez-vous endormir cet homme ?

LE SONGEUR, *regardant Mathis*. — Je le puis. Seulement existe-t-il quelques restes de la victime ?

LE PRÉSIDENT, *indiquant les objets sur la table*. — Ce manteau et ce bonnet.

LE SONGEUR. — Qu'on revête l'accusé du manteau.

MATHIS, *poussant un cri épouvantable*. — Je ne veux pas.

LE PRÉSIDENT. — Je l'ordonne.

MATHIS, *se débattant*. — Jamais !... jamais !...

LE PRÉSIDENT. — Vous êtes donc coupable ?

MATHIS. — Christian !... où est Christian ? Il dira, lui, si je suis un honnête homme !

UN SPECTATEUR, *à voix basse.* — C'est terrible !

MATHIS, *aux gendarmes qui lui mettent le manteau.* — Tuez-moi tout de suite !

LE PRÉSIDENT. — Votre résistance vous trahit, malheureux !

MATHIS. — Je n'ai pas peur... (*Il a le manteau et frissonne.* — *Bas, se parlant à lui-même.*) Mathis, si tu dors, tu es perdu !.. (*Il reste debout, les yeux fixés devant lui, comme frappé d'horreur.*)

UNE FEMME DU PEUPLE, *se levant.* — Je veux sortir... laissez-moi sortir.

L'HUISSIER. — Silence ! (*La femme se rassied. Grand silence.*)

LE SONGEUR, *les yeux fixés sur Mathis.* — Il dort.

MATHIS, *d'un ton sourd.* — Non... non... je ne veux pas... je...

LE SONGEUR. — Je le veux !

MATHIS, *d'une voix haletante.* — Otez-moi ça... ôtez...

LE SONGEUR, *au président.* — Il dort. Que faut-il lui demander ?

LE PRÉSIDENT. — Ce qu'il a fait dans la nuit du 24 décembre, il y a quinze ans.

LE SONGEUR. — Vous êtes à la nuit du 24 décembre 1808 ?

MATHIS, *bas*. — Oui.

LE SONGEUR. — Quelle heure est-il ?

MATHIS. — Onze heures et demie.

LE SONGEUR. — Parlez... je le veux.

MATHIS. — Les gens sortent de l'auberge. Catherine et la petite Annette sont allées se coucher. Kasper rentre... il me dit que le four à plâtre est allumé. Je lui réponds : — C'est bon... va dormir, j'irai là-bas. — Il monte... Je reste seul avec le Polonais, qui se chauffe au fourneau. Dehors tout est endormi. On n'entend rien que de temps en temps la sonnette du cheval sous le hangar. Il y a deux pieds de neige. (*Silence.*)

LE SONGEUR. — A quoi pensez-vous ?

MATHIS. — Je pense qu'il me faut de l'argent... que si je n'ai pas trois mille francs pour le 31, l'auberge sera expropriée... Je pense qu'il n'y a personne dehors... qu'il fait nuit, et que le Polonais suivra la grande route, tout seul dans la neige.

LE SONGEUR. — Est-ce que vous êtes déjà décidé à l'attaquer ?

MATHIS, *après un instant de silence*. — Cet homme est fort... il a des épaules larges... Je pense qu'il se défendra bien, si quelqu'un l'attaque. (*Mouvement de Mathis.*)

LE SONGEUR. — Qu'avez-vous?

MATHIS, *bas.* — Il me regarde... Il a les yeux gris. (*D'un accent intérieur, comme se parlant à lui-même.*) Il faut que je fasse le coup!...

LE SONGEUR. — Vous êtes décidé?

MATHIS. — Oui... je ferai le coup!... je risque... je risque...

LE SONGEUR. — Parlez!

MATHIS. — Il faut pourtant que je voie... Je sors... Tout est noir... il neige toujours... on ne verra pas mes traces dans la neige. (*Il lève la main et semble chercher quelque chose.*)

LE SONGEUR. — Que faites-vous?

MATHIS. — Je tâte dans le traîneau... s'il y a des pistolets!... (*Les juges se regardent, mouvement dans l'auditoire.*) Il n'a rien... je ferai le coup... oui!... (*Il écoute.*) On n'entend rien dans le village... L'enfant d'Anna Wéber pleure... Une chèvre bêle dans l'étable... Le Polonais marche dans la chambre.

LE SONGEUR. — Vous rentrez?

MATHIS. — Oui. Il a mis six francs sur la table; je lui rends sa monnaie... Il me regarde bien. (*Silence.*)

LE SONGEUR. — Il vous dit quelque chose?

MATHIS. — Il me demande combien jusqu'à Mutzig?... Quatre petites lieues... je lui souhaite un bon voyage... Il me répond : Dieu vous bénisse!

(*Silence.*) Ho! ho! (*La figure de Mathis change.*)

LE SONGEUR.—Quoi!

MATHIS, *bas.* — La ceinture! (*Brusquement, d'une voix sèche.*) Il sort... il est sorti!... (*Mathis, en ce moment, fait quelques pas les reins courbés; il semble suivre sa victime à la piste. Le Songeur lève le doigt, pous recommander l'attention aux juges. — Mathis étendant la main :*) La hache!... où est la hache! Ah! ici, derrière la porte.—Quel froid! la neige tombe... pas une étoile... Courage, Mathis, tu auras la ceinture... courage! (*Silence.*)

LE SONGEUR.—Il part... Vous le suivez?

MATHIS.—Oui.

LE SONGEUR.—Où êtes-vous?

MATHIS.—Derrière le village...dans les champs... Quel froid! (*Il grelotte.*)

LE SONGEUR.—Vous avez pris la traverse?

MATHIS. — Oui... oui... (*Étendant le bras.*) Voici le grand pont... et là-bas, dans le fond, le ruisseau... Comme les chiens pleurent à la ferme de Daniel... comme ils pleurent!... Et la forge du vieux Finck, comme elle est rouge sur la côte!... (*Bas, se parlant à lui-même.*) Tuer un homme... tuer un homme... Tu ne feras pas ça, Mathis... tu ne feras pas ça... Dieu ne veut pas!... (*Se remettant à marcher, les reins courbés.*) Tu es fou!... Écoute, tu seras riche... ta femme et ton enfant n'auront plus besoin de rien... Le Polonais est venu... tant pis... tant pis... Il ne devait pas venir!... Tu payeras tout, tu n'auras plus de dettes... (*Criant d'un ton sourd.*) Il n'y a pas de bon Dieu, il faut que tu l'assommes!... — Le pont... déjà le pont!... (*Silence ; il s'arrête et prête l'oreille.*) Personne sur la route, personne... (*D'un air d'épouvante.*) Quel silence ! (*Il s'essuie le front de la main.*) Tu as chaud, Mathis... ton cœur bat... c'est à force de courir... Une heure sonne à Wéchem... et la lune qui vient... Le Polonais est peut-être déjà passé... Tant mieux... tant mieux !... (*Écoutant.*) La sonnette... oui !.... (*Il s'accroupit brusquement et reste immobile. Silence. Tous les yeux sont fixés sur lui. — Bas.*) Tu seras riche... tu seras riche... tu seras riche!... (*Le bruit de la sonnette se fait entendre. Une jeune femme se couvre la figure de son tablier, d'autres détournent la tête. Tout à coup Mathis se dresse en poussant une sorte de rugissement, et frappe un coup terrible sur la table.*) Ah! ah! je te tiens... juif!... (*Il se précipite en avant, et frappe avec une sorte de rage.*)

UNE FEMME. — Ah! mon Dieu!... (*Elle s'affaisse.*)

LE PRÉSIDENT, *d'une voix vibrante.*—Emportez cette femme. (*On emporte la femme.*)

MATHIS, *se redressant.* — Il a son compte! (*Il*

se penche et regarde; puis frappant un dernier coup.) Il ne remue plus... c'est fini ! (*Il se relève en exhalant un soupir, et promène les yeux autour de lui.*) Le cheval est parti avec le traîneau. (*Ecoutant.*) Quelqu'un !... (*Il se retourne épouvanté et veut fuir.*) Non... c'est le vent dans les arbres... (*Se baissant.*) Vite... vite... la ceinture ! Je l'ai... ha ! (*Il fait le geste de se boucler la ceinture aux reins.*) Elle est pleine d'or, toute pleine !... Dépêche-toi... Mathis... dépêche-toi !... (*Il se baisse et semble charger le corps sur son épaule, puis il se met à tourner autour de la table du tribunal, les reins courbés, le pas lourd, comme un homme ployant sous un fardeau.*)

LE SONGEUR.—Où allez-vous ?

MATHIS, *s'arrêtant.*—Au four à plâtre

LE SONGEUR.—Vous y êtes ?

MATHIS.—Oui ! (*Faisant le geste de jeter son fardeau à terre.*) Comme il était lourd !... (*Il respire avec force, puis il se baisse et semble ramasser de nouveau le cadavre. — D'une voix rauque.*) Va dans le feu, juif ! va dans le feu !... (*Il semble pousser avec une perche de toutes ses forces. Tout à coup il jette un cri d'horreur et s'affaisse, la tête entre les mains.—Bas.*) Quels yeux !... oh ! quels yeux !... (*Long silence. Relevant la tête.*) Tu es fou, Mathis !... Regarde...

il n'y a déjà plus rien que les os... Les os brûlent aussi... Maintenant, la ceinture... Mets l'or dans tes poches... C'est cela... Personne ne saura rien... On ne trouvera pas de preuves.

LE SONGEUR, *au président*.—Que faut-il encore lui demander ?

LE PRÉSIDENT.—Cela suffit. (*Au greffier.*) Vous avez écrit ?

LE GREFFIER.—Oui, monsieur le président.

LE PRÉSIDENT.—Eh bien, qu'on l'éveille, et qu'il voie lui-même.

LE SONGEUR.—Éveillez-vous... je le veux ! (*Mathis s'éveille, il est comme étourdi.*)

MATHIS.—Où donc est-ce que je suis ? (*Il regarde.*) Ah ! oui... Qu'est-ce qui se passe ?

LE GREFFIER.—Voici votre déposition... Lisez.

MATHIS, *après avoir lu quelques lignes*.—Malheureux ! J'ai tout dit !... Je suis perdu !...

LE PRÉSIDENT, *aux juges*,—Vous venez d'entendre... il s'est condamné lui-même.

MATHIS, *arrachant le manteau*.—Je réclame... c'est faux... Vous êtes tous des gueux !... Christian... mon gendre... Je demande Christian...

LE PRÉSIDENT. — Gendarmes, imposez silence à cet homme. (*Les gendarmes entourent Mathis.*)

MATHIS, *se débattant*.—C'est un crime contre

la justice... on m'ôte mon seul témoin... Je réclame devant Dieu ! (*D'une voix déchirante.*) Christian... on veut tuer le père de ta femme... A mon secours ! (*Il se débat comme un furieux.*)

LE PRÉSIDENT, *avec tristesse.*—Accusé, vous me forcez de vous dire ce que j'aurais voulu vous taire : En apprenant les charges qui pesaient sur vous, Christian Bême s'est donné la mort !... (*Mathis reste comme stupéfié, les yeux fixés sur le président. Grand silence. Les juges se consultent à voix basse. Au bout d'un instant, le président se lève.*)

LE PRÉSIDENT, *d'une voix lente.*—Attendu que, dans la nuit du 24 décembre 1808, entre minuit et une heure, Hans Mathis a commis, sur la personne de Baruch Koweski, le crime d'assassinat, avec les circonstances aggravantes de préméditation, de nuit et de vol à main armée, nous le condamnons à être pendu par le cou, jusqu'à ce que mort s'en suive. (*Se tournant vers un huissier.*) Huissier, faites entrer le *scharfrichter* [1]. (*Grande rumeur dans l'auditoire. L'huissier ouvre la porte de droite; un petit homme vêtu de rouge, la face pâle et les yeux brillants, paraît sur le seuil. Profond silence. Le président étend le bras vers Mathis. Bruit violent de sonnette. Mathis porte ses mains à sa tête et chan*

1. Bourreau.

celle : *Tout disparaît! — On se retrouve dans la chambre du bourgmestre. Il fait grand jour ; le soleil entre par les fentes des persiennes, et s'allonge en traînées lumineuses sur le plancher. Les rideaux de l'alcôve s'agitent. La carafe tombe de la table de nuit et se brise. Au même instant une musique joyeuse éclate devant l'auberge, elle joue le vieil air de Lauterbach ; des voix nombreuses l'accompagnent. Ce sont les garçons d'honneur qui donnent l'aubade à la fiancée. On entend les gens courir dans la rue. Une fenêtre s'ouvre, la musique cesse. Grands éclats de rire. Voix nombreuses :* — La voilà... la voilà... c'est Annette !.... — *La musique et les chants recommencent et pénètrent dans l'auberge. Grand tumulte au-dessous. Des pas rapides montent l'escalier, on frappe à la porte de Mathis.*)

CATHERINE, *dehors, criant,* — Mathis, lève-toi. Il fait grand jour. Tous les invités sont en bas. (*Silence. On frappe plus fort.*)

CHRISTIAN, *de même.* — Monsieur Mathis ! monsieur Mathis ! (*Silence.*) Comme il dort... (*D'autres pas montent l'escalier. On frappe à coups redoublés.*)

WALTER, *de même.* — Hé ! Mathis. Allons donc... La noce est commencée... hop ! hop !... (*Long silence.*) C'est drôle, il ne répond pas.

CATHERINE, *d'une voix inquiète*. — Mathis ! Mathis ! (*On entend des chuchotements, une discussion, puis la voix de Christian s'élève et dit d'un ton brusque :* — Non, c'est inutile, laissez-moi faire. — *et presque aussitôt la porte, secouée violemment, s'ouvre tout au large. Christian paraît; il est en grand uniforme.*)

CHRISTIAN, *sur le seuil*. — Monsieur Mathis !... (*Il aperçoit les débris de la carafe sur le plancher, court à l'alcôve, écarte les rideaux et pousse un cri.*)

CATHERINE, *accourant toute inquiète.*—Qu'est-ce que c'est ? Qu'est-ce qu'il y a, Christian ?

CHRISTIAN, *se retournant vivement*. — Ne regardez pas, madame Catherine !... (*Il la prend dans ses bras et l'entraîne vers la porte, en criant d'une voix enrouée.*) Le docteur Frantz ! le docteur Frantz !

CATHERINE, *se débattant.*—Laissez-moi, Christian... je veux voir...

CHRISTIAN. — Non ! (*Criant dans l'escalier, à ceux qui se trouvent en bas.*) — Empêchez Annette de monter. — Oh ! mon Dieu ! mon Dieu ! (*Pendant cette scène, Walter, Heinrich et un grand nombre d'invités, hommes et femmes, sont entrés dans la chambre ; ils se pressent autour de l'alcôve. Heinrich ouvre les fenêtres et pousse les persiennes.*)

WALTER, *regardant Mathis.* — Il a la figure toute bleue ! (*Stupeur générale. Le docteur Frantz entre tout essoufflé. On s'écarte pour lui livrer passage.*)

LE DOCTEUR, *vivement.*—C'est une attaque d'apoplexie. (*Tirant sa trousse de sa poche.*) Tenez le bras, maître Walter... Pourvu que le sang vienne ! (*Les musiciens entrent, leurs instruments à la main; une foule de gens endimanchés les suivent, chuchotant entre eux et marchant sur la pointe des pieds; puis une jeune femme portant un enfant dans ses bras, paraît sur le seuil, et s'arrête interdite à la vue de tout ce monde. L'enfant souffle dans une petite trompette.*)

WALTER. — Le sang ne vient pas.

LE DOCTEUR.—Non. (*Se retournant avec colère.*) Faites donc taire cet enfant.

LA JEUNE FEMME. — Tais-toi, Ludwig. Donne ! (*Elle veut lui prendre la trompette. L'enfant résiste et se met à pleurer.*)

LE DOCTEUR, *d'une voix triste.* —C'est fini.... monsieur le bourgmestre est mort... le vin blanc l'a tué.

WALTER.— Oh ! mon pauvre Mathis ! (*Il s'accoude sur le lit, la figure dans les mains, et pleure. On entend, dans la salle au-dessous, les cris déchirants de Catherine et d'Annette.*)

HEINRICH, *regardant Mathis.*—Quel malheur! un si brave homme!

UN AUTRE, *bas, à son voisin.* — C'est la plus belle mort... On ne souffre pas!

LES BOHEMIENS D'ALSACE

SOUS LA RÉVOLUTION

« Puisque tu veux savoir pourquoi nous avons quitté la France, me dit le vieux Bohémien Bockes [1], rappelle-toi d'abord la grande caverne du Harberg. Elle est à mi-côte, sous une roche couverte de bruyères, où passe le sentier de Dagsbourg. On l'appelle maintenant le Trou-de-l'Ermite, parce qu'un vieil ermite y demeure. Mais bien des années avant, quand les seigneurs avaient encore des châteaux en Alsace et dans les Vosges, nos gens vivaient dans ce trou de père en fils. Personne ne venait nous troubler, au contraire, on nous faisait du bien; nos femmes et nos filles allaient dire la bonne aventure jusqu'au fond de

1. Bacchus.

la Lorraine, nos hommes jouaient de la musique; les tout vieux et les toutes vieilles restaient seuls au Harberg, couchés sur des tas de feuilles avec les petits enfants.

« Je te dis, Christian, que nous étions une fourmilière, on ne pouvait pas nous compter. Souvent il rentrait trois et quatre troupes par jour; le pain, le vin, le lard, le fromage ne manquaient pas, tout venait en abondance.

« Au fond de ce creux, nous avions aussi le grand-père Daniel, blanc comme une chouette qui perd son duvet à force de vieillesse, et tout à fait aveugle. On ne pouvait le réveiller qu'en lui mettant un bon morceau sous le nez; alors il soupirait, et se redressait un peu le dos contre la roche. Deux autres vieilles ratatinées et chauves lui tenaient compagnie.

« Eh bien, tu le croiras si tu veux, les seigneurs et les grandes dames d'Alsace et de Lorraine n'avaient de confiance que dans l'esprit de ces vieilles. Ils arrivaient à cheval avec leurs domestiques et leurs chasseurs, pour se faire expliquer l'avenir et les amours; et plus les vieilles radotaient, plus elles bégayaient en rêve, plus ces seigneurs et ces dames avaient l'air de les comprendre et paraissaient contents. »

Bockes se mit à rire tout bas en hochant la tête et vida son verre.

« C'est là, parmi des centaines d'autres, que je suis venu au monde, reprit-il, au moins je le pense. Il est bien possible que ce soit sur un sentier d'Alsace ou des Vosges; mais ce qui me revient d'abord, c'est notre caverne, nos gens qui rentraient par bandes avec leurs cors, leurs trompettes et leurs cymbales.

« Une chose qui me fait encore plus de plaisir quand j'y pense, ce sont mes premiers voyages sur le dos de ma mère. Elle était jeune, toute brune, et bien contente de m'avoir. Elle me portait dans un vieux châle garni de franges, lié sur son épaule, et je passais la tête dans un pli pour regarder les environs.—Un grand noir, qui jouait du trombone, nous suivait, et me clignait des yeux en riant de bonne humeur. C'était mon père !

« Nous montions et nous descendions. Je regardais défiler les arbres, les rochers, les vallons, les ruisseaux où ma mère entrait jusqu'aux genoux, les fermes, les moulins et les scieries. Nous allions toujours, et le soir nous faisions du feu sous une roche, au coin d'un bois. On suspendait la marmite, d'autres troupes arrivaient, chacun apportait quelque chose à frire. On s'allongeait les jambes, on allumait sa pipe, on riait, les garçons et les filles dansaient. Quelle vie ! Dans cent ans je verrais la flamme rouge qui monte dans les genêts, l'ombre des arbres qui s'allonge sur la côte brune couverte de feuilles mortes, les ronces qui se traînent, les grosses branches qui s'étendent dans l'air,—les étoiles au-dessus;—j'entendrais le torrent qui gronde, le vent qui passe dans les feuilles, le moulin qui marche toujours, les hautes grives qui se répondent d'un bout de la forêt à l'autre.

« Vous autres, vous ne connaissez pas ces choses ! Vous aimez un bon feu l'hiver, en racontant vos histoires à la veillée, avec des pommes de terre et des navets dans votre cave. Qu'est-ce que cela, Chistian, auprès de notre marmite qui fume dans les bois, quand la lune monte lentement au-dessus des sapinières, quand le feu s'endort et que le sommeil arrive ?

« Moi, pendant des heures, j'aurais pu regarder la lune.

« Et le lendemain, au petit jour, quand le coq de la ferme voisine nous éveillait, que la rosée tombait doucement et qu'on se secouait...

« Ah ! gueux de coq, nous ne t'avons pas attrapé; mais gare... ton tour viendra !

« Si les chrétiens connaissaient cette vie, ils n'en voudraient pas d'autre.

« Malheureusement, les meilleures choses ne peuvent pas durer. Quelques mois plus tard, au lieu d'être bien à l'aise sur le dos de ma mère, je galopais derrière elle, les pieds nus, et j'en regardais un autre plus petit, crépu comme moi, les lèvres grosses et le nez un peu camard, qui se dorlotait dans mon bon sac, qui buvait, qui regardait par la fente de mon sac, sans s'inquiéter de rien. C'est à lui que le grand noir souriait, et c'est lui que ma mère couvrait bien le soir, en me disant seulement : — « Approche-toi du feu. »

« Je grelottais, et je pensais en regardant l'autre :

« Que la peste t'étouffe ! sans toi je serais encore dans le sac et j'attraperais les bons morceaux. »

« Je ne le trouvais pas aussi beau que moi. Je ne comprenais pas pourquoi ce gueux avait pris ma place, et je ne pouvais pas le sentir.

« Mais le pire, c'est qu'il fallut bientôt gagner sa vie, danser sur les mains et faire des tours de souplesse.

« Tu sauras, Christian, que nous avions chez nous des danseurs de corde, des musiciens et des diseuses de bonne aventure. — Le grand noir essaya d'abord de me faire danser sur la corde, mais la tête me tournait, je croyais toujours tomber, et je m'accrochais avec les mains malgré moi, enfin ce n'était pas mon idée.

« Alors un vieux, qui s'appelait Horni, m'adopta pour jouer de la trompette, et tout de suite j'attrapai l'embouchure. Après la trompette, j'appris le cor, après le cor, le trombone. Dans toute notre troupe, on n'avait jamais eu de meilleur trombone que moi Pendant que les autres risquaient de se casser le cou en dansant sur la corde, je soufflais avec un grand courage, et j'allais aussi faire les publications; je battais de la caisse comme un tambour-maître.

« Nous revenions toujours au Harberg, et j'avais déjà cinq ou six petits frères et sœurs, lorsqu'arriva le commencement de la guerre entre tout le monde. Cela commença du côté de Sarrebourg, où les gens se mirent à tomber sur les juifs; on leur cassait les vitres, on jetait les plumes de leurs lits par les fenêtres, de sorte que vous marchiez dans ces plumes jusqu'aux genoux. Les gens chantaient : « *Ça ira!* » Tout était en l'air, et je me rappelle que nous avions été forcés de nous sauver de Lixheim, où l'on brûlait les papiers de la mairie devant l'église.

« Le vieux Horni disait que le monde devenait fou. Nous courions à travers les bois, parce que le tocsin sonnait à Mittelbronn, à Lutzelbourg, au Dagsberg; tous les paysans, hommes, femmes, enfants, s'avançaient hors des villages avec leurs fourches, leurs haches et leurs pioches en chantant :

« Ça va! ça ira!... »

« Plusieurs tiraient des coups de fusil. Comme

nous arrivions à la nuit sur le plateau de Hâzel-bourg, Horni s'arrêta, car il ne pouvait plus courir; il étendit la main du côté de l'Alsace, et tout le long des montagnes, au-dessus des bois, je vis les châteaux et les couvents brûler jusqu'aux frontières de la Suisse. La fumée rouge montait aussi des vallons, et dans la plaine les tocsins bourdonnaient; ensuite, tantôt à droite, tantôt à gauche, on voyait quelque chose s'allumer.

« Nous tremblions comme des malheureux.

« En arrivant, vers une heure du matin, à la caverne du Harberg, aucun bruit ne s'entendait, et nous croyions que tous nos gens venaient d'être exterminés. Par bonheur, ce n'était rien; notre monde restait assis dans l'ombre sans oser allumer de feu, et toute cette nuit, les troupes arrivaient de Lorraine et d'Alsace, disant :—Tel château brûle! telle église est en feu! Dans tel endroit on veut pendre le curé!... Dans tel autre on chasse les moines!... Les seigneurs se sauvent!... Le régiment d'Auvergne, qui est à Phalzbourg, a cassé tous ses officiers nobles; il a nommé des caporaux et des sergents à leur place, etc., etc. »

« Cette extermination dura plusieurs années. Les paysans étaient las des couvents et des châteaux; ils voulaient cultiver la terre pour leur propre compte.

« Nous autres, à la fin, nous avions repris courage, et nous recommencions nos tournées. Tout était changé, les gens avaient des cocardes à leurs bonnets; ils se mettaient tous à prêcher et s'appelaient citoyens entre eux; les semaines avaient dix jours, et le dimanche s'appelait *décadi ;* mais cela nous était bien égal, et même nous vivions de mieux en mieux, parce que les citoyens laissaient leurs portes ouvertes, en criant que c'était le règne de la vertu.

« Pas un seul d'entre nous n'avait de défiance, lorsqu'un matin, au commencement des foires d'automne, au petit jour, et comme les bandes allaient se mettre en route, la vieille Ouldine vit une quinzaine de gendarmes à l'entrée de la caverne, et derrière eux une ligne de baïonnettes. Aussitôt elle rentra, les mains en l'air, et chacun allait voir. Des paysans arrivaient aussi plus loin, avec une longue file de charrettes pour nous emmener. Tu penses, Christian, quels cris les femmes poussaient; mais les hommes ne disaient rien. C'était le temps où l'on coupait le cou des gens par douzaines, et nous croyions tous qu'on allait nous conduire à Sarrebourg pour avoir le cou coupé, d'autant plus que le juge de paix était avec la milice.

« Malgré nos cris, on nous fit sortir deux à deux. Le brigadier disait : « Ça ne finira donc jamais!

« Nous étions près de deux cents.—Les femmes et les petits enfants montaient sur les charrettes. Les hommes et les garçons marchaient derrière, entre deux files de soldats.

« Lorsqu'on fit sortir le vieux Daniel et la vieille Margareth, à peine étaient-ils dehors, au grand air, qu'ils moururent tout de suite. On les mit tout de même sur une charrette. Horni, Kleinmichel et moi, nous suivions en pleurant. Toutes nos femmes étaient comme mortes de frayeur. On ne voulait pourtant pas nous faire de mal, on voulait seulement nous forcer d'avoir des noms de famille, pour nous reconnaître à la conscription.

« Tous les gens des villages où nous passions venaient nous voir, et nous appelaient aristocrates.

« Une fois à Sarrebourg devant la mairie, au milieu des soldats, on nous fit monter, l'un après l'autre, prendre des noms, qu'on écrivait sur un gros livre.

« Le père Grébus eut de l'ouvrage avec nous jusqu'au soir. — On nous forçait aussi de choisir un logement ailleurs qu'au Harberg.

« C'est depuis ce temps que je me suis appelé Bockes. J'étais alors un grand et beau garçon de vingt ans, tout droit, avec une belle chevelure frisée. « Toi, me dit le maire en me regardant, tu ressembles au dieu du bon vin ; tu t'appelleras Bockes ! »

« Il dit au vieux Horni qu'il s'appellerait Silénas, à cause de son gros ventre, et tout le monde riait.

« On nous relâcha les uns après les autres.

« Horni, Kleinmichel et moi, nous restions ensemble dans une chambre au Bigelberg. Nous courions toujours les foires ; mais depuis que nous avions des noms et qu'on nous appelait citoyens, la joie s'en était allée.

« Aussi, lorsqu'un peu plus tard on voulut nous forcer de prendre des métiers et de travailler comme tout le monde, Silénas me dit :

« Écoute, Bockes, tout cela m'ennuie. Quand j'ai vu les Français brûler les couvents et les châteaux, j'étais content ; je pensais : — Ils veulent se faire bohémiens ! — Mais à présent je vois bien qu'ils sont fous. J'aimerais mieux être mort, que de cultiver la terre comme un gorgio[1]. Allons-nous-en ! »

« Et le même jour nous partîmes pour la Forêt-Noire.

« Voilà cinquante ans que nous roulons dans ce pays, Kleinmichel et moi. Les Allemands nous

---

1. Chrétien.

laissent bien tranquilles! Pourvu qu'on leur joue des valses et des *hopser* pendant qu'ils boivent des chopes, ils sont heureux et ne demandent pas autre chose.—C'est un bon peuple! »

MESSIRE TEMPUS

Le jour de la Saint-Sébalt, vers sept heures du soir, je mettais pied à terre devant l'hôtel de la Couronne, à Pirmasens. Il avait fait une chaleur d'enfer tout le jour; mon pauvre Schimmel n'en pouvait plus. J'étais en train de l'attacher à l'anneau de la porte, quand une assez jolie fille, les manches retroussées, le tablier sur le bras, sortit du vestibule et se mit à m'examiner en souriant.

« Où donc est le père Blésius ? lui demandai-je.

— Le père Blésius ! fit-elle d'un air ébahi, vous revenez sans doute de l'Amérique?... Il est mort depuis dix ans !

— Mort !... Comment, le brave homme est mort ! Et mademoiselle Charlotte ? »

La jeune fille ne répondit pas, elle haussa les épaules et me tourna le dos.

J'entrai dans la grande salle, tout méditatif. Rien ne me parut changé : les bancs, les chaises, les tables étaient toujours à leur place, le long des murs. Le chat blanc de mademoiselle Charlotte, les poings fermés sous le ventre et les paupières demi-closes, poursuivait son rêve fantastique. Les chopes, les cannettes d'étain brillaient sur l'étagère comme autrefois, et l'horloge, dans son étui de noyer, continuait de battre la cadence. Mais à peine étais-je assis près du grand fourneau de fonte, qu'un chuchotement bizarre me fit tourner la tête. La nuit envahissait alors la salle, et j'aperçus derrière la porte trois personnages hétéroclites accroupis dans l'ombre, autour d'une cannette baveuse; ils jouaient au *rams :* un borgne, un boiteux, un bossu !

« Singulière rencontre! me dis-je. Comment diable ces gaillards-là peuvent-ils reconnaître leurs cartes dans une obscurité pareille? Pourquoi cet air mélancolique? »

En ce moment, mademoiselle Charlotte entra, tenant une chandelle à la main.

Pauvre Charlotte! elle se croyait toujours jeune; elle portait toujours son petit bonnet de tulle à fines dentelles, son fichu de soie bleue, ses petits souliers à hauts talons et ses bas blancs bien tirés! Elle sautillait toujours et se balançait sur les hanches avec grâce, comme pour dire : « Hé! hé! voici mademoiselle Charlotte! Oh! les jolis petits pieds que voilà, les mains fines, les bras dodus, hé! hé! hé! »

Pauvre Charlotte! que de souvenirs enfantins me revinrent en mémoire!

Elle déposa sa lumière au milieu des buveurs et me fit une révérence gracieuse, développant sa robe en éventail, souriant et pirouettant.

« Mademoiselle Charlotte, ne me reconnaissez-vous donc pas? » m'écriai-je.

Elle ouvrit de grands yeux, puis elle me répondit en minaudant :

« Vous êtes M. Théodore. Oh! je vous avais bien reconnu. Venez, venez. »

Et, me prenant par la main, elle me conduisit dans sa chambre; elle ouvrit un secrétaire, et, feuilletant de vieux papiers, de vieux rubans, des bouquets fanés, de petites images, tout à coup elle s'interrompit et s'écria : « Mon Dieu! c'est aujourd'hui la Saint-Sébalt! Ah! monsieur Théodore! monsieur Théodore! vous tombez bien. »

Elle s'assit à son vieux clavecin et chanta, comme jadis, du bout des lèvres :

Rose de mai, pourquoi tarder encore
A revenir?

Cette vieille chanson, la voix fêlée de Charlotte, sa petite bouche ridée, qu'elle n'osait plus ouvrir, ses petites mains sèches, qu'elle tapait à droite... à gauche... sans mesure... hochant la tête, levant les yeux au plafond... les frémissements métalliques de l'épinette... et puis je ne sais quelle odeur de vieux réséda... d'eau de rose tournée au vinaigre... Oh! horreur!.. décrépitude!... folie! Oh! patraque abominable! frissonne... miaule... grince... casse... détraque-toi! Que tout saute... que tout s'en aille au diable!... Quoi!... c'est là Charlotte!... elle! elle!...—Abomination!

Je pris une petite glace et me regardai... j'étais bien pâle. « Charlotte!... Charlotte! » m'écriai-je.

Aussitôt, revenant à elle et baissant les yeux d'un air pudique :

« Théodore, murmura-t-elle, m'aimez-vous toujours? »

Je sentis la chair de poule s'étendre tout le long de mon dos, ma langue se coller au fond de mon gosier. D'un bond je m'élançai vers la porte, mais la vieille fille, pendue à mon épaule, s'écriait :

« Oh! cher... cher cœur! ne m'abandonnes pas... ne me livres pas au bossu!... Bientôt il va venir... il revient tous les ans... c'est aujourd'hui son jour... écoute! »

Alors, prêtant l'oreille, j'entendis mon cœur galoper. — La rue était silencieuse, je soulevai la persienne. L'odeur fraîche du chèvrefeuille emplit la petite chambre. Une étoile brillait au loin sur la montagne... je la fixai longtemps... une larme obscurcit ma vue, et, me retournant, je vis Charlotte évanouie.

« Pauvre vieille jeune fille ! tu seras donc toujours enfant ! »

Quelques gouttes d'eau fraîche la ranimèrent; et, me regardant :

« Oh ! pardonnez, pardonnez, monsieur, dit-elle, je suis folle... En vous revoyant, tant de souvenirs !... »

Et, se couvrant la figure d'une main, elle me fit signe de m'asseoir.

Son air raisonnable m'inquiétait... Enfin... que faire ?

Après un long silence :

« Monsieur, reprit-elle, ce n'est donc pas l'amour qui vous ramène dans ce pays ?

— Hé ! ma chère demoiselle, l'amour ! l'amour ! Sans doute... l'amour ! J'aime toujours la musique... j'aime toujours les fleurs ! Mais les vieux airs... les vieilles sonates... le vieux réséda... Que diable !

— Hélas ! dit-elle en joignant les mains, je suis donc condamnée au bossu !

— De quel bossu parlez-vous, Charlotte ? Est-ce de celui de la salle ? Vous n'avez qu'à dire un mot, et nous le mettrons à la porte. »

Mais, hochant la tête tristement, la pauvre fille parut se recueillir et commença cette histoire singulière :

« Trois messieurs comme il faut, M. le garde général, M. le notaire et M. le juge de paix de Pirmasens me demandèrent jadis en mariage. Mon père me disait :

« Charlotte, tu n'as qu'à choisir. Tu le vois, ce sont de beaux partis ! »

« Mais je voulais attendre. J'aimais mieux les voir tous les trois réunis à la maison. On chantait, on riait, on causait. Toute la ville était jalouse de moi. Oh ! que les temps sont changés !

« Un soir, ces messieurs étaient réunis sur le banc de pierre devant la porte. Il faisait un temps magnifique comme aujourd'hui. Le clair de lune remplissait la rue. On buvait du vin muscat sous le chèvrefeuille. Et moi, assise devant mon clavecin, entre deux beaux candélabres, je chantais : « Rose de mai ! » Vers dix heures, on entendit un cheval descendre la rue ; il marchait clopin clopant, et toute la société se disait : « Quel bruit étrange ! » Mais comme on avait beaucoup bu, chanté, dansé, la joie donnait du courage, et ces messieurs riaient de la peur des dames. On vit bientôt s'avancer dans l'ombre un grand gaillard à cheval; il portait un immense feutre à plumes, un habit vert, son nez était long, sa barbe jaune; enfin, il était borgne, boiteux et bossu!

« Vous pensez, monsieur Théodore, combien tous ces messieurs s'égayèrent à ses dépens, mes amoureux surtout; chacun lui lançait un quolibet, mais lui ne répondait rien.

« Arrivé devant l'hôtel, il s'arrêta, et nous vîmes alors qu'il vendait des horloges de Nuremberg; il en avait beaucoup de petites et de moyennes, suspendues à des ficelles qui lui passaient sur les épaules; mais ce qui me frappa le plus, ce fut une grande horloge posée devant lui sur la selle, le cadran de faïence tourné vers nous, et surmonté d'une belle peinture, représentant un coq rouge, qui tournait légèrement la tête et levait la patte.

« Tout à coup le ressort de cette horloge partit, et l'aiguille tourna comme la foudre, avec un cliquetis intérieur terrible. Le marchand fixa tour à tour ses yeux gris sur le garde général, que je préférais, sur le notaire que j'aurais pris ensuite, et sur le juge de paix que j'estimais beaucoup. Pendant qu'il les regardait, ces messieurs sentirent un frisson leur parcourir tout le corps. Enfin, quand il eut fini cette inspection, il se prit à rire tout bas et poursuivit sa route au milieu du silence général.

« Il me semble encore le voir s'éloigner, le nez en l'air, et frappant son cheval, qui n'en allait pas plus vite.

« Quelques jours après, le garde général se cassa la jambe; puis le notaire perdit un œil, et le juge de paix se courba lentement, lentement. Aucun médecin ne connaît de remède à sa maladie; il a beau mettre des corsets de fer, sa bosse grossit tous les jours ! »

Ici Charlotte se prit à verser quelques larmes, puis elle continua :

« Naturellement, les amoureux eurent peur de moi, tout le monde quitta notre hôtel; plus une âme, de loin en loin un voyageur !

—Pourtant, lui dis-je, j'ai remarqué chez vous ces trois malheureux infirmes; ils ne vous ont pas quittée !

—C'est vrai, dit-elle, mais personne n'a voulu d'eux; et puis je les fais souffrir, sans le vouloir. C'est plus fort que moi : j'éprouve l'envie de rire avec le borgne, de chanter avec le bossu, qui n'a plus qu'un souffle, et de danser avec le boiteux. Quel malheur! quel malheur !...

—Ah ça! m'écriai-je, vous êtes donc folle?

—Chut! fit-elle, tandis que sa figure se décomposait d'une manière horrible, chut! le voici !.. »

Elle avait les yeux écarquillés et m'indiquait la fenêtre avec terreur.

En ce moment, la nuit était noire comme un four. Cependant, derrière les vitres closes, je distinguai vaguement la silhouette d'un cheval, et j'entendis un hennissement sourd.

« Calmez-vous, Charlotte, calmez-vous; c'est une bête échappée qui broute le chèvrefeuille. »

Mais, au même instant, la fenêtre s'ouvrit comme par l'effet d'un coup de vent; une longue tête sarcastique, surmontée d'un immense chapeau pointu, se pencha dans la chambre et se prit à rire silencieusement, tandis qu'un bruit d'horloges détraquées sifflait dans l'air. Ses yeux se fixèrent d'abord sur moi, ensuite sur Charlotte, pâle comme la mort, puis la fenêtre se referma brusquement.

« Oh! pourquoi suis-je revenu dans cette bicoque! m'écriai-je avec désespoir. »

Et je voulus m'arracher les cheveux; mais, pour la première fois de ma vie, je dus convenir que j'étais chauve!

Charlotte, folle de terreur, piaffait sur son clavecin au hasard, et chantait d'une voix perçante : « Rose de mai!... Rose de mai!... » C'était épouvantable!

Je m'enfuis dans la grande salle.—La chandelle allait s'éteindre, et répandait une odeur âcre qui me prit à la gorge. Le bossu, le borgne et le boiteux étaient toujours à la même place, seulement ils ne jouaient plus : accoudés sur la table et le menton dans les mains, ils pleuraient mélancoliquement dans leurs chopes vides.

Cinq minutes après, je remontais à cheval et je partais à bride abattue.

« Rose de mai!... rose de mai!... » répétait Charlotte.

Hélas! vieille charrette qui crie va loin... Que le Seigneur Dieu la conduise!...

LE CHANT DE LA TONNE

L'autre soir, entre dix et onze heures, j'étais assis au fond de la taverne des *Escargots*, à Nuremberg; je contemplais dans une douce quiétude, la foule qui s'agitait sous les poutres basses de la salle, le long des tables de chêne, et je me sentais heureux d'être au monde.

Oh! les bonnes figures alignées! grosses, grasses, vermeilles, rieuses, graves, moqueuses, contentes, rêveuses, amoureuses, clignant de l'œil, levant le coude, bâillant, ronflant, se trémoussant: les jambes allongées, le chapeau sur l'oreille, le tricorne sur la nuque... Oh! la joyeuse perspective!

La salle entonnait l'hymne des *Brigands:* « Je

suis le roi de ces montagnes!...» Toutes les voix se confondaient dans une immense harmonie. Il n'y avait pas jusqu'au petit Christian Schmitt, que son père tenait entre ses genoux, qui ne fît sa partie de *soprano* d'une manière satisfaisante.

Moi, je hochais la tête, je frappais du pied; je fredonnais tantôt avec l'un, tantôt avec l'autre, je marquais la mesure, et naturellement je m'attribuais tout le succès de la chose.

En ce moment, mes yeux se tournèrent par hasard du côté de Sébalt Brauer, le tavernier, assis derrière son comptoir. C'était l'heure où Brauer commence à faire ses grimaces : sa joue gauche se relève, son œil droit se ferme, il parle à voix basse, et retourne sans cesse son bonnet de coton sur sa tignasse ébouriffée. Sébalt me regardait aussi.

« Hé! fit-il en levant un doigt d'un air mystérieux, tu l'entends, Théodore?

— Qui cela? demandai-je.

— Parbleu, mon braumberg qui chante!

— Oh! être naïf, m'écriai-je, esprit essentiellement métaphysique et dépourvu de tout sens positif. Comment peux-tu supposer que le vin chante? Encore si tu disais que les ivrognes chantent, à la bonne heure! cela serait intelligible; mais le vin... hé! hé! hé! vraiment, Sébalt, ce sont là des idées ridicules, pour ne pas dire illogiques! »

Mais Sébalt ne m'écoutait plus : il allait à droite, à gauche, son tablier de cuir retourné sur la hanche, une de ses bretelles défaite, servant les buveurs et renversant sur les gens la moitié de ses cruches, avec calme et dignité.

La grosse Orchel reprit alors sa place au comptoir en exhalant un soupir; les six quinquets se mirent à danser la ronde au plafond; et comme j'examinais depuis un quart d'heure ce curieux phénomène, sans pouvoir m'en rendre compte, tout à coup Brauer trébucha contre mon épaule en criant : « Théodore, le baril est vide! viens-tu le remplir à la cave? Tu verras des choses étranges! »

Je savais que Brauer possède la plus belle cave de Nuremberg, après celle du grand-duc, la cave de l'antique cloître des Bénédictins. Aussi, jugez de mon enthousiasme. Sébalt tenait déjà la chandelle allumée. Nous sortîmes bras dessus bras dessous, faisant retentir nos sabots sur le plancher, allongeant le bras, et hurlant, le nez en l'air : « Je suis le roi de ces montagnes! »

Tout le monde riait autour de nous, et l'on disait :

« Ah! les gueux !... ah! les gueux !... sont-ils contents!... ah!... ah!... ah! »

Mais quand nous fûmes dans la rue des Escargots, le calme nous revint. La nuit était humide, les vieilles masures décrépites se prêtaient l'épaule au-dessus de nous; la lune brumeuse laissait tomber de sa quenouille un fil d'argent, qui serpentait en zigzag dans la rigole sombre, et tout au loin, un chat battait sa femme, qui pleurait et gémissait à vous fendre l'âme!

« Brrr! » fit Sébalt en grelottant, j'ai froid!

En même temps, il souleva la lourde trappe appliquée obliquement contre le mur, et descendit.

Je le suivais lentement. L'escalier n'en finissait pas. Les ombres s'allongeaient... s'allongeaient à perte de vue derrière nous; plusieurs fois, je me retournai tout surpris. Je remarquais l'énorme carrure de Brauer, son cou brun, couvert de petits cheveux frisés jusqu'au milieu des épaules; d'étranges idées me traversaient l'esprit : il me semblait voir le frère sommelier des Bénédictins, allant rendre visite à la bibliothèque du cloître. Moi-même, je me prenais pour un de ces antiques personnages, et je passais la main sur ma poitrine, pensant y trouver une barbe vénérable. Au bas de l'escalier, une niche pratiquée dans l'épaisseur du mur, me rappela vaguement la statuette de la Vierge, où brûlait jadis le cierge éternel.

Tout saisi, presque épouvanté, j'allais communiquer mes doutes à Sébalt, quand une énorme porte en cœur de chêne, bardée de clous à large tête plate, se dressa devant nous. Le tavernier, la poussant d'une main vigoureuse, s'écria :

« Nous y sommes, camarade ! »

Et sa voix, roulant au milieu des ténèbres, alla se perdre insensiblement dans les profondeurs lointaines du souterrain. J'en reçus une impression singulière.

Nous entrâmes d'un air grave et recueilli.

J'ai visité dans ma vie bien des caves célèbres, depuis celle de notre glorieux souverain Yéri-Peter, jusqu'aux caveaux de l'hôtel de ville de Brême, où se conserve le fameux vin de Rosenwein, dont les bourgeois de la bonne ville libre envoyaient tous les ans, au vieux Gœthe, une bouteille pour le jour de sa fête ; j'en ai vu de plus vastes et de plus riches en grands vins, que celle de mon ami Sébalt Brauer, mais la vérité me force à dire que je n'en ai jamais rencontré d'aussi saines et d'aussi bien tenues.

Sous une voûte haute de trente pieds et longue de plus de cent mètres, construite en larges pierres de taille, les tonneaux, rangés sur deux lignes parallèles, avaient un air respectable qui faisait vraiment plaisir à voir ; et derrière chaque foudre une pancarte, suspendue au mur, indiquait le cru, l'année, le jour et le temps de la vendange, la cuvée, première ou seconde, enfin tous les titres de noblesse du suc généreux enfermé sous les longues douves cerclées de fer.

Nous marchions d'un pas lent, solennel.

« Voici du braumberg, dit le tavernier en éclairant un foudre colossal; c'est mon vin ordinaire. Écoute comme il s'en donne là haut :

> « C'est pour moi que l'avare empile
> Écus d'or aux jaunes reflets;
> C'est pour moi que mûrit la fille
> Sous le chaume et dans les palais.»

— Ah! le bandit, comme il retrousse ses moustaches blondes! »

Ainsi parlait Brauer, et nous avancions toujours.

« Halte! s'écria-t-il, nous voilà devant le steinberg de 1822. Fameuse année! Goûte-moi ça. »

Il déposa sa chandelle à terre, prit sur la bonde un verre de Bohême au calice évasé, à la jambe grêle, au pied mince, et tourna le robinet. Un filet d'or remplit la coupe. Avant de me l'offrir, Brauer l'éleva lentement, pour en montrer la belle couleur d'ambre blond. Puis il le passa sous son nez crochu :

« Quel bouquet! dit-il, quel parfum! Ah! c'est la fantaisie pure, c'est le rêve de Freyschütz. »

Je bus... Toutes les fibres de mon cerveau s'électrisèrent, j'eus de vagues éblouissements.

« Eh bien? » fit Sébalt.

Pour toute réponse, je me mis à fredonner :

> « Chasseur diligent, etc. »

Et les échos s'éveillaient au loin, ils sortaient la tête du milieu des ombres et chantaient avec moi. C'était magnifique !

« Tu ne chantais pas tout à l'heure ! » dit Sébalt avec un sourire étrange.

Cette réflexion me fit réfléchir, et, m'arrêtant tout court, je m'écriai :

« Tu crois donc que le vin chante ? »

Mais lui ne parut pas faire attention à mes paroles; il était devenu grave.

Nous poursuivîmes nos pérégrinations souterraines. Les vieux foudres semblaient nous attendre avec respect. Nos regards s'animaient. Brauer buvait aussi.

« Ah ! ah ! dit-il, voici l'opéra de *la Flûte enchantée* ! Il faut que tu sois bien de mes amis, pour que je t'en joue un air, de celui-là... diable !... du johannisberg de l'an XI !

Un filet imperceptible siffla dans la coupe, le verre fut rempli. J'en humai jusqu'à la dernière goutte avec recueillement. Brauer me regardait dans le blanc des yeux, les mains croisées sur le dos; il avait l'air d'envier mon bonheur.

Moi, l'âme du vieux vin, cette âme, plus vivante que notre âme, cette âme des Mozart, des Gluck, des Weber, des Théodore Hoffman, envahissait mon être et me faisait dresser les cheveux sur la tête.

« Oh! m'écriai-je, souffle divin! oh! musique enchanteresse! Non, jamais, jamais mortel ne s'est élevé plus haut que moi dans les sphères invisibles! »

Je lorgnais du coin de l'œil le robinet mélodieux, mais Brauer ne crut pas devoir m'en jouer une seconde ariette.

« Bon! fit-il, quand on s'ouvre la veine, il est agréable de voir que c'est pour un digne appréciateur, pour un véritable artiste. Tu n'es pas comme notre bourgmestre Kalb, qui voulait se gargariser la panse d'un deuxième et même d'un troisième verre, avant de se prononcer. Animal! je l'ai mis rudement à la porte! »

Nous passâmes alors en revue le steinberg, le hattenheim, le hohheim, le markobrunner, le rudesheim, tous vins exquis, chaleureux; et, chose bizarre, à chaque vin nouveau, un nouvel air me passait par la tête, je le fredonnais involontairement : la pensée de Sébalt devenait de plus en plus lucide pour moi, je compris qu'il voulait me donner une leçon expérimentale du plus grand problème des temps modernes.

« Brauer, lui dis-je, crois-tu donc sérieusement que l'homme ne soit que l'instrument passif de la bouteille, un cor de chasse, une flûte, un cornet à piston que l'esprit de la tonne embouche, et dont il tire telle musique qu'il lui plaît? Que deviendraient la liberté, la loi morale, la raison individuelle et sociale, si ce fait était vrai? Nous ne serions plus que de véritables entonnoirs, des sortes de mécaniques sans conscience ni dignité! L'empereur Venceslas, le plus grand ivrogne qu'on ait jamais vu, aurait donc seul compris le sens de la destinée humaine? Il faudrait donc le placer au-dessus de Solon, de Lycurgue et des sept sages de la Grèce?

— Non-seulement je le crois, dit Brauer, mais j'en suis sûr. Ces imbéciles qui hurlent là-haut s'imaginent chanter d'eux-mêmes. Eh bien, c'est moi qui choisis dans ma cave l'air qu'il me plaît d'entendre : chaque tonne, chaque foudre a son air favori; l'un est triste, l'autre gai, l'autre grave ou mélancolique. Tu vas en juger, Théodore, je veux faire pour toi le sacrifice d'un tonnelet de hohheim, c'est un vin tendre; le braumberg doit être épuisé, car on fait un tapage du diable à la taverne. Nous allons tourner les âmes au sentiment. »

Alors, au lieu de remplir son baril de braumberg, il le mit sous le robinet du hohheim, puis, avec une adresse surprenante, il le plaça sur son épaule, et nous remontâmes.

La taverne était en combustion; le chant des *Brigands* dégénérait en scandale.

« Oh! s'écria la femme de Sébalt, que tu m'as

fait attendre! toutes les bouteilles sont vides depuis un quart d'heure. Écoute ce tapage; ils vont tout briser »

En effet, un roulement de bouteilles ébranlait les tables.

« Du vin! du vin! »

Le tavernier déposa son baril sur le comptoir et remplit les bouteilles; sa femme avait à peine le temps de servir; les hurlements redoublaient.

Moi, je venais de reprendre ma place et je regardais ce tumulte, en fredonnant tour à tour des motifs de *la Flûte enchantée*, du *Freyschütz*, de *Don Juan*, d'*Obéron*, que sais-je? de cinquante opéras que j'avais oubliés depuis longtemps, ou que même je n'avais jamais su : Jeunesse, amour, poésie, bonheur de la famille, espérances sans bornes, tout renaissait dans mon cœur; je riais, je ne me possédais plus.

Tout à coup, un calme profond s'établit, l'air des *Brigands* cessa comme par enchantement, et Julia Weber, la fille du ménétrier, se mit à chanter l'air si doux, si tendre, de la Fillette de *Frédéric Barberousse* :

> «—Fillette, sur la plaine blanche
> Où vas-tu de si grand matin?
> —Je vais célébrer le dimanche,
> Seigneur, au village lointain......
> Comme un agneau qui bêle
> Écoutez... la cloche m'appelle!

Toute la salle écoutait la jeune fille dans un religieux silence, et quand elle fut au refrain, toutes ces grosses faces charnues se mirent à fredonner en sourdine :

« Comme un agneau qui bêle,
Écoutez... la cloche m'appelle ! »

Ce fut un véritable coup de théâtre.

« Eh bien, dit Brauer en se penchant à mon oreille, qui est-ce qui chante ?

— C'est la tonne de hohheim, » repondis-je à voix basse, en écoutant le chant de la jeune fille qui recommençait, ce chant monotone, doux, suave, ce chant du bon vieux temps.

O nobles coteaux de la Gironde, de la Bourgogne, du Rhingau..., et vous, ardents vignobles de l'Espagne et de l'Italie, Madère, Marsalla, Porto, Xérès, Lacryma-Christi... et toi, Tokai, généreux hongrois ! je vous connais maintenant : — Vous êtes l'âme des temps passés... des générations éteintes !... — Bonne chance je vous souhaite ! — Puissiez-vous fleurir et prospérer éternellement !...

— Et vous, bons vins captifs sous les cercles de fer ou d'osier, vous attendez avec impatience l'heureux instant de passer dans nos veines, de faire battre nos cœurs, de revivre en nous !... — Eh bien, vous n'attendrez pas longtemps, je jure de vous délivrer, de vous faire chanter et rire, autant que l'Être des êtres voudra bien me confier cette noble mission sur la terre !... — Mais quand je ne serai plus, quand mes os auront reverdi et se dresseront en ceps noueux sur le coteau ; quand mon sang bouillonnera en gouttelettes vermeilles dans les grappes mûries, et qu'il s'épanchera du pressoir en flots limpides... Alors, jeunes gens, à votre tour de me délivrer ! Laissez-moi revivre en vous, faire votre force, votre joie, votre courage, comme les ancêtres font le mien aujourd'hui... c'est tout ce que je vous demande. — Et ce faisant, nous accomplirons, chacun à notre tour, le précepte sublime : Aimez-vous les uns les autres, dans les siècles des siècles. *Amen.*

LE COQUILLAGE

DE L'ONCLE BERNARD.

L'oncle Bernard avait un grand coquillage sur sa commode. Un coquillage aux lèvres roses n'est pas commun dans les forêts du Hundsruck, à cent cinquante lieues de la mer; Daniel Richter, ancien soldat de marine, avait rapporté celui-ci de l'Océan, comme une marque éternelle de ses voyages.

Qu'on se figure avec quelle admiration, nous autres enfants du village, nous contemplions cet objet merveilleux. Chaque fois que l'oncle sortait faire ses visites, nous entrions dans la bibliothèque, et le bonnet de coton sur la nuque, les mains dans les fentes de notre petite blouse bleue, le nez contre la plaque de marbre, nous regardions l'escargot d'Amérique, comme l'appelait la vieille servante Grédel.

Ludwig disait qu'il devait vivre dans les haies, Kasper qu'il devait nager dans les rivières ; mais aucun ne savait au juste ce qu'il en était.

Or, un jour l'oncle Bernard, nous trouvant à discuter ainsi, se mit à sourire. Il déposa son tricorne sur la table, prit le coquillage entre ses mains et s'asseyant dans son fauteuil :

« Écoutez un peu ce qui se passe là-dedans, » dit-il.

Aussitôt, chacun appliqua son oreille à la coquille, et nous entendîmes un grand bruit, une plainte, un murmure, comme un coup de vent, bien loin au fond des bois. Et tous, nous nous regardions l'un l'autre émerveillés.

« Que pensez-vous de cela ? » demanda l'oncle ; mais, personne ne sut que lui répondre.

Alors, il nous dit d'un ton grave :

« Enfants, cette grande voix qui bourdonne, c'est le bruit du sang qui coule dans votre tête, dans vos bras, dans votre cœur et dans tous vos membres. Il coule ici comme de petites sources vives, là comme des torrents, ailleurs comme des rivières et de grands fleuves. Il baigne tout votre corps à l'intérieur, afin que tout puisse y vivre, y grandir et y prospérer, depuis la pointe de vos cheveux jusqu'à la plante de vos pieds.

« Maintenant, pour vous faire comprendre pourquoi vous entendez ces bruits au fond du coquillage, il faut vous expliquer une chose. Vous connaissez l'écho de la Roche-Creuse, qui vous renvoie votre cri quand vous criez, votre chant quand vous chantez, et le son de votre corne, lorsque vous ramenez vos chèvres de l'Altenberg le soir. Eh bien, ce coquillage est un écho semblable à celui de la Roche-Creuse ; seulement, lorsque vous l'approchez de votre oreille, c'est le bruit de ce qui se passe en vous qu'il vous renvoie, et ce bruit ressemble à toutes les voix du ciel et de la terre, car chacun de nous est un petit monde : celui qui pourrait voir la centième partie des merveilles qui s'accomplissent dans sa tête durant une seconde, pour le faire vivre et penser, et dont il n'entend que le murmure au fond de la coquille, celui-là tomberait à genoux et pleurerait longtemps, en remerciant Dieu de ses bontés infinies.

« Plus tard, quand vous serez devenus des hommes, vous comprendrez mieux mes paroles et vous reconnaîtrez que j'avais raison.

« Mais, en attendant, mes chers amis, veillez bien sur votre âme, conservez-la sans tache, c'est elle qui vous fait vivre ; le Seigneur l'a mise dans votre tête pour éclairer votre petit monde, comme il a mis son soleil au ciel pour éclairer et réchauffer l'univers.

« Vous saurez, mes enfants, qu'il y a dans ce monde des pays où le soleil ne luit pour ainsi dire jamais. Ces pays-là sont bien tristes. Les hommes ne peuvent pas y rester ; on n'y voit point de fleurs, point d'arbres, point de fruits, point d'oiseaux, rien que de la glace et de la neige ; tout y est mort ! Voilà ce qui vous arriverait, si vous laissiez obscurcir votre âme ; votre petit monde vivrait dans les ténèbres et dans la tristesse ; vous seriez bien malheureux !

« Évitez donc avec soin ce qui peut troubler votre âme : la paresse, la gourmandise, la désobéissance, et surtout le mensonge ; toutes ces vilaines choses sont comme des vapeurs venues d'en bas, et qui finissent par couvrir la lumière que le Seigneur a mise en nous.

« Si vous tenez votre âme au-dessus de ces nuages, elle brillera toujours comme un beau soleil et vous serez heureux ! »

Ainsi parla l'oncle Bernard, et chacun écouta de nouveau, se promettant à lui-même de suivre ses bons conseils, et de ne pas laisser les vapeurs d'en bas obscurcir son âme.

Combien de fois depuis, n'ai-je pas tendu l'oreille aux bourdonnements du coquillage. Chaque soir, aux beaux jours de l'automne, en rentrant de la pâture, je le prenais sur mes genoux, et la joue contre son émail rose, j'écoutais avec recueillement. Je me représentais les merveilles dont nous avait parlé l'oncle Bernard et je pensais : Si l'on pouvait voir ces choses par un petit trou, c'est ça qui doit être beau !

Mais ce qui m'étonnait encore plus que tout le reste, c'est qu'à force d'écouter, il me semblait distinguer, au milieu du bourdonnement du coquillage, l'écho de toutes mes pensées, les unes douces et tendres, les autres joyeuses; elles chantaient comme les mésanges et les fauvettes au retour du printemps, et cela me ravissait. Je serais resté là des heures entières, les yeux écarquillés, la bouche entr'ouverte, respirant à peine pour mieux entendre, si notre vieille Grédel ne m'avait crié :

« Fritzel, à quoi penses-tu donc ? Ote un peu cet escargot de ton oreille et mets la nappe, voici M. le docteur qui rentre. »

Alors je déposais le coquillage sur la commode en soupirant, je mettais le couvert de l'oncle et le mien au bout de la table, je prenais la grande carafe et j'allais chercher de l'eau à la fontaine.

Pourtant, un jour, la coquille de l'oncle Bernard me rendit des sons moins agréables; sa musique devint sévère et me causa la plus grande frayeur. C'est qu'aussi je n'avais pas lieu d'être content de moi, des nuages sombres obscurcissaient mon âme; c'était ma faute, ma très-grande faute ! Mais il faut que je vous raconte cela depuis le commencement. Voici comment les choses s'étaient passées.

Ludwig et moi, dans l'après-midi de ce jour, nous étions à garder nos chèvres sur le plateau de l'Altenberg ; nous tressions la corde de notre fouet, nous sifflions, nous ne pensions à rien.

Les chèvres grimpaient à la pointe des rochers, allongeant le cou, la barbe en pointe sur le ciel bleu. Notre vieux chien Bockel, tout édenté, sommeillait, sa longue tête de loup entre les pattes.

Nous étions là, couchés à l'ombre d'un bouquet de sapineaux, quand tout à coup Ludwig étendit son fouet vers le ravin et me dit :

« Regarde là-bas, au bord de la grande roche, sur ce vieux hêtre, je connais un nid de merles. »

Alors, je regardai, et je vis le vieux merle qui voltigeait de branche en branche, car il savait déjà que nous le regardions.

Mille fois l'oncle Bernard m'avait défendu de dénicher des oiseaux ; et puis le nid était au-dessus du précipice, dans la fourche d'une grande branche moisie. Longtemps, longtemps je regardai cela tout rêveur. Ludwig me disait :

« Il y a des jeunes ; ce matin, en allant cueillir des mûres dans les ronces, je les ai bien entendus demander la becquée ; demain ils s'envoleront, car ils doivent avoir des plumes. »

Je ne disais toujours rien, mais le diable me

poussait. A la fin, je me levai, je m'approchai de l'arbre, au milieu des bruyères, et j'essayai de l'embrasser : il était trop gros! Malheureusement près de là poussait un hêtre plus petit et tout vert. Je grimpai dessus, et le faisant pencher, j'attrapai la première branche de l'autre.

Je montai. Les deux merles poussaient des cris plaintifs et tourbillonnaient dans les feuilles. Je ne les écoutais pas. Je me mis à cheval sur la branche moisie, pour m'approcher du nid que je voyais très-bien; il y avait trois petits et un œuf, cela me donnait du courage. Les petits allongeaient le cou, leur gros bec jaune ouvert jusqu'au fond du gosier, et je croyais déjà les tenir. Mais comme j'avançais, les jambes pendantes et les mains en avant, tout à coup la branche cassa comme du verre, et je n'eus que le temps de crier : — Ah! mon Dieu! — Je tournai deux fois, et je tombai sur la grosse branche au-dessous, où je me cramponnai d'une force terrible. Tout l'arbre tremblait jusqu'à la racine, et l'autre branche descendait, en raclant les rochers avec un bruit qui me faisait dresser les cheveux sur la tête; je la regardai malgré moi jusqu'au fond du ravin ; elle bouillonna dans le torrent et s'en alla, tournoyant au milieu de l'écume, jusqu'au grand entonnoir où je ne la vis plus.

Alors je remontai doucement au tronc, les genoux bien serrés, demandant pardon à Dieu, et je me laissai glisser tout pâle dans les bruyères. Les deux vieux merles voltigeaient encore autour de moi, jetant des cris lamentables. Ludwig s'était sauvé; mais comme il descendait le sentier de l'Altenberg, tournant la tête par hasard, il me vit sain et sauf, et revint en criant tout essoufflé :

« Te voilà!... Tu n'es pas tombé de la roche ?

— Oui, lui dis-je, sans presque pouvoir remuer la langue, me voilà... le bon Dieu m'a sauvé! Mais allons-nous-en... allons-nous-en... j'ai peur! »

Il était bien sept heures du soir, le soleil rouge se couchait entre les sapins; j'en avais assez ce jour-là de garder les chèvres. Le chien ramena notre troupeau, qui se mit à descendre le sentier dans la poussière jusqu'à Hirschland. Ni Ludwig ni moi nous ne soufflions joyeusement dans notre corne, comme les autres soirs, pour entendre l'écho de la Roche-Creuse nous répondre.

La peur nous avait saisis et mes jambes tremblaient encore.

Une fois au village, pendant que les chèvres s'en allaient à droite, à gauche, bêlant à toutes les portes d'étables, je dis à Ludwig :

« Tu ne raconteras rien?

— Sois tranquille. »

Et je rentrai chez l'oncle Bernard. Il était allé dans la haute montagne voir un vieux bûcheron malade. Grédel venait de dresser la table. Quand l'oncle n'était pas de retour sur les huit heures du soir, nous soupions seuls ensemble. C'est ce que nous fîmes comme d'habitude. Puis Grédel ôta les couverts et lava la vaisselle dans la cuisine. Moi, j'entrai dans notre bibliothèque, et je pris le coquillage, non sans inquiétude. Dieu du ciel, comme il bourdonnait! Comme j'entendais les torrents et les rivières mugir, et comme, au milieu de tout cela, les cris plaintifs des vieux merles, le bruit de la branche qui râclait les rochers et le frémissement de l'arbre s'entendaient! Et comme je me représentais les pauvres petits oiseaux écrasés sur une pierre! — c'était terrible... terrible!

Je me sauvai dans ma petite chambre au-dessus de la grange, et je me couchai; mais le sommeil ne venait pas, la peur me tenait toujours.

Vers dix heures, j'entendis l'oncle arriver en trottant dans le silence de la nuit. Il fit halte à notre porte et conduisit son cheval à l'écurie, puis il entra. Je l'entendis ouvrir l'armoire de la cuisine et manger un morceau sur le pouce, selon son habitude, quand il rentrait tard.

« S'il savait ce que j'ai fait! » me disais-je en moi-même.

A la fin il se coucha. Moi, j'avais beau me tourner, me retourner, mon agitation était trop grande pour dormir; je me représentais mon âme noire comme de l'encre : j'aurais voulu pleurer. Vers minuit, mon désespoir devint si grand, que j'aimai mieux tout avouer. Je me levai, je descendis en chemise et j'entrai dans la chambre à coucher de l'oncle Bernard, qui dormait, une veilleuse sur la table.

Je m'agenouillai devant son lit. Lui, s'éveillant en sursaut, se leva sur le coude et me regarda tout étonné.

« C'est toi, Fritzel, me dit-il, que fais-tu donc là, mon enfant?

— Oncle Bernard, m'écriai-je en sanglotant, pardonnez-moi, j'ai péché contre le ciel et contre vous.

— Qu'as-tu donc fait? dit-il tout attendri.

— J'ai grimpé sur un hêtre de l'Altenberg pour dénicher des merles, et la branche s'est cassée!

— Cassée? Oh! mon Dieu!...

— Oui, et le Seigneur m'a sauvé en permettant que je m'accroche à une autre branche. Maintenant les vieux merles me redemandent leurs petits; ils volent autour de moi, ils m'empêchent de dormir. »

L'oncle se tut longtemps. Je pleurais à chaudes larmes.

« Oncle, m'écriai-je encore, ce soir j'ai bien écouté dans la coquille, tout est cassé, tout est bouleversé, jamais on ne pourra tout raccommoder. »

Alors il me prit le bras et dit au bout d'un instant d'une voix solennelle :

« Je te pardonne!... Calme-toi... Mais que cela te serve de leçon. Songe au chagrin que j'aurais eu, si l'on t'avait rapporté mort dans cette maison. Eh bien, le pauvre père et la pauvre mère des petits merles sont aussi désolés que je l'aurais été moi-même. Ils redemandent leurs enfants! Tu n'as pas songé à cela... Puisque tu te repens, il faut bien que je te pardonne. »

En même temps il se leva, me fit prendre un verre d'eau sucrée et me dit :

« Va-t'en dormir... les pauvres vieux ne t'inquiéteront plus... Dieu te pardonne à cause de ton chagrin... Tu dormiras maintenant. Mais à partir de demain tu ne garderas plus les chèvres; un garçon de ton âge doit aller à l'école. »

Je remontai donc dans ma chambre plus tranquille, et je m'endormis heureusement.

Le lendemain l'oncle Bernard me conduisit lui-même chez notre vieil instituteur Tobie Veyrius. Pour dire la vérité, cela me parut dur les premiers jours, de rester enfermé dans une chambre du matin au soir, sans oser remuer, oui, cela me parut bien dur ; je regrettais le grand air, mais on n'arrive à rien ici-bas sans se donner beaucoup de peine. Et puis le travail finit par devenir une douce habitude; c'est même, tout bien considéré, la plus pure et la plus solide de nos jouissances. Par le travail seul on devient un homme, et l'on se rend utile à ses semblables.

Aujourd'hui l'oncle Bernard est bien vieux; il passe son temps assis dans le grand fauteuil derrière le poêle, en hiver, et l'été, sur le banc de pierre devant la maison, à l'ombre de la vigne qui couvre la façade. Moi, je suis médecin... Je le remplace! Le matin au petit jour je monte à cheval, et je ne rentre que le soir, harassé de fatigue. C'est une existence pénible, surtout à l'époque des grandes neiges; eh bien, cela ne m'empêche pas d'être heureux.

Le coquillage est toujours à sa place. Quelquefois, en rentrant de mes courses dans la montagne, je le prends comme au bon temps de ma jeunesse, et j'écoute bourdonner l'écho de mes pensées; elles ne sont pas toujours joyeuses, parfois même elles sont tristes, — lorsqu'un de mes pauvres malades est en danger de mort, et que je ne puis rien pour le secourir, — mais jamais elles ne sont menaçantes, comme le soir de l'aventure du nid de merles.

Celui-là seul est heureux, mes chers amis, qui peut écouter sans crainte la voix de sa conscience: riche ou pauvre, il goûte la félicité la plus complète qu'il soit donné à l'homme de connaître en ce monde.

LA TRESSE NOIRE

Il y avait bien quinze ans que je ne songeais plus à mon ami Taifer, quand, un beau jour, son souvenir me revint à la mémoire. Vous dire comment, pourquoi, me serait chose impossible. Les coudes sur mon pupitre, les yeux tout grands ouverts, je rêvais au bon temps de notre jeunesse. Il me semblait parcourir la grande allée des Marronniers à Charleville, et je fredonnais involontairement le joyeux refrain de Georges :

« Versez, amis, versez à boire ! »

Puis tout à coup, revenant à moi, je m'écriai : « A quoi diable songes-tu ? Tu te crois jeune encore ! Ah ! ah ! ah ! pauvre fou ! »

Or, à quelques jours de là, rentrant vers le soir de la chapelle Louis de Gonzague, j'aperçus en face des écuries du haras un officier de spahis, en petite tenue, le képi sur l'oreille et la bride d'un superbe cheval arabe au bras. La physionomie de ce cheval me parut singulièrement belle; il inclinait la tête par-dessus l'épaule de son maître et me regardait fixement. Ce regard avait quelque chose d'humain.

La porte de l'écurie s'ouvrit, l'officier remit au palefrenier la bride de son cheval, et se tournant de mon côté, nos yeux se rencontrèrent : c'était Taifer. Son nez crochu, ses petites moustaches blondes, rejoignant une barbiche taillée en pointe, ne pouvaient me laisser aucun doute, malgré les teintes ardentes du soleil d'Afrique empreintes sur sa face.

Taifer me reconnut, mais pas un muscle de son visage ne tressaillit, pas un sourire n'effleura ses lèvres. Il vint à moi lentement, me tendit la main et me dit : « Bonjour, Théodore, tu vas toujours bien? » — comme s'il ne m'eût quitté que de la veille. Ce ton simple m'étonna tellement, que je répondis de même : « Mais oui, Georges, pas mal.

— Allons, tant mieux, fit-il, tant mieux. Puis il me prit le bras et me demanda : Où allons-nous?

— Je rentrais chez moi.

— Eh bien, je t'accompagne. »

Nous descendîmes la rue de Clèves tout rêveurs. Arrivés devant ma porte, je grimpai l'étroit escalier. Les éperons de Taifer résonnaient derrière moi; cela me paraissait étrange. Dans ma chambre, il jeta son képi sur le piano, il prit une chaise; je déposai mon cahier de musique dans un coin, et, m'étant assis, nous restâmes tout méditatifs en face l'un de l'autre.

Au bout de quelques minutes, Taifer me demanda d'un son de voix très-doux :

« Tu fais donc toujours de la musique, Théodore?

— Toujours, je suis organiste de la cathédrale.
— Ah! et tu joues toujours du violon?
— Oui.
— Te rappelles-tu, Théodore, la chansonnette de Louise? »

En ce moment, tous les souvenirs de notre jeunesse se retracèrent avec tant de vivacité à mon esprit, que je me sentis pâlir; sans proférer un mot, je détachai mon violon de la muraille, et me mis à jouer la chansonnette de Louise, mais si bas... si bas... que je croyais seul l'entendre.

Georges m'écoutait, les yeux fixés devant lui; à la dernière note il se leva, et, me prenant les mains avec force, il me regarda longtemps.

« Encore un bon cœur celui-là, dit-il, comme

se parlant à lui-même. — Elle t'a trompé, n'est-ce pas ? Elle t'a préféré M. Stanislas, à cause de ses breloques et de son coffre-fort ? »

Je m'assis en pleurant.

Taifer fit trois ou quatre tours dans la chambre, et, s'arrêtant tout à coup, il se prit à considérer ma guitare en silence, puis il la décrocha... ses doigts en effleurèrent les cordes, et je fus surpris de la netteté bizarre de ces quelques notes rapides ; mais Georges rejeta l'instrument, qui rendit un soupir plaintif ; sa figure devint sombre, il alluma une cigarette et me souhaita le bonsoir.

Je l'écoutai descendre l'escalier. Le bruit de ses pas retentissait dans mon cœur.

Quelques jours après ces événements, j'appris que le capitaine Taifer s'était installé dans une chambre donnant sur la place Ducale. On le voyait fumer sa pipe sur le balcon, mais il ne faisait attention à personne. Il ne fréquentait point le café des officiers. Son unique distraction était de monter à cheval et de se promener le long de la Meuse, sur le chemin de halage.

Chaque fois que le capitaine me rencontrait, il me criait de loin. :

« Bonjour, Théodore ! »

J'étais le seul auquel il adressât la parole.

Vers les derniers jours d'automne, monseigneur de Reims fit sa tournée pastorale. Je fus très-occupé durant ce mois; il me fallut tenir l'orgue en ville et au séminaire, je n'avais pas une minute à moi. Puis, quand monseigneur fut parti, tout retomba dans le calme habituel. On ne parlait plus du capitaine Taifer. Le capitaine avait quitté son logement de la place Ducale; il ne faisait plus de promenades, et d'ailleurs, dans le grand monde, il n'était question que des dernières fêtes et des grâces infinies de monseigneur; moi-même je ne pensais plus à mon vieux camarade.

Un soir, que les premiers flocons de neige voltigeaient devant ma fenêtre, et que, tout grelottant, j'allumais mon feu et préparais ma cafetière, j'entends des pas dans l'escalier. «C'est Georges!» me dis-je. La porte s'ouvre. En effet, c'était lui, toujours le même. Seulement un petit manteau de toile cirée cachait les broderies d'argent de sa veste bleu de ciel. Il me serra la main et me dit :

« Théodore, viens avec moi, je souffre aujourd'hui, je souffre plus que d'habitude.

— Je veux bien, lui répondis-je en passant ma redingote, je veux bien, puisque cela te fait plaisir. »

Nous descendîmes la rue silencieuse, en longeant les trottoirs couverts de neige.

A l'angle du jardin des Carmes, Taifer s'arrêta devant une maisonnette blanche à persiennes vertes; il en ouvrit la porte, nous entrâmes, et je l'entendis refermer derrière nous. D'antiques portraits ornaient le vestibule, l'escalier en coquille était d'une élégance rare; au haut de l'escalier, un burnous rouge pendait au mur. Je vis tout cela rapidement, car Taifer montait vite. Quand il m'ouvrit sa chambre, je fus ébloui; monseigneur lui-même n'en a pas de plus somptueuse : sur les murs à fond d'or, se détachaient de grandes fleurs pourpres, des armes orientales et de superbes pipes turques incrustées de nacre. Les meubles d'acajou avaient une forme accroupie, massive, vraiment imposante. Une table ronde, à plaque de marbre vert, jaspé de bleu, supportait un large plateau de laque violette, et sur le plateau, un flacon ciselé renfermant une essence couleur d'ambre.

Je ne sais quel parfum subtil se mêlait à l'odeur résineuse des pommes de pin qui brûlaient dans l'âtre.

« Que ce Taifer est heureux! me disais-je, il a rapporté tout cela de ses campagnes d'Afrique. Quel riche pays! Tout s'y trouve en abondance : l'or, la myrrhe et l'encens, et des fruits incomparables et de grandes femmes pâles aux yeux de gazelle, plus flexibles que les palmiers, selon le *Cantique des Cantiques.* »

Telles étaient mes réflexions.

Taifer bourra une de ses pipes et me l'offrit;

lui-même venait d'allumer la sienne, une superbe pipe turque à bouquin d'ambre.

Nous voilà donc étendus nonchalamment sur des coussins amarante, regardant le feu déployer ses tulipes rouges et blanches sur le fond noir de la cheminée.

J'écoutais les cris des moineaux blottis sous les gouttières, et la flamme ne m'en paraissait que plus belle.

Taifer levait de temps en temps sur moi ses yeux gris, puis il les abaissait d'un air rêveur.

« Théodore, me dit-il enfin, à quoi penses-tu?

— Je pense qu'il aurait mieux valu pour moi faire un tour d'Afrique que de rester à Charleville, lui répondis-je; combien de souffrances et d'ennuis je me serais épargnés, que de richesses j'aurais acquises! Ah! Louise avait bien raison de me préférer M. Stanislas, je n'aurais pu la rendre heureuse! »

Taifer sourit avec amertume.

« Ainsi, dit-il, tu envies mon bonheur? »

J'étais tout stupéfait, car Georges, en ce moment, ne se ressemblait plus à lui-même : une émotion profonde l'agitait, son regard était voilé de larmes. Il se leva brusquement et fut se poser devant une fenêtre, tambourinant sur les vitres et sifflant entre ses dents je ne sais quel air de la *Gazza ladra*.

Puis il pirouetta et vint remplir deux petits verres de sa liqueur ambrée.

« A ta santé ! camarade, dit-il.

— A la tienne ! Georges. »

Nous bûmes.

Une saveur aromatique me monta subitement au cerveau. J'eus des éblouissements : un bien-être indéfinissable, une vigueur surprenante me pénétra jusqu'à la racine des cheveux.

« Qu'est-ce que cela ? lui demandai-je.

— C'est un cordial, fit-il ; on pourrait le nommer un rayon du soleil d'Afrique, car il renferme la quintessence des aromates les plus rares du sol africain.

— C'est délicieux. Verse-m'en encore un verre, Georges.

— Volontiers, mais noue d'abord cette tresse de cheveux à ton bras. »

Il me présentait une natte de cheveux noirs, luisants comme du bronze.

Je n'eus aucune objection à lui faire, seulement cela me parut étrange. Mais à peine eus-je vidé mon second verre, que cette tresse s'insinua, je ne sais comment, jusqu'à mon épaule. Je la sentis glisser sous mon bras et se tapir près de mon cœur.

« Taifer, m'écriai-je, ôte-moi ces cheveux, ils me font mal ! »

Mais lui répondit gravement :

« Laisse-moi respirer!

— Ote-moi cette tresse, ôte-moi cette tresse, repris-je. Ah! je vais mourir!

— Laisse-moi respirer, dit-il encore.

— Ah! mon vieux camarade... Ah! Taifer... Georges!... ôte-moi cette tresse de cheveux... elle m'étrangle!

— Laisse-moi respirer! » fit-il avec un calme terrible.

Alors je me sentis faiblir... Je m'affaissai sur moi-même... Un serpent me mordait au cœur. Il se glissait autour de mes reins... Je sentais ses anneaux froids couler lentement sur ma nuque et se nouer à mon cou.

Je m'avançai vers la fenêtre en gémissant, et je l'ouvris d'une main tremblante. Un froid glacial me saisit, et je tombai sur mes genoux, invoquant le Seigneur! Subitement la vie me revint. Quand je me redressai, Taifer, pâle comme la mort, me dit :

« C'est bien, je t'ai ôté la tresse. »

Et, montrant son bras :

« La voilà! »

Puis, avec un éclat de rire nerveux :

« Ces cheveux noirs valent bien les cheveux blonds de ta Louise, n'est-ce pas?... Chacun porte sa croix, mon brave... plus ou moins stoïquement, voilà tout... Mais souviens-toi que l'on s'expose à de cruels mécomptes, en enviant le bonheur des autres, car la vipère est deux fois *vipère*, dit le proverbe arabe, lorsqu'elle siffle au milieu des roses! »

J'essuyai la sueur qui ruisselait de mon front, et je m'empressai de fuir ce lieu de délices, hanté par le spectre du remords.

Ah! qu'il est doux, mes chers amis, de se reposer sur un modeste escabeau, en face d'un petit feu couvert de cendre, d'écouter sa théière babiller avec le grillon au coin de l'âtre, et d'avoir au cœur un lointain souvenir d'amour, qui nous permette de verser de temps en temps une larme sur nous-même!

FIN

TABLE

	Pages
Le rêve d'Aloïus...	1
L'œil invisible..	11
La comète...	39
Le bourgmestre en bouteille........................	79
Le requiem du corbeau...............................	103
Le juif polonais...	123
Les bohémiens d'Alsace...............................	212
Messire Tempus..	223
Le chant de la tonne.....................................	233
Le coquillage de l'oncle Bernard..................	245
La tresse noire..	257

J. HETZEL ET Cie, 18, RUE JACOB

SEUL JOURNAL COURONNÉ PAR L'ACADÉMIE FRANÇAISE

36 vol. *MAGASIN ILLUSTRÉ 36 vol.

DÉPARTEMENTS
16 fr.

PARIS
14 fr.

ET
DE RÉCRÉATION

et Semaine des Enfants, réunis

Journal de toute la famille

Encyclopédie morale de l'Enfance et de la Jeunesse

PUBLIÉ PAR

JEAN MACÉ — P.-J. STAHL, — JULES VERNE

AVEC LE CONCOURS DES ÉCRIVAINS, SAVANTS ET ARTISTES LES PLUS RÉPUTÉS

Il paraît une livraison de 32 pages tous les quinze jours, depuis le 20 mars 1864; soit un beau volume album tous les six mois.

Les 36 volumes parus contiennent 62 grands ouvrages, 837 contes et articles divers, et environ 4,207 gravures de nos premiers artistes.

ABONNEMENT ANNUEL

Paris : 14 fr. — Départements : 16 fr.

UNION POSTALE : 17 FR.

Les abonnements partent du 1er janvier ou du 1er juillet.

Volume br., 7 fr.; cart. toile, tr. dor., 10 fr.; rel., tr. dor., 12 fr.

COLLECTION COMPLÈTE : 36 VOLUMES

Brochés : 252 fr.; cart. toile, tr. dor. : 346 fr.; reliés, tr. dor. : 432 fr.

Les tomes I à X forment une série complète.
Les tomes XI à XXII en forment une seconde.

Sous presse : Tome XXXVII

NOTA. — Les ouvrages marqués d'un * ont été choisis par le ministère de l'Instruction publique pour faire partie des catalogues des bibliothèques publiques scolaires. Le deuxième * désigne les ouvrages choisis pour être distribués en prix.

Les nouveautés du 1er janvier 1883 sont marquées d'une †.

ENFANCE, JEUNESSE. — LIBRAIRIE SPÉCIALE

COLLECTION COMPLÈTE
DES TRENTE-SIX PREMIERS VOLUMES DU
MAGASIN D'ÉDUCATION
ET DE RÉCRÉATION
PUBLIÉ SOUS LA DIRECTION DE
MM. JEAN MACÉ — P.-J. STAHL — JULES VERNE

Prix : **252 francs**
Payables en 9 termes à répartir en deux ans

Les trente-six premiers volumes illustrés parus du *Magasin d'Éducation et de Récréation* constituent à eux seuls toute une bibliothèque de l'enfance et de la jeunesse. L'examen du catalogue général du *Magasin*, que nous tenons toujours à la disposition des parents, leur montrera que les œuvres principales, et pour ainsi dire complètes, de JULES VERNE, de P.-J. STAHL, de JULES SANDEAU, de E. LEGOUVÉ, d'EGGER, de J. MACÉ, de L. BIART et de bien d'autres ; que les plus heureuses séries de dessins de Frœlich, Froment et d'un grand nombre d'artistes éminents, écrites ou dessinées avec un soin scrupuleux, à l'usage spécial de la jeunesse et de la famille, sont contenues dans les trente-six volumes déjà parus.

Cette collection grand in-8° représente par le fait la matière de plus de cent volumes in-18 ordinaires. Elle est en outre illustrée de plus de quatre mille dessins, créés expressément pour le *Magasin d'Éducation*.

Le *Magasin d'Éducation* s'est tenu avec soin en dehors de ce qu'on appelle l'actualité, dont l'intérêt passe et vieillit, pour ne laisser entre les mains de ses lecteurs que des œuvres d'un intérêt durable et permanent. Les premiers volumes, à ce titre, présentent donc un intérêt égal aux derniers, et offrir aux enfants les premières années, s'ils ne les connaissent pas, leur assure des lectures aussi agréables que si on leur donnait les dernières.

*LES TOMES I à XXX
RENFERMENT COMME ŒUVRES PRINCIPALES

Les Aventures du Capitaine Hatteras, Les Enfants du Capitaine Grant, Vingt mille lieues sous les mers, Aventures de trois Russes et de trois Anglais, Le pays des Fourrures, L'Île mystérieuse, Michel Strogoff, Hector Sarvadac, Les Cinq cents millions de la Bégum, de Jules VERNE. — La Morale familière, Les Contes Anglais, La Famille Chester, L'Histoire d'un Ane et de deux jeunes Filles, Une Affaire difficile à arranger, Maroussia, Un pot de crème pour deux, de P.-J. STAHL. — La Roche aux Mouettes, de Jules SANDEAU. — Le Nouveau Robinson Suisse, de STAHL et MULLER. — Romain Kalbris, d'Hector MALOT. — Histoire d'une Maison, de VIOLLET-LE-DUC. — Les Serviteurs de l'Estomac, Le Géant d'Alsace, Le Gulf-Stream, etc., de Jean MACÉ. — Le Denier de la France, La Chasse, Le Travail et la Douleur, A Madame la Reine, La Fée Béquillette, Un premier Symptôme, Sur la Politesse, Lettre à Mlle Lili, etc., de E. LEGOUVÉ. — Le Livre d'un père, de Victor DE LAPRADE. — La Jeunesse des Hommes célèbres, de MULLER. — Aventures d'un jeune Naturaliste, Entre Frères et Sœurs, Voyages et Aventures de deux enfants dans un parc, Les Voyages involontaires, de Lucien BIART. — Causeries d'Economie pratique, de Maurice BLOCK. — La Justice des choses, de Lucie B***. — Les Aventures d'un Grillon, La Gileppe, par le docteur CANDÈZE. — Vieux Souvenirs, Départ pour la Campagne, Bébé aime le rouge, etc., de Gustave DROZ. — Le Pacha berger, par E. LABOULAYE. — La Musique au foyer, par LACOME. — Histoire d'un Aquarium, Les Clients d'un vieux Poirier, de E. VAN BRUYSSEL. — Le Chalet des Sapins, de Prosper CHAZEL. — L'Odyssée de Pataud et de son chien Fricot, de P.-J. STAHL et CHAM. — Le petit Roi, de S. BLANDY. — L'Ami Kips, de G. ASTON. — La Grammaire de Mlle Lili, de Jean MACÉ. — Histoire de mon oncle et de ma tante, par A. DEQUET. — L'Embranchement de Mugby, Histoire de Bebelle, Une lettre inédite, Septante fois sept, de Ch. DICKENS, etc., etc. — C'est-à-dire une Bibliothèque complète de l'Enfance et de la Jeunesse.

Les petites Sœurs et petites Mamans, Les Tragédies enfantines, Les Scènes familières et autres séries de dessins, par FRŒLICH, FROMENT, DETAILLE; textes de STAHL.

* TOMES XXXI-XXXII-XXXIII-XXXIV-XXXV-XXXVI

La Maison à vapeur, La Jangada, L'École des Robinsons, par JULES VERNE. — Leçons de Lecture, par E. LEGOUVÉ. — Les Quatre filles du docteur Marsch, La Première Cause de l'avocat Juliette, Jack et Jane par P.-J. STAHL. — La Vie de collège en Angleterre, Mémoires d'un collégien, par André LAURIE. — Le Théâtre de famille, par GENNEVRAYE. — Marco et Tonino, Les Pigeons de St-Marc, par M. GÉNIN. — Le livre de Trotty, par CRÉTIN-LEMAIRE. — La Patrie avant tout, par F. DIÉNY, etc., etc. — Contes et nouvelles, par C. LEMONNIER, LERMONT, BENTZON, DUPIN DE SAINT-ANDRÉ, NICOLE, BLANDY, BÉNÉDICT.

PREMIER AGE. — Bibliothèque de Mlle Lili et de son cousin Lucien

50 ALBUMS-STAHL IN-8°

Prix: relié toile, à biseaux, 5 fr.; cart. bradel, 3 fr.

L. BECKER........	L'Alphabet des Oiseaux.
COINCHON (A.).....	Histoire d'une Mère.
DETAILLE.........	Les bonnes Idées de Mlle Rose.
FATH	La Famille Gringalet. — Gribouille.
—	Pierrot à l'école.
—	Les Méfaits de Polichinelle.
—	Jocrisse et sa sœur.
—	Une Folle Soirée chez Paillasse.
FRŒLICH.........	Alphabet de mademoiselle Lili.
—	Arithmétique de mademoiselle Lili.
— (texte de Macé)..	Grammaire de mademoiselle Lili.
—	L'A perdu de mademoiselle Babet.
—	Bonsoir, petit père.

Frœlich............	Les Caprices de Manette.
—	Commandements du Grand-Papa.
—	La Crème au Chocolat.
—	† Un drôle de chien.
—	† La Fête de Papa.
—	Journée de mademoiselle Lili.
—	Jujules à l'Ecole. — Le petit Diable.
—	Le Jardin de M. Jujules.
—	Mademoiselle Lili aux eaux.
—	Mademoiselle Lili à la campagne.
—	La Fête de Mlle Lili. — M. Toc-Toc.
—	Premier Cheval et première Voiture.
—	Premières armes de Mlle Lili.
—	L'Ours de Sibérie. — Cerf agile.
—	La Salade de la grande Jeanne.
—	Le 1er Chien et le 1er Pantalon.
Froment...........	La Boîte au lait.
—	Histoire d'un pain rond.
—	La petite Devineresse.
—	† Le petit Escamoteur.
Geoffroy...........	Le Paradis de M. Toto.
—	La première Cause de l'avocat Juliette.
Jundt.............	L'Ecole buissonnière.
Lalauze...........	Le Rosier du petit frère.
Lambert...........	Chiens et Chats.
Lançon...........	Caporal, le Chien du régiment.
Marie.............	Le petit Tyran.
Méaulle...........	Petits Robinsons de Fontainebleau.
Pirodon...........	Histoire de Bob aîné.
—	Histoire d'un Perroquet.
—	La Pie de Marguerite.
Schuler (Th.)....	Les Travaux d'Alsa.
Valton............	Mon petit Frère.

13 ALBUMS-STAHL IN-8°

Prix : relié toile à biseaux, 7 fr. 50 ; cartonné bradel, 5 fr.

Cham............	Odyssée de Pataud.
Frœlich...........	Mlle Mouvette. — La Révolte punie.
—	Petites Sœurs et petites Mamans.
—	Monsieur Jujules.
—	Voyage de Mlle Lili autour du monde.
—	Voyage de découvertes de Mlle Lili.
Froment et Stahl..	La belle petite princesse Ilsée.
—	La Chasse au volant.
Griset............	Aventures de trois vieux Marins.
—	Pierre le Cruel.
Schuler (Th.)....	Le premier Livre des petits enfants.
Van Bruyssel.....	Histoire d'un aquarium.

30 ALBUMS-LIVRES EN COULEURS IN-4°
EN CHROMOTYPOGRAPHIE ET CHROMOLITHOGRAPHIE

Prix : relié toile, tranches dorées, 3 fr.; cartonné bradel, 1 fr. 50

TROJELLI. . . . . †Alphabet musical de Mlle Lili.

FROELICH. — *Chansons et Rondes de l'Enfance* :
Au clair de la lune. — La Boulangère. — Le bon roi Dagobert. — Cadet-Roussel. — Compère Guilleri. — Il était une Bergère. — Giroflé-Girofla. — Malbrough s'en va-t-en guerre. — La Marmotte en vie. — La Mère Michel. — M. de la Palisse. — Nous n'irons plus au bois. — †Le Pont d'Avignon. — La Tour, prends garde.

Moulin à paroles.	Monsieur César.
La Bride sur le cou.	Le Pommier de Robert.
Le Cirque à la maison.	Mademoiselle Furet.
Hector le Fanfaron.	La Revanche de François.

Jean le Hargneux (16 pl. chromo).

BOS . . . . Leçon d'Équitation.
GEOFFROY . . . . Monsieur de Crac.
— . . . . Don Quichotte.
— . . . . Gulliver.
DE LUCHT . . . . La Pêche au tigre.
MARIE . . . . Mademoiselle Suzon.
MATTHIS . . . . Métamorphoses du papillon.
TINANT . . . . Les Pêcheurs ennemis.
— . . . . †Une chasse extraordinaire.

Cours d'études complet et gradué d'Éducation
POUR JEUNES FILLES ET JEUNES GARÇONS, A SUIVRE EN SIX ANNÉES SOIT DANS LA PENSION SOIT DANS LA FAMILLE

CAHIERS
D'UNE ÉLÈVE DE SAINT-DENIS
PAR DEUX ANCIENNES ÉLÈVES DE LA MAISON DE LA LÉGION D'HONNEUR
ET PAR
LOUIS BAUDE, ancien professeur au Collège Stanislas.

La collection complète : Brochée, 65 fr. — Cartonnée, 69 fr. 50

Chaque volume se vend séparément

Sommaire des 12 cahiers. — Introduction — Grammaire française. — Dictées. — Histoire sainte. — Mappemonde. — Géographie de l'Histoire sainte. — Anciennes divisions de la France par provinces. — Division de la France par départements. — Table

ENFANCE, JEUNESSE. — LIBRAIRIE SPÉCIALE 7

chronologique des rois de France. — Arithmétique. — Système métrique. — Lectures et exercices de mémoire. — Étymologies. — Histoire ancienne. — Ères chronologiques. — Mythologie. — Études préparatoires à l'Histoire de France. — Cosmographie. — Géographie de l'Asie Mineure. — Départements et arrondissements de la France. — Géographie de la France. — Histoire romaine. — Histoire de l'Église. — Paris et ses monuments. — Récapitulation de l'Histoire ancienne. — Histoire du moyen âge. — Géographie moderne. — Géographie de l'Europe. — Histoire naturelle. — Précis de l'histoire de la langue française. — Traité de versification. — Histoire moderne. — Géographie de l'Amérique et de l'Océanie. — Curiosités historiques. — Botanique. — Zoologie. — Principales inventions et découvertes. — Principes de littérature. — Histoire de la littérature ancienne et française. — Philosophie. — Table chronologique des principaux événements de l'histoire contemporaine depuis 1789. — Bibliographie. — Philologie des langues européennes. — Précis de l'Histoire générale des études. — Biographie des femmes célèbres. — Notions géographiques complémentaires. — Morceaux choisis.

Sommaire des 4 cahiers préliminaires. — Religion. — Éducation. — Instruction. — Notions sur les trois règnes de la nature. — Connaissance des chiffres et des nombres. — Lectures. — Exercices de mémoire. — Cours d'écriture (avec modèles).

Sommaire du cahier complémentaire. — Considérations générales. — Histoire de l'Architecture. — De la Sculpture. — De la Peinture. — Gravure. — Lithographie. — Histoire de la Musique. — Astronomie. — Archéologie. — Numismatique. — Paléographie. — Minéralogie. — Algèbre et Géométrie. — De la Vapeur et de ses applications. — Télégraphie électrique. — Galvanoplastie. — De la Chloroformisation. — De la Photographie et de l'Aérostation.

ATLAS COMPLÉMENTAIRE
DES CAHIERS D'UNE ÉLÈVE DE SAINT-DENIS

Atlas classique de Géographie universelle, composé de 24 planches en plusieurs couleurs, dressées par M. DUBAIL, ex-professeur adjoint de géographie à l'Ecole de Saint-Cyr. — 1 volume grand in-8, cartonné bradel. Prix : 8 fr.

ÉTUDES D'APRÈS LES GRANDS MAITRES
Dessins par A. COLIN
Professeur de dessin à l'École polytechnique

ALBUM IN-FOLIO, 20 PLANCHES. — Cartonné bradel, **20** francs
Cartonné toile, tranches dorées, **22** francs
Chaque planche collée sur carton, avec texte au dos, **1 fr. 25**.

Les programmes d'admission aux Écoles de l'État se trouvent dans les *Grandes écoles civiles et militaires de France*, par MORTIMER D'OCAGNE. — Un beau vol. in-18, 3 fr. (*Voir page 20.*)
Voir pour les *Classiques français*, p. 18.

ENFANCE, JEUNESSE. — LIBRAIRIE SPÉCIALE 11

PETITE BIBLIOTHÈQUE BLANCHE

VOLUMES GRAND IN-16 COLOMBIER ILLUSTRÉS

Chaque volume toile, genre aquarelle, tranches dorées, 3 fr.; broché .... 2 fr.;

BAUDE (L.). **Mythologie de la jeunesse**...... 1 vol.
DE LA BÉDOLLIÈRE. **Histoire de la mère Michel et de son Chat**............ 1 vol.
CHAZEL (PROSPER). **Riquette** .... 1 »
CRETIN (E.-M.). **Le Livre de Trotty** ..... 1 »
DEVILLERS. **Les Souliers de mon Voisin** .... 1 »
CH. DICKENS. **L'Embranchement de Mugby**. 1 »
DIENY. **La Patrie avant tout** .... 1 »
A. DUMAS. ***La Bouillie de la Comtesse Berthe**. 1 »
OCTAVE FEUILLET. **La Vie de Polichinelle**. 1 »
M. GÉNIN. **Le petit Tailleur Bouton**..... 1 »
—— **Marco et Tonino**.............. 1 »
—— † **Les Pigeons de Saint-Marc**.... 1 »
GOZLAN (LÉON). **Aventures du prince Chènevis**................... 1 »
KARR (ALPHONSE). **Les Fées de la Mer**..... 1 »
LACOME (P.). **La Musique en famille**........ 1 »
LEMOINE. **La Guerre pendant les vacances**. 1 »
LEMONNIER (C.). **Bébés et Joujoux** .... 1 »
MACÉ (JEAN). **La France avant les Francs**. 1 »
P. DE MUSSET. **Mr le Vent et Mme la Pluie** .... 1 »
NODIER (CHARLES). **Trésor des fèves et fleur des pois**................... 1 »
E. OURLIAC. **Le Prince Coqueluche**........ 1 »
SAND (GEORGE). **Histoire du véritable Gribouille**.................... 1 »
P.-J. STAHL. **Les Aventures de Tom Pouce** 1 »
VAN BRUYSSEL. ** **Les Clients d'un vieux Poirier**.................... 1 »
JULES VERNE.****Un Hivernage dans les glaces**. 1 »
—— † **Christophe Colomb** .....1 »
VIOLLET-LE-DUC. **Le Siège de la Rochepont**. 1 »

GRANDS CLASSIQUES ILLUSTRÉS
PERRAULT — GUSTAVE DORÉ
Splendide édition, 40 planches, Préface de P.-J. Stahl. — Reliure d'amateur 30 fr., reliure à l'anglaise .... 25 »

DON QUICHOTTE - TONY JOHANNOT
Édition spéciale à la Jeunesse, par Lucien Biart. — 316 dessins. 1 vol. gr. in-8°. Relié, 15 fr.; toile, 13 fr.; broché...... 10 »

MOLIÈRE COMPLET
(Édition Tony Johannot et Sainte-Beuve)
630 vignettes, 1 vol. gr. in-8°. Relié, 15 fr.; toile, 13 fr.; broché... 10 »

FABLES DE LA FONTAINE
(115 grands dessins, d'Eugène Lambert)
1 beau vol. gr. in-8°. Relié, 15 fr.; toile, 13 fr.; broché..... 10 »

BIBLIOTHÈQUE
DES
JEUNES FRANÇAIS
VOLUMES GR. IN-16 A 1 FR. 50, BROCHÉS
CARTONNÉS TOILE, TRANCHE JASPÉE, 2 FRANCS

BLOCK (Maurice)..... * Petit Manuel d'Économie pratique (ouvrage couronné).
— ENTRETIENS FAMILIERS SUR L'ADMINISTRATION DE NOTRE PAYS — La France. — Le Département. — La Commune. — Paris, Organisation municipale. — Paris, Institutions administratives. — Le Budget. — L'Impôt.—L'Industrie.—L'Agriculture.—Le Commerce.

GUICHARD (V.)..... Conférences sur le Code civil.
J. MICHELET........ La Prise de la Bastille et la Fête des Fédérations. — Les Croisades.—François Ier et Charles-Quint. — Henri IV.
PONTIS........ Petite Grammaire de la prononciation.

COLLECTION DES CLASSIQUES FRANÇAIS
Dédiée à la Jeunesse.
CHAQUE VOLUME BROCHÉ, 3 FR.; CARTONNÉ BRADEL, 3 FR. 25

BOILEAU .... Œuvres poétiques.......... 2 v.
BOSSUET .... Oraisons funèbres......... 1 v.
— .... Discours sur l'Histoire universelle. 2 v.
P. CORNEILLE . Œuvres dramatiques........ 3 v.
FÉNELON.... Les Aventures de Télémaque ... 2 v.
LA BRUYÈRE .. Les Caractères .... 2 v.
LA FONTAINE . Fables .... 2 v.
RACINE...... Œuvres dramatiques......... 3 v.

CATALOGUE
DE
J. HETZEL & Cie

LIBRAIRIE SPÉCIALE
De l'Enfance et de la Jeunesse

BIBLIOTHÈQUE D'ÉDUCATION ET DE RÉCRÉATION
A L'USAGE DE L'ENFANCE, DE LA JEUNESSE,
DES INSTITUTIONS DE JEUNES GENS ET DE JEUNES FILLES,
BIBLIOTHÈQUES PUBLIQUES, SCOLAIRES ET POPULAIRES.
LIVRES DE PRIX. — LIVRES D'ÉTRENNES.

BIBLIOTHÈQUE DES PROFESSIONS INDUSTRIELLES
COMMERCIALES ET AGRICOLES

MAGASIN ILLUSTRÉ D'ÉDUCATION
ET DE RÉCRÉATION

BROCHÉS **252 fr.** Collection complète, 36 vol. CARTONNÉS **360 fr.**

CAHIERS D'UNE ÉLÈVE DE SAINT-DENIS
COURS GRADUÉ D'INSTRUCTION EN SIX ANNÉES

17 volumes et un atlas. — Brochés, 65 francs. — Cartonnés, 69 fr. 50

LIBRAIRIE GÉNÉRALE
*Poésies — Romans — Voyages — Histoire
Sciences et Arts*

PARIS
18, RUE JACOB, 18

Envoi franco contre mandat pour toute demande au-dessus de 15 fr.

J. HETZEL ET Cie, 18, RUE JACOB

SEUL JOURNAL COURONNÉ
PAR L'ACADÉMIE FRANÇAISE

36 vol. *MAGASIN ILLUSTRÉ 36 vol.

DÉPARTEMENTS **16 fr.** PARIS **14 fr.**

D'ÉDUCATION

ET

DE RÉCRÉATION

et Semaine des Enfants, réunis

Journal de toute la famille

Encyclopédie morale de l'Enfance et de la Jeunesse

PUBLIÉ PAR

JEAN MACÉ — P.-J. STAHL — JULES VERNE

AVEC LE CONCOURS DES ÉCRIVAINS, SAVANTS ET ARTISTES LES PLUS RÉPUTÉS

Il paraît une livraison de 32 pages tous les quinze jours, depuis le 20 mars 1864; soit un beau volume album tous les six mois.

Les 36 volumes parus contiennent 62 grands ouvrages, 837 contes et articles divers, et environ 4,207 gravures de nos premiers artistes.

ABONNEMENT ANNUEL
Paris : 14 fr. — Départements : 16 fr.
UNION POSTALE : 17 fr.

Les abonnements partent du 1er janvier ou du 1er juillet.

Volume br., 7 fr.; cart. toile, tr. dor., 10 fr.; rel., tr. dor., 12 fr.

COLLECTION COMPLÈTE : 36 VOLUMES

Brochés : **252 fr.**; cart. toile, tr. dor. : **346 fr.**; reliés, tr. dor. : **432 fr.**

Les tomes I à X forment une série complète.
Les tomes XI à XXII en forment une seconde.

Sous presse : Tome XXXVII

NOTA. — Les ouvrages marqués d'un * ont été choisis par le ministère de l'Instruction publique pour faire partie des catalogues des bibliothèques publiques scolaires. Le deuxième * désigne les ouvrages choisis pour être distribués en prix.

Les nouveautés du 1er janvier 1883 sont marquées d'une †.

ENFANCE, JEUNESSE. — LIBRAIRIE SPÉCIALE 3

COLLECTION COMPLÈTE
DES TRENTE-SIX PREMIERS VOLUMES DU
MAGASIN D'ÉDUCATION
ET DE RÉCRÉATION
PUBLIÉ SOUS LA DIRECTION DE
MM. JEAN MACÉ — P.-J. STAHL — JULES VERNE

Prix : **252** francs
Payables en 9 termes à répartir en deux ans

Les trente-six premiers volumes illustrés parus du *Magasin d'Éducation et de Récréation* constituent à eux seuls toute une bibliothèque de l'enfance et de la jeunesse. L'examen du catalogue général du *Magasin*, que nous tenons toujours à la disposition des parents, leur montrera que les œuvres principales, et pour ainsi dire complètes, de JULES VERNE, de P.-J. STAHL, de JULES SANDEAU, de E. LEGOUVÉ, d'ERCKM, de J. MACÉ, de L. BIART et de bien d'autres ; que les plus heureuses séries de dessins de Frœlich, Froment et d'un grand nombre d'artistes éminents, écrites ou dessinées avec un soin scrupuleux, à l'usage spécial de la jeunesse et de la famille, sont contenues dans les trente-six volumes déjà parus.

Cette collection grand in-8° représente par le fait la matière de plus de cent volumes in-18 ordinaires. Elle est en outre illustrée de plus de quatre mille dessins, créés expressément pour le *Magasin d'Éducation*.

Le *Magasin d'Éducation* s'est tenu avec soin en dehors de ce qu'on appelle l'actualité, dont l'intérêt passe et vieillit, pour ne laisser entre les mains de ses lecteurs que des œuvres d'un intérêt durable et permanent. Les premiers volumes, à ce titre, présentent donc un intérêt égal aux derniers, et offrir aux enfants les premières années, s'ils ne les connaissent pas, leur assure des lectures aussi agréables que si on leur donnait les dernières.

*LES TOMES I à XXX
RENFERMENT COMME ŒUVRES PRINCIPALES

Les Aventures du Capitaine Hatteras, Les Enfants du Capitaine Grant, Vingt mille lieues sous les mers, Aventures de trois Russes et de trois Anglais, Le pays des Fourrures, L'Île mystérieuse, Michel Strogoff, Hector Servadac, Les Cinq cents millions de la Bégum, de Jules VERNE. — La Morale familière, Les Contes Anglais, La Famille Chester, L'Histoire d'un Ane et de deux jeunes Filles, Une Affaire difficile à arranger, Maroussia, Un pot de crème pour deux, de P.-J. STAHL. — La Roche aux Mouettes, de Jules SANDEAU. — Le Nouveau Robinson Suisse, de STAHL et MULLER. — Romain Kalbris, d'Hector MALOT. — Histoire d'une Maison, de VIOLLET-LE-DUC. — Les Serviteurs de l'Estomac, Le Géant d'Alsace, Le Gulf-Stream, etc., de Jean MACÉ. — Le Denier de la France, La Chasse, Le Travail et la Douleur, A Madame la Reine, La Fée Béquillette, Un premier Symptôme, Sur la Politesse, Lettre à Mlle Lili, etc., de E. LEGOUVÉ. — Le Livre d'un père, de Victor DE LAPRADE. — La Jeunesse des Hommes célèbres, de MULLER. — Aventures d'un jeune Naturaliste, Entre Frères et Sœurs, Voyages et Aventures de deux enfants dans un parc, Les Voyages involontaires, de Lucien BIART. — Causeries d'Économie pratique, de Maurice BLOCK. — La Justice des choses, de Louis B***. — Les Aventures d'un Grillon, La Giteppe, par le docteur CANDÈZE. — Vieux Souvenirs, Départ pour la Campagne, Bébé aime le rouge, etc., de Gustave DROZ. — Le Pacha berger, par E. LABOULAYE. — La Musique au foyer, par LACOME. — Histoire d'un Aquarium, Les Clients d'un vieux Poirier, de E. VAN BRUYSSEL. — Le Chalet des Sapins, de Prosper CHAZEL. — L'Odyssée de l'ataud et de son chien Fricot, de P.-J. STAHL et CHAM. — Le petit Roi, de S. BLANDY. — L'Ami Kips, de G. ASTON. — La Grammaire de Mlle Lili, de Jean MACÉ. — Histoire de mon oncle et de ma tante, par A. DEQUET. — L'Embranchement de Mugby, Histoire de Bebelle, Une lettre inédite, Septante fois sept, de Ch. DICKENS, etc., etc. — C'est-à-dire une Bibliothèque complète de l'Enfance et de la Jeunesse.

Les petites Sœurs et petites Mamans, Les Tragédies enfantines, Les Scènes familières et autres séries de dessins, par FROELICH, FROMENT, DETAILLE; textes de STAHL.

* TOMES XXXI-XXXII-XXXIII-XXXIV-XXXV-XXXVI

La Maison à vapeur, La Jangada, L'École des Robinsons, par Jules VERNE. — Leçons de Lecture, par E. LEGOUVÉ. — Les Quatre filles du docteur Marsch, La Première Cause de l'avocat Juliette, Jack et Jane par P.-J. STAHL. — La Vie de collège en Angleterre, Mémoires d'un collégien, par André LAURIE. — Le Théâtre de famille, par GENNEVRAYE. — Marco et Tonino, Les Pigeons de St-Marc, par M. GÉNIN. — Le Bébé de Trotty, par CRÉTIN-LEMAIRE. — La Patrie avant tout, par F. DIXNY, etc., etc. — Contes et nouvelles, par C. LEMONNIER, LEBZONT, BENIKON, DUPIN DE SAINT-ANDRÉ, NICOLE, BLANDY, BÉNÉDICT.

PREMIER AGE. — Bibliothèque de Mlle Lili et de ses cousin Lucien

50 ALBUMS-STAHL IN-8°

Prix: relié toile, à biseaux, 5 fr.; cart. bradel, 3 fr.

L. BECKER............	L'Alphabet des Oiseaux.
COINCHON (A.)......	Histoire d'une Mère.
DETAILLE.............	Les bonnes Idées de Mlle Rose.
FATH.................	La Famille Gringalet. — Gribouille.
—...................	Pierrot à l'école.
—...................	Les Méfaits de Polichinelle.
—...................	Jocrisse et sa sœur.
—...................	Une Folle Soirée chez Paillasse.
FROELICH.............	Alphabet de mademoiselle Lili.
—...................	Arithmétique de mademoiselle Lili.
— (texte de Macé)...	Grammaire de mademoiselle Lili.
—...................	L'A perdu de mademoiselle Babet.
—...................	Bonsoir, petit père.

ENFANCE, 1er ÂGE. — LIBRAIRIE SPÉCIALE

FRŒLICH.	Les Caprices de Manette.
—	Commandements du Grand-Papa.
—	La Crème au Chocolat.
—	† Un drôle de chien.
—	† La Fête de Papa.
—	Journée de mademoiselle Lili.
—	Jujules à l'Ecole. — Le petit Diable.
—	Le Jardin de M. Jujules.
—	Mademoiselle Lili aux eaux.
—	Mademoiselle Lili à la campagne.
—	La Fête de Mlle Lili. — M. Toc-Toc.
—	Premier Cheval et première Voiture.
—	Premières armes de Mlle Lili.
—	L'Ours de Sibérie. — Cerf agile.
—	La Salade de la grande Jeanne.
—	Le 1er Chien et le 1er Pantalon.
FROMENT.	La Boîte au lait.
—	Histoire d'un pain rond.
—	La petite Devineresse.
—	† Le petit Escamoteur.
GEOFFROY.	Le Paradis de M. Toto.
—	La première Cause de l'avocat Juliette.
JUNDT.	L'Ecole buissonnière.
LALAUZE.	Le Rosier du petit frère.
LAMBERT.	Chiens et Chats.
LANÇON.	Caporal, le Chien du régiment.
MARIE.	Le petit Tyran.
MÉAULLE.	Petits Robinsons de Fontainebleau.
PIRODON.	Histoire de Bob aîné.
—	Histoire d'un Perroquet.
—	La Pie de Marguerite.
SCHULER (TH.)	Les Travaux d'Alsa.
VALTON.	Mon petit Frère.

13 ALBUMS-STAHL IN-8°

Prix : relié toile à biseaux, 7 fr. 50 ; cartonné bradel, 5 fr.

CHAM.	Odyssée de Pataud.
FRŒLICH.	Mlle Mouvette. — La Révolte punie.
—	Petites Sœurs et petites Mamans.
—	Monsieur Jujules.
—	Voyage de Mlle Lili autour du monde.
—	Voyage de découvertes de Mlle Lili.
FROMENT et STAHL.	La belle petite princesse Ilsée.
—	La Chasse au volant.
GRISET.	Aventures de trois vieux Marins.
—	Pierre le Cruel.
SCHULER (TH.)	Le premier Livre des petits enfants.
VAN BRUYSSEL.	Histoire d'un aquarium.

30 ALBUMS-LIVRES EN COULEURS IN-4°
EN CHROMOTYPOGRAPHIE ET CHROMOLITHOGRAPHIE
Prix : relié toile, tranches dorées, 3 fr. ; cartonné bradel, 1 fr. 50

Trojelli............	† Alphabet musical de Mlle Lili.
Frœlich { Chansons d'enfants }	Au clair de la lune. — La Boulangère. — Le bon roi Dagobert. — Cadet-Roussel. — Compère Guilleri. — Il était une Bergère. — Giroflé-Girofla. — Malbrough s'en va-t-en guerre. — La Marmotte en vie. — La Mère Michel. — M. de la Palisse. — Nous n'irons plus au bois. — † Le Pont d'Avignon. — La Tour, prends garde.

Moulin à paroles.	Monsieur César.
La Bride sur le cou.	Le Pommier de Robert.
Le Cirque à la maison.	Mademoiselle Furet.
Hector le Fanfaron.	La Revanche de François.

Jean le Hargneux (16 pl. chromo).

Bos............	Leçon d'Équitation.
Geoffroy.......	Monsieur de Crac.
—	Don Quichotte.
—	Gulliver.
De Lucht.......	La Pêche au tigre.
Marie..........	Mademoiselle Suzon.
Matthis........	Métamorphoses du papillon.
Tinant.........	Les Pêcheurs ennemis.
....	† Une chasse extraordinaire.

Cours d'études complet et gradué d'Éducation
POUR JEUNES FILLES ET JEUNES GARÇONS, A SUIVRE EN SIX ANNÉES
SOIT DANS LA PENSION SOIT DANS LA FAMILLE

CAHIERS
D'UNE ÉLÈVE DE SAINT-DENIS
PAR DEUX ANCIENNES ÉLÈVES DE LA MAISON DE LA LÉGION D'HONNEUR
ET PAR
LOUIS BAUDE, ancien professeur au Collège Stanislas.

La collection complète : Brochée, 65 fr. — Cartonnée, 69 fr. 50
Chaque volume se vend séparément

Sommaire des 12 cahiers. — Introduction. — Grammaire française. — Dictées. — Histoire sainte. — Mappemonde. — Géographie de l'Histoire sainte. — Anciennes divisions de la France par provinces. — Division de la France par départements. — Table chronologique des rois de France. — Arithmétique. — Système métrique. — Lectures et exercices de mémoire. — Étymologies. — Histoire ancienne. — Ères chronologiques. — Mythologie. — Études préparatoires à l'Histoire de France. — Cosmographie. — Géographie de l'Asie Mineure. — Départements et arrondissements de la France. — Géographie de la France. — Histoire romaine. — Histoire de l'Église. — Paris et ses monuments. — Récapitulation de l'Histoire ancienne. — Histoire du moyen âge. — Géographie moderne. — Géographie de l'Europe. — Histoire naturelle. — Précis de l'histoire de la langue française. — Traité de versification. — Histoire moderne. — Géographie de l'Amérique et de l'Océanie — Curiosités historiques. — Botanique. — Zoologie. — Principales inventions et découvertes. — Principes de littérature. — Histoire de la littérature ancienne et française. — Philosophie. — Table chronologique des principaux événements de l'histoire contemporaine depuis 1789. — Bibliographie. — Philologie des langues européennes. — Précis de l'Histoire générale des études. — Biographie des femmes célèbres. — Notions géographiques complémentaires. — Morceaux choisis.

Sommaire des 4 cahiers préliminaires. — Religion. — Éducation. — Instruction. — Notions sur les trois règnes de la nature. — Connaissance des chiffres et des nombres. — Lectures. — Exercices de mémoire. — Cours d'écriture (avec modèles).

Sommaire du cahier complémentaire. — Considérations générales. — Histoire de l'Architecture. — De la Sculpture. — De la Peinture. — Gravure. — Lithographie. — Histoire de la Musique. — Astronomie. — Archéologie. — Numismatique. — Paléographie. — Minéralogie. — Algèbre et Géométrie. — De la Vapeur et de ses applications. — Télégraphie électrique. — Galvanoplastie. — De la Chloroformisation. — De la Photographie et de l'Aérostation.

ATLAS COMPLÉMENTAIRE
DES CAHIERS D'UNE ÉLÈVE DE SAINT-DENIS

Atlas classique de Géographie universelle, composé de 24 planches en plusieurs couleurs, dressées par M. DUBAIL, ex-professeur adjoint de géographie à l'École de Saint-Cyr. — 1 volume grand in-8, cartonné bradel. Prix : 8 fr.

ÉTUDES D'APRÈS LES GRANDS MAITRES
Dessins par A. COLIN
Professeur de dessin à l'École polytechnique

ALBUM IN-FOLIO, 20 PLANCHES. — Cartonné bradel, 20 francs
Cartonné toile, tranches dorées, 22 francs
Chaque planche collée sur carton, avec texte au dos, 1 fr. 25.

Les programmes d'admission aux Écoles de l'État se trouvent dans les *Grandes écoles civiles et militaires de France*, par MORTIMER D'OCAGNE. — Un beau vol. in-18, 3 fr. (*Voir page 20.*)
Voir pour les *Classiques français*, p. 18.

J. HETZEL ET Cⁱᵉ, 18, RUE JACOB

PRIX — CADEAUX — ÉTRENNES

BIBLIOTHÈQUE DES FAMILLES

ÉDUCATION ET RÉCRÉATION

VOLUMES ILLUSTRÉS GRAND IN-8°

ŒUVRES COMPLÈTES
parues :
22 VOLUMES
Brochés. 193 fr.
Toile... 259
Relié.. 302

JULES VERNE
(ŒUVRES COMPLÈTES)

ŒUVRES COMPLÈTES
parues :
22 VOLUMES
Brochés. 193 fr.
Toile... 259
Relié.. 302

Voyages Extraordinaires

COURONNÉS PAR L'ACADÉMIE

TRÈS BELLE ÉDITION POPULAIRE ILLUSTRÉE

Cinq Semaines en Ballon, illustré de 80 dessins et vignettes par RIOU. 1 vol. in-8°, toile, tr. dorées, 7 fr.; broché .... 5 »

Voyage au Centre de la Terre, illustré de 56 dessins par RIOU. 1 vol. in-8°, toile, tr. dorées, 7 fr.; broché .... 5 »

Ces deux ouvrages réunis en un seul volume grand in-8°. Relié, tr. dor., 14 fr.; toile, tr. dor.. 12 fr.; broché .... 9 »

Les Aventures du capitaine Hatteras (LES ANGLAIS AU POLE NORD et LE DÉSERT DE GLACE). illustré de 261 dessins et vignettes par RIOU. 1 vol. gr. in-8°. Relié, tr. dorées, 14 fr.; cart. toile, tr. dorées, 12 fr.; broché .... 9 »

*Vingt mille lieues sous les Mers, 111 dessins par DE NEUVILLE. 1 vol. grand in-8°. Relié, tr. dorées, 14 fr.; toile, tr. dorées, 12 fr.; broché ..... 9 »

Les Enfants du capitaine Grant (VOYAGE AUTOUR DU MONDE), 177 dessins de RIOU. 1 vol. grand in-8°. Relié, tr. dorées, 15 fr.; toile, tr. dorées, 13 fr.; broché .... 10 »

ENFANCE, JEUNESSE. — LIBRAIRIE SPÉCIALE 9

JULES VERNE

(ŒUVRES COMPLÈTES. — SUITE)

*L'Ile mystérieuse, 1 vol. grand in-8, illustré de 154 dessins par Férat. Relié, tr. dorées, 15 fr.; toile, tr. dor., 13 fr.; broché .... 10 »
*De la Terre à la Lune, 43 dessins par de Montaut. 1 vol. grand in-8, toile, tranches dorées, 7 fr.; broché .... 5 »
*Autour de la Lune (suite de la Terre a la Lune), 45 dessins par Émile Bayard et de Neuville. 1 vol. grand in-8, toile, tranches dorées, 7 fr.; broché .... 5 »
    Ces deux ouvrages réunis en un seul volume grand in-8. Relié, tranches dorées, 14 fr.; toile, tranches dorées, 12 fr.; broché .. 9 »
**Aventures de trois Russes et de trois Anglais, 52 dessins par Férat. 1 vol. grand in-8°, toile, tranches dorées, 7 fr.; broché .... 5 »
**Une Ville flottante, suivie des Forceurs de Blocus. 44 dessins par Férat. 1 vol. gr. in-8°, toile, tranches dorées, 7 fr.; broché .... 5 »
    Ces deux ouvrages réunis en un seul volume grand in-8. Relié, tranches dorées, 14 fr.; toile, tranches dorées, 12 fr.; broché .. 9 »
*Le Pays des Fourrures, 105 dessins par Férat et de Beaurepaire. 1 vol. grand in-8°. Rel., tr. dorées, 14 fr.; toile, 12 fr.; broché .... 9 »
*Les Indes-Noires, 1 vol. illustré de 45 dessins, par Férat. Cartonné toile, tr. dorées, 7 fr.; broché .. 5 »
*Le Chancellor, 1 vol. illustré de 58 dessins par Riou et Férat. Cartonné toile, tr. dorées, 7 fr.; broché. 5 »
    Ces deux ouvrages réunis en un seul volume grand in-8. Relié, 14 fr.; toile, 12 fr.; broché. .... 9 »
*Le Tour du Monde en 80 jours, 80 dessins par de Neuville et L. Benett. 1 vol. grand in-8°, toile, tranches dorées, 7 fr.; broché .... 5 »
*Le Docteur Ox. 1 volume illustré de 58 dessins par Schuler, Bayard, Frœlich, Marie. Prix : cart. toile, tr. dorées, 7 fr.; broché .... 5 »
    Ces deux ouvrages réunis en un seul volume grand in-8. Relié, tr. dorées, 14 fr., toile, tr. dor., 12 fr.; broché .... 9 »
*Michel Strogoff. 1 vol. illustré de 95 dessins par Férat. Prix : relié, tranches dorées, 14 fr.; toile, 12 fr.; broché .... 9 »
Hector Servadac, voyages et aventures à travers le monde solaire. 1 beau vol. illustré de 100 dessins, par Philippoteaux. Prix : relié, tr. dorées, 14 fr.; toile, tr. dorées, 12 fr.; broché .... 9 »

Un Capitaine de 15 ans, 1 beau vol. illustré de 93 dessins par MEYER. Prix relié, tr. dorées, 14 fr.; toile, tr. dorées, 12 fr.; broché . . . . 9 »

Les Cinq cents millions de la Bégum, 1 vol. illustré de 48 dessins, par BENETT. Prix cartonné, toile, tr. dorées, 7 fr.; broché. . . . . 5 »

Les Tribulations d'un Chinois en Chine, 1 vol. illustré de 52 dessins, par BENETT. Prix : cartonné, toile, tr. dorées, 7 fr.; broché . . . . 5 »

Ces deux ouvrages réunis en un seul volume grand in-8°. Relié, tr. dorées, 14 fr.; toile, tr. dorées, 12 fr.; broché. . . . . 9 »

La Maison à vapeur, 1 beau volume in-8° illustré de 101 dessins, par BENETT, relié, tr. dorées, 14 fr.; toile, tr. dorées, 12 fr.; broché . . . . 9 »

La découverte de la Terre, 1 beau vol. illustré de 117 dessins et cartes par PHILIPPOTEAUX, BENETT, MATTHIS et DUBAIL. Prix, relié, tr. dorées, 12 fr.; toile, tr. dorées, 10 fr.; broché. . . . . . . 7 »

Les grands Navigateurs du XVIIIᵉ siècle, 1 beau vol. illustré de 116 dessins et cartes, par P. PHILIPPOTEAUX et MATTHIS. Prix : relié, tr. dorées, 12 fr.; toile, tr. dorées, 10 fr.; broché. . . . . . 7 »

Les Voyageurs du XIXᵉ siècle, 1 beau vol. in-8° illustré de 108 dessins et cartes, par BENETT. Prix : relié, tr. dorées, 12 fr.; toile, tr. dorées, 10 fr.; broché 7 »

La Jangada (HUIT CENTS LIEUES SUR L'AMAZONE). 1 beau vol. in-8° illustré de 95 dessins par BENETT. Prix : relié, tr. dor., 14 fr.; toile, 12 fr.; broché . . . 9 »

†**L'Ecole des Robinsons**, 1 vol. illustré de 51 dessins par BENETT. Prix : cart. toile, tr. dorées, 7 fr.; broché, 5 »

†**Le rayon vert**, 1 vol. illustré de 44 dessins par BENETT et une carte. Prix : cartonné toile, 7 fr.; broché . . . 5 »

Ces deux ouvrages réunis en un seul volume grand in-8°. Relié, tr. dorées, 14 fr.; toile, tr. dorées, 12 fr.; broché. . . . . 9 »

D'ENNERY & JULES VERNE. **Les Voyages au Théâtre.** 1 beau vol. in-8° illustré de 65 dessins, par BENETT et MEYER. Prix : relié, tr. dorées, 11 fr.; toile, tr. dorées, 10 fr.; broché. . . . . 7 »

JULES VERNE & THÉOPHILE LAVALLÉE. **Géographie illustrée de la France et de ses Colonies.** Nouvelle édition revue et complétée par DUBAIL. 108 grav. par CLERGET et RIGU, et 100 cartes par CONSTANS et SÉDILLE. 1 vol. grand in-8°. Relié, tr. dor., 15 fr.; cart. toile, tr. dor., 13 fr.; broché. 10 »

ENFANCE, JEUNESSE. — LIBRAIRIE SPÉCIALE 11

PETITE BIBLIOTHÈQUE BLANCHE

VOLUMES GRAND IN-16 COLOMBIER ILLUSTRÉS

Chaque volume toile, genre aquarelle, tranches dorées,
3 fr.; broché .... 2 fr.;

BAUDE (L.). **Mythologie de la jeunesse**...... 1 vol.
DE LA BÉDOLLIÈRE. **Histoire de la mère Michel et de son Chat**............................. 1 vol.
CHAZEL (PROSPER). **Riquette** .... 1 »
CRETIN (E.-M.). **Le Livre de Trotty** .... 1 »
DEVILLERS. **Les Souliers de mon Voisin** ... 1 »
CH. DICKENS. **L'Embranchement de Mugby.** 1 »
DIENY. **La Patrie avant tout**...................... 1 »
A. DUMAS. *****La Bouillie de la Comtesse Berthe.** 1 »
OCTAVE FEUILLET. **La Vie de Polichinelle.** 1 »
M. GÉNIN. **Le petit Tailleur Bouton**......... 1 »
— **Marco et Tonino**............ 1 »
— † **Les Pigeons de Saint-Marc**... 1 »
GOZLAN (LÉON). **Aventures du prince Chènevis**... 1 »
KARR (ALPHONSE). **Les Fées de la Mer**..... 1 »
LACOME (P.). **La Musique en famille**......... 1 »
LEMOINE. **La Guerre pendant les vacances.** 1 »
LEMONNIER (C.). **Bébés et Joujoux**......... 1 »
MACÉ (JEAN). **La France avant les Francs.** 1 »
P. DE MUSSET. **M. le Vent et Mme la Pluie** ... 1 »
NODIER (CHARLES). **Trésor des fèves et fleur des pois**.. 1 »
E. OURLIAC. **Le Prince Coqueluche**......... 1 »
SAND (GEORGE). **Histoire du véritable Gribouille**... 1 »
P.-J. STAHL. **Les Aventures de Tom Pouce** 1 »
VAN BRUYSSEL. ** **Les Clients d'un vieux Poirier**... 1 »
JULES VERNE.** **Un Hivernage dans les glaces.** 1 »
— ‡ **Christophe Colomb**......... 1 »
VIOLLET-LE-DUC. **Le Siège de la Rochepont.** 1 »

VOLUMES IN-8 CAVALIER ILLUSTRÉS

ALDRICH (traduction BENTZON). **Un Écolier américain.** 1 vol. toile, tr. dorées, 7 fr.; broché. . . . . . 5 »
G. ASTON. **L'Ami Kips,** 1 vol. toile, tr. dorées, 7 fr.; broché. . . . . 5 »
A. DE BRÉHAT. **Aventures de Charlot,** 1 vol. toile, tr. dor., 7 fr.; br. . . . . 5 »
CAHOURS ET RICHE. *****Chimie des Demoiselles,** 1 vol. in-8° avec figures dans le texte, toile, tranches dorées, 7 fr.; broché. 5 »
DE CHERVILLE. *****Histoire d'un trop bon chien,** 1 vol. toile, tranches dorées, 7 fr.; broché . . . . 5 »
A. DEQUET. **Histoire de mon oncle et de ma tante,** 1 vol. toile, tr. dorées, 7 fr.; broché. . . . . 5 »
ERCKMANN-CHATRIAN. **Les Vieux de la Vieille,** 1 vol. toile, tranches dorées, 7 fr.; broché. 5 »
M. GÉNIN. **La Famille Martin,** 1 vol. toile, tr. dor., 7 fr.; broché. . . . . 5 »
A. KÆMPFEN. **La Tasse à thé,** 1 vol. toile, tr. dor., 7 fr.; broché . . . . 5 »
NERAUD. **La Botanique de ma fille,** 1 vol. toile, tranches dorées, 7 fr.; broché . . . . 5 »
RECLUS (E.) **Histoire d'une Montagne,** 1 vol. toile, tr. dorées, 7 fr.; broché. . . . . 5 »
— **Histoire d'un Ruisseau,** 1 vol. toile, tr. dorées, 7 fr.; broché. . . . . 5 »
P.-J. STAHL. **La Famille Chester** (adaptation), 1 vol. toile, tr. dor., 7 fr.; broché. . . . . 5 »
— *****Mon premier voyage en mer,** 1 vol. toile, tr. dorées, 7 fr.; broché. . . . . 5 »
P.-J. STAHL ET DE WAILLY (LÉON). **Contes célèbres de la Littérature anglaise,** 1 vol. toile, tranches dorées, 7 fr.; broché. . . . . 5 »
RENÉ VALLERY-RADOT. * **Journal d'un volontaire d'un an** (*ouvrage couronné*), 1 vol. toile, tr. dorées, 7 fr.; broché. . . . . 5 »

VOLUMES GRAND IN-8 RAISIN et JÉSUS, ILLUSTRÉS

BENTZON. **Yette,** *Histoire d'une jeune Créole,* 1 vol. in-8°, illustré par M. MEYER. Relié, tr. dorées, 11 fr.; toile, tr. dorées, 10 fr.; broché. . . . . 7 »
BIART (LUCIEN). ** **Aventures d'un jeune Naturaliste,** 1 beau vol. grand in-8°, orné de 156 dessins par BENETT. Relié, tr. dorées, 14 fr.; toile, tr. dorées, 12 fr.; broché. . . . . 9 »
— ** **Entre frères et sœurs,** 1 beau vol. in-8°, ill. par LALAUZE. Relié, tranches dorées, 11 fr.; toile tranches dorées, 10 fr.; broché. 7 »

ENFANCE, JEUNESSE. — LIBRAIRIE SPÉCIALE 13

BIART (LUCIEN) Deux Amis, 1 beau vol. in-8°, ill. par G. Boutet. Relié, 11 fr.; toile, 10 fr.; broché.. 7 »

Les Voyages involontaires
- **Monsieur Pinson**, 1 vol. in-8° illustré, par H. Meyer, 11 fr.; toile, 10 fr.; broché............ 7 »
- **La Frontière indienne**, 1 vol. in-8°, illustré par H. Meyer, relié toile, 10 fr.; broché........ 7 »
- **Le Secret de José**, 1 vol. in-8°, illustré par H. Meyer, relié 11 fr.; toile, 10 fr.; broché.. 7 »
- † **Lucia**, 1 vol. in-8° illustré par H. Meyer, relié, 11 fr.; toile, 10 fr.; broché............... 7 »

BLANDY (S.). Le Petit Roi, 1 vol. in-8°, illustré par Bayard. Relié, tr. dorées, 11 fr.; toile, tr. dorées, 10 fr. broché.............. 7 »

— † **Les Épreuves de Norbert**. 1 beau vol. in-8° illustré par A. Borget et Bénett, relié, tr. dorées, 14 fr.; toile, tr. dorées, 12 fr.; broché.... 9 »

MADAME B. BOISSONNAS. *Une famille pendant la guerre 1870-71 (ouvrage couronné par l'Académie française)*, 1 beau vol. in-8°, illustré par P. Philippoteaux. Relié, tr. dorées, 11 fr.; toile, tr. dorées, 10 fr.; broché............ 7 »

BRÉHAT (ALFRED DE). * **Les Aventures d'un petit Parisien**, 1 beau vol. in-8°, illustré par Morin. Relié, tranches dorées, 11 fr.; toile, tranches dorées, 10 fr.; broché............ 7 »

CANDÈZE (DOCTEUR). La Gileppe, 1 vol. illustré, par C. Renard, relié, tr. dorées, 11 fr.; toile, tr. dorées, 10 fr.; broché............ 7 »

— **Aventures d'un Grillon**, 1 beau vol. in-8°, illustré par C. Renard. Relié, tr. dorées, 11 fr.; toile, tr. dorées, 10 fr.; broché..... 7 »

CHAZEL (PROSPER). Le Chalet des Sapins, 1 beau vol. in-8°, illustré par Th. Schuler. Relié, tr. dor., 11 fr.; toile, tr. dor., 10 fr.; broché............ 7 »

CLÉMENT (CHARLES). Michel-Ange. — Raphaël. — Léonard de Vinci, 167 dessins d'après les grands maîtres. 1 magnifique volume gr. in-8, rel. tr. dorées 15 fr., toile, tr. dorées, 13 fr.; broché..... 10 »

DAUDET (ALPHONSE). Histoire d'un enfant (*le Petit Chose*), édition spéciale à la jeunesse. 1 beau vol illustré par P. Philippoteaux. Relié, tr. dor., 11 fr.; toile, tr. dor., 10 fr.; br............ 7 »

DESNOYERS (LOUIS). Aventures de Jean-Paul Choppart, 1 vol. illustré de nombreuses vignettes par Giacomelli, nouv. édit. augmentée de gravures hors texte par CHAM. 1 vol. in-8°. Relié, tranches dorées, 11 fr.; toile, tranches dorées, 10 fr.; broché.. **7 »**

FATH (GEORGES). **Un drôle de voyage**, 1 beau vol. in-8° illustré. Relié, tr. dorées, 11 fr.; toile, tr. dorées, 10 fr.; broché............... **7 »**

FLAMMARION (CAMILLE). Histoire du Ciel, 1 vol. Nombreuses grav. et une carte sidérale par BENETT. Grand in-8°. Relié, tr. dorées, 14 fr.; toile, tr. dorées, 12 fr.; broché.......... **9 »**

GENNEVRAYE. † **Théâtre de famille.** 1 beau vol. in-8°, illustré par GEOFFROY. Relié, tr. dorées, 11 fr.; toile, tr. dorées, 10 fr.; broché........ **7 »**

GRAMONT (LE COMTE DE). Les Bébés, poésies de l'enfance, illustrées par OSCAR PLETSCH. 1 vol. in-8°. Relié, tranches dorées, 11 fr.; toile, tranches dorées, 10 fr.; broché........... **7 »**

—— **Les bons petits Enfants** (volume en prose), vignettes par LUDWIG RICHTER. 1 vol. in-8°. Relié, tr. dorées, 11 fr.; toile, tr. dorées, 10 fr.; broché.... **7 »**

GRIMARD (ED.). La Plante, 1 vol. in-8°, illustré de nombreuses vignettes. Relié, tranches dorées, 11 fr.; toile, tr. dor., 10 fr.; broché........... **7 »**

—— **Le Jardin d'acclimatation** (*Le Tour du Monde d'un naturaliste*). 1 vol. grand in-8°, illustré de nombreux dessins par BENETT, LALLEMAND, etc. Relié, tr. dorées, 14 fr.; toile, tr. dorées, 12 fr.; broché... **9 »**

HUGO (VICTOR). *Le livre des Mères (*les Enfants*), la fleur des poésies de Victor Hugo ayant trait à l'enfance, illustré par FROMENT. 1 vol. in-8°. Relié, tr. dorées, 11 fr.; toile, tr. dorées, 10 fr.; broché..... **7 »**

LAPRADE (VICTOR DE). * **Le Livre d'un Père**, 1 vol. in-8°, illustré par FROMENT. Relié, tranches dorées, 11 fr.; toile, tranches dorées, 10 fr.; broché.. **7 »**

LAURIE (ANDRÉ). † **Mémoires d'un collégien.** 1 vol. in-8° illustré par GEOFFROY. Relié, tr. dorées 11 fr.; toile tr. dorées, 10 fr.; broché.......... **7 »**

—— **La vie de collège en Angleterre**, 1 vol. in-8°, illustré par PHILIPPOTEAUX. Relié, tr. dorées, 11 fr.; toile, tr. dorées, 10 fr.; broché. **7 »**

LEGOUVÉ (E.). † **La Lecture en famille.** 1 vol. in-8° illustré par BÉNETT, GEOFFROY, TONY JOHANNOT, etc. Relié, tr. dor., 11 fr.; toile, tr. dor., 10 fr.; broché **7 »**

—— * **Nos Filles et nos Fils**, 1 vol. in-8°, illustré par PHILIPPOTEAUX. Relié, tranches dorées, 11 fr.; toile, tranches dorées, 10 fr.; broché. **7 »**

MACÉ (JEAN). * **Histoire d'une Bouchée de pain**, illustrée par FROELICH. 1 vol. in-8°. Relié, tr. dorées, 11 fr.; toile, tr. dorées, 10 fr.; broché.... **7 »**

—— ***Les Serviteurs de l'Estomac**, 1 beau vol. in-8°, illustré par FROELICH. Relié, tr. dor., 11 fr.; toile, tr. dor., 10 fr.; broché............ **7 »**

ENFANCE, JEUNESSE. — LIBRAIRIE SPÉCIALE 15

JEAN MACÉ ****Les Contes du Petit Château**, ill. par BERTALL. 1 beau vol. in-8°. Relié, tranches dorées, 11 fr.; toile, tranches dorées, 10 fr.; broché .... 7 »

—— ***Le Théâtre du Petit-Château**, 1 beau vol. in-8° sur vélin, illustré par FROMENT. Relié, tr. dorées, 11 fr.; toile, tranches dorées, 10 fr.; broché. . 7 »

—— ***Histoire de deux petits marchands de pommes** (*Arithmétique du Grand-Papa*), illustrations de YAN'DARGENT. 1 vol. in-8°. Relié, tranches dorées, 11 fr.; toile, tranches dorées, 10 fr.; broché. 7 »

MALOT (HECTOR). ***Romain Kalbris**, dessins de E. BAYARD. 1 vol. in-8°. Relié, tr. dor., 11 fr.; toile, tr. dor., 10 fr.; broché . . . . 7 »

—— **Sans Famille**, *couronné par l'Académie française*, dessins de E. BAYARD, 1 vol. in-8° jésus, relié, tr. dor., 15 fr.; toile, tr. dor., 13 fr.; broché 10 »

MARELLE (CHARLES). **Le Petit Monde**, 1 vol. in-8°, illustré de nombreux dessins et vignettes. Relié, tranches dorées, 11 fr.; toile, tranches dorées, 10 fr.; broché . . . . 7 »

MAYNE-REID. (AVENTURES DE TERRE ET DE MER.) *Éditions adoptées pour la jeunesse.*

****Les Robinsons de terre ferme**, 1 vol. in-8°, illustré par H. MEYER. Relié, tranches dorées, 11 fr.; toile, tr. dorées, 10 fr.; broché . . . . 7 »

—— ***William le Mousse**, 1 vol. in-8°, illustré par RIOU. Relié, tr. dor., 11 fr.; toile, tr. dor., 10 fr.; br. . 7 »

—— **Les Jeunes Esclaves**, 1 vol. in-8°, illustré par RIOU. Relié, tr. dor., 11 fr.; toile, tr. dor, 10 fr.; br. 7 »

—— ****Le Désert d'eau**, 1 vol. in-8°, illustré par BENETT. Relié, tr. dorées, 11 fr.; toile, tr. dor., 10 fr.; br. 7 »

—— **Les Naufragés de l'île de Bornéo**, 1 vol. illustré par FÉRAT. Relié, tr. dorées, 11 fr.; toile, tr. dorées, 10 fr.; broché . . . . 7 »

—— **La Sœur perdue**, 1 vol. in-8°, illustré par RIOU. Relié, tranches dorées, 11 fr.; toile, tranches dorées, 10 fr.; broché . . . . 7 »

—— ** **Les Planteurs de la Jamaïque**, 1 vol. in-8° ill. par FÉRAT. Relié, tranches dorées, 11 fr.; toile, tranches dorées, 10 fr.; broché . . . . 7 »

—— ***Les deux Filles du squatter**, 1 vol. in-8°, ill. par JOHN DAVIS. Relié, tranches dorées, 11 fr.; toile, tranches dorées, 10 fr.; broché. . . . . 7 »

—— **Les jeunes Voyageurs**, 1 vol. in-8°, ill. par JOHN DAVIS. Relié, tranches dorées, 11 fr.; toile, tr. dorées, 10 fr.; broché . . . . 7 »

—— **Les Chasseurs de chevelures**, 1 vol. in-8° ill. par PHILIPPOTEAUX. Relié, tranches dorées, 11 fr.; toile, tranches dorées, 10 fr.; broché. . . . . . 7 »

—— **Le Petit Loup de Mer**, 1 vol. in-8° illustré par BENETT, relié, tr. dor., 11 fr.; toile, tr. dor., 10 fr.; br. 7 »

MAYNE REID. **Le Chef au bracelet d'or**, 1 vol. in-8°, illustré par Bennett, relié, tranches dorées, 11 fr.; toile, tranches dorées, 10 fr.; broché. . . . . 7 »

— **Les Exploits des Jeunes Boërs**, 1 vol. in-8 illustré par Riou, relié tranches dorées, 11 fr.; toile, tranches dorées, 10 fr.; broché. . . . 7 »

— † **La Montagne perdue**, 1 vol. in-8° illustré par Riou. Relié tr. dorées, 11 fr.; toile, tr. dorées, 10 fr.; broché. . . . . 7 »

DE MEISSAS (L'ABBÉ), Chapelain de Sainte-Geneviève. **Histoire Sainte**, comprenant l'Ancien et le Nouveau Testament, avec nombreuses vignettes par Gérard Séguin. 1 vol. gr. in-8°. Relié, tr. dorées, 14 fr.; toile, tranches dorées, 12 fr.; broché. . . . . . 9 »

MULLER (EUGÈNE). ****La Jeunesse des Hommes célèbres**, illustrations par Bayard. 1 vol. in-8°. Relié, tr. dorées, 11 fr.; toile, tranches dorées, 10 fr.; broché . . . . 7 »

— ****La Morale en action par l'Histoire**, 1 vol. in-8°, illustrations par P. Philippoteaux. Relié, tranches dor., 11 fr.; toile, tr. dor., 10 fr.; broché. . 7 »

RATISBONNE (LOUIS). ****La Comédie enfantine** (couronnée par l'Académie française). Premières et dernières scènes, réunies en un volume in-8°, avec toutes les gravures de Froment et de Gobert de la première édition. Relié, tranches dorées, 11 fr.; toile, tranches dorées, 10 fr.; broché. 7 »

SAINTINE (X.-B.). ****Picciola**, 47° édition, illustré à nouveau par Flameng. 1 vol. in-8°. Relié, tranches dorées, 11 fr.; toile, tranches dorées, 10 fr.; broché. 7 »

SANDEAU (J.). ** **La Roche aux Mouettes**, illustré par Bayard et Férat. 1 vol. in-8°. Relié, tr. dorées, 11 fr.; cart. toile, tr. dor., 10 fr.; broché. 7 »

— **Madeleine**, illus. par Bayard, 1 vol. in-8°. Rel., tr. dor., 11 fr.; cart. toile, tr. dor., 10 fr.; broché 7 »

SAUVAGE (ÉLIE). **La Petite Bohémienne**, illustrations par Frœlich. 1 vol. in-8°. Relié, tr. dor., 11 fr.; toile, tr. dorées, 10 fr.; br . . . . 7 »

SÉGUR (LE COMTE ANATOLE DE). **Fables**, illustrées par Frœlich. 1 beau vol. in-8°. Rel., tr. dor., 11 fr.; cart. toile, tr. dor., 10 fr.; br. 7 »

P.-J. STAHL. ***Contes et Récits de Morale familière** (couronnés par l'Académie française), illustrés par Schuler, Bayard, de la Charlerie, Frœlich, etc. 1 vol. in-8°. Relié, tr. dor. 11 fr.; toile, tr. dor., 10 fr.; broché . . . . 7 »

— ** **Histoire d'un Ane et de deux jeunes Filles** (couronnée par l'Académie française). Vignettes par Th. Schuler. 1 vol. in-8°. Relié, tr. dorées, 11 fr.; toile, tranches dorées, 10 fr.; broché. 7 »

ENFANCE, JEUNESSE. — LIBRAIRIE SPÉCIALE

P.-J STAHL. *Les Patins d'argent (Histoire d'une famille hollandaise), ouvrage couronné par l'Académie française, d'après M. Mapes Dodge. 1 vol. in-8°, illustré par Th. Schuler. Relié, tr. dor., 11 fr.; toile, tr. dor., 10 fr.; broché . . . . 7 »

—— **Maroussia (ouvrage couronné par l'Académie française), d'après Markovo-zoo, 1 vol. in-8°, ill. par Th. Schuler. Relié tr. dorées, 11 fr.; toile, tr. dorées, 10 fr.; broché . . . . . . 7 »

—— *Les Histoires de mon Parrain, 1 vol. in-8°, illustré par Froelich. Relié, tr. dorées, 11 fr.; toile, tranches dorées, 10 fr.; broché . . . . 7 »

—— Les Quatre Filles du docteur Marach, 1 vol. in-8° illustré par A. Marie, relié, tr. dorées, 11 fr.; toile, tr. dorées, 10 fr.; broché . . . . 7 »

P.-J. STAHL ET MULLER. * Le nouveau Robinson Suisse, revu et traduit par P.-J. Stahl et Muller, mis au courant de la science moderne par Jean Macé, environ 150 dessins de Van'Dargent. 1 vol. gr. in-8°. Relié, tr. dorées, 14 fr.; toile, tr. dor., 12 fr.; broché . . . . 9 »

LOUIS DU TEMPLE, CAPITAINE DE FRÉGATE. Les Sciences usuelles et leurs applications mises à la portée de tous. 1 vol. gr. in-8° orné de 300 fig. Relié, tranches dorées, 11 fr.; toile, tr. dor., 10 fr.; broché . 7 »

—— **Communications et transmissions de la pensée. 1 vol. in-8° orné de 180 fig. Relié, tranches dorées, 11 fr.; toile, tranches dorées, 10 fr.; broché . . 7 »

VIOLLET-LE-DUC *Histoire d'un Dessinateur, texte et dessins par Viollet-le-Duc, 1 vol. in-8°, relié, tr. dorées, 11 fr.; toile, tr. dor., 10 fr.; broché . 7 »

—— **Histoire d'une Maison. Texte et dessins par Viollet-le-Duc. 1 vol. in-8°. Relié, tranches dorées, 11 fr.; toile, tranches dorées, 10 fr.; broché . . 7 »

—— *Histoire d'une Forteresse. Texte et dessins par Viollet-le-Duc. 1 vol. in-8°. Relié, tr. dorées, 14 fr.; toile, tranches dorées, 12 fr.; broché . . . 9 »

—— *Histoire de l'Habitation humaine. Texte et dessins par Viollet-le-Duc. 1 vol. in-8°. Relié, tr. dorées, 14 fr.; toile, tr. dor., 12 fr.; broché . . . 9 »

—— * Histoire d'un Hôtel de ville et d'une Cathédrale. Texte et dessins par Viollet-le-Duc. 1 vol. in-8°. Relié, tranches dorées, 14 fr.; toile, tranches dorées, 12 fr.; broché . . . . 9 »

GRANDS CLASSIQUES ILLUSTRÉS
PERRAULT — GUSTAVE DORÉ

Splendide édition, 40 planches. Préface de P.-J. Stahl. — Reliure d'amateur 30 fr., reliure à l'anglaise . . . . 25 »

GRANDS CLASSIQUES ILLUSTRÉS (SUITE)
DON QUICHOTTE — TONY JOHANNOT
Édition spéciale à la Jeunesse, par LUCIEN BIART. — 318 dessins. — 1 vol. grand in-8°. Relié, tr. dor., 15 fr.; toile, tr. dor., 13 fr.; broché... 10 »

*MOLIÈRE COMPLET
(Édition Tony Johannot et Sainte-Beuve)
630 vignettes, 1 vol. gr. in-8°. Relié, tranches dor., 15 fr.; toile, tr. dor., 13 fr.; broché.. 10 »

FABLES DE LA FONTAINE
(115 grands dessins, d'Eugène Lambert)
1 beau vol. gr. in-8°. Relié, 15 fr.; toile, 13 fr.; broché......... 10 »

BIBLIOTHÈQUE
DES
JEUNES FRANÇAIS
VOLUMES GR. IN-16 À 1 FR. 50, BROCHÉS
CARTONNÉS TOILE, TRANCHE JASPÉE, 2 FRANCS

BLOCK (Maurice).....	*Petit Manuel d'Économie pratique (ouvrage couronné).
—	ENTRETIENS FAMILIERS SUR L'ADMINISTRATION DE NOTRE PAYS — La France. — Le Département. — La Commune. — Paris, Organisation municipale. — Paris, Institutions administratives. — Le Budget. — L'Impôt. — L'Industrie. — L'Agriculture. — Le Commerce.
GUICHARD (V.).....	Conférences sur le Code civil.
J. MICHELET.......	La Prise de la Bastille et la Fête des Fédérations.
—	Les Croisades.
—	François Ier et Charles-Quint.
—	Henri IV.
PONTIS.......	Petite Grammaire de la prononciation.

COLLECTION DES CLASSIQUES FRANÇAIS
Dédiée à la Jeunesse.
CHAQUE VOLUME BROCHÉ, 3 FR.; CARTONNÉ BRADEL, 3 FR. 25

BOILEAU....	Œuvres poétiques...............	2 v.
BOSSUET....	Oraisons funèbres..............	1 v.
—	Discours sur l'Histoire universelle.	2 v.
P. CORNEILLE .	Œuvres dramatiques............	3 v.
FÉNELON....	Les Aventures de Télémaque.....	2 v.
LA BRUYÈRE..	Les Caractères.................	2 v.
LA FONTAINE .	Fables.........................	2 v.
RACINE.....	Œuvres dramatiques............	3 v.

ENFANCE, JEUNESSE. — LIBRAIRIE SPÉCIALE 19

Prix — Étrennes — Bibliothèques populaires — etc.

BIBLIOTHÈQUE
D'ÉDUCATION & DE RÉCRÉATION

3 Fr. Broché   4 Fr. Cartonné

VOLUMES IN-18
Brochés, 3 fr. — Cartonnés toile, tranches dorées, 4 fr.

Ampère (A.-M.)	*Journal et correspondance	1 v.
Andersen	Nouveaux Contes suédois	1 v.
Anton (G.)	L'Ami Kips	1 v.
Bentzon	Yette	1 v.
Bertrand (J.)	*Les Fondateurs de l'astronomie	1 v.
Biart (Lucien)	**Avent. d'un jeune naturaliste	1 v.
—	**Entre frères et sœurs	1 v.
— *Voyages*	(Monsieur Pinson	1 v.
— *involontaires*	La Frontière indienne	1 v.
—	† Le Secret de José	1 v.
Blandy (S.)	**Le petit Roi	1 v.
Boissonnas (Mme B.)	*Une famille pendant la guerre 1870-71 (ouv. cour.)	1 v.
Brachet (A.)	**Grammaire historique (préface de Littré) (ouv. couronné)	1 v.
Bréhat (de)	**Aventures d'un petit Parisien	1 v.
—	Aventures de Charlot	1 v.
Candèze (D')	Aventures d'un Grillon	1 v.
—	La Gileppe	1 v.
Chazel (Prosper)	Le Chalet des Sapins	1 v.
Clément (Ch.)	**Michel-Ange, Raphaël, et Léonard de Vinci	1 v.
Dequet	Histoire de mon Oncle	1 v.
Desnoyers (Louis)	Jean-Paul Choppart	1 v.
Durand (Hip.)	Les grands Prosateurs	1 v.
—	Les grands Poètes	1 v.
Egger	Histoire du Livre	1 v.
Erckmann-Chatrian	*Le Fou Yégof ou l'Invasion	1 v.
—	*Madame Thérèse	1 v.
—	*Histoire d'un Paysan :	
—	Les États généraux (1789)	1 v.
—	La Patrie en danger (1772)	1 v.
—	L'An I de la République (93)	1 v.
—	Le Citoyen Bonaparte (1794-1815)	1 v.
Fath (G.)	Un drôle de Voyage	1 v.
Foucou	Histoire du travail	1 v.
Génin	La Famille Martin	1 v.
Gramont (Comte de)	Les Vers français et leur prosodie (ouv. cour.)	1 v.

GRATIOLET (P.)	*De la physionomie	1 v.
GRIMARD	Histoire d'une goutte de sève	1 v.
—	Le Jardin d'acclimatation	1 v.
HIPPEAU (M..)	*Cours d'économie domestique	1 v.
HUGO (Victor)	*Les Enfants (le Livre des Mères)	1 v.
IMMERMANN	La Blonde Lisbeth	1 v.
LAPRADE (V. de)	*Le Livre d'un père	1 v.
LAURIE (André)	†La Vie de collège en Angleterre	1 v.
LAVALLÉE (Th.)	Histoire de la Turquie	2 v.
LEGOUVÉ (E.)	*L'Art de la Lecture	1 v.
—	La Lecture en action	1 v.
—	*Conférences parisiennes	1 v.
—	*Les Pères et les Enfants au XIX° siècle (Enfance et Adolescence)	1 v.
—	*Les Pères et les Enfants au XIX° siècle (LA JEUNESSE)	1 v.
—	*Nos Filles et nos Fils	1 v.
LOCKROY (M..)	*Contes à mes Nièces	1 v.
MACAULAY	*Histoire et Critique	1 v.
MACÉ (Jean)	*Arithmétique du Grand-Papa	1 v.
—	**Contes du Petit Château	1 v.
—	*Histoire d'une Bouchée de pain	1 v.
—	*Les Serviteurs de l'estomac	1 v.
MAURY (commandant)	*Géographie physique	1 v.
—	*Le Monde où nous vivons	1 v.
MORTIMER D'OGAGNE	Les Grandes Écoles de France	1 v.
MULLER (Eugène)	**Jeunesse des Hommes célèbres	1 v.
—	**Morale en action par l'histoire	1 v.
NOEL (Eugène)	La Vie des Fleurs	1 v.
ORDINAIRE	Dictionnaire de mythologie	1 v.
—	Rhétorique nouvelle	1 v.
RATISBONNE (Louis)	**Comédie enfantine (ouv. cour.)	1 v.
RECLUS (Élisée)	*Histoire d'un Ruisseau	1 v.
—	Histoire d'une Montagne	1 v.
RENARD	**Le Fond de la Mer	1 v.
ROULIN (F.)	*Histoire naturelle	1 v.
SANDEAU (Jules)	**La Roche aux Mouettes	1 v.
SAYOUS	*Conseils à une mère sur l'éducation littéraire	1 v.
—	*Principes de littérature	1 v.
SIMONIN	*Histoire de la Terre	1 v.
STAHL (P.-J.)	*Contes et récits de Morale familière (ouvr. couronné)	1 v.
—	**Histoire d'un Ane et de deux jeunes Filles (ouvr. cour.)	1 v.
—	*Les Patins d'argent (ouv. cour.)	1 v.
—	La famille Chester, adaptation	1 v.
—	*Les Histoires de mon parrain	1 v.
—	**Maroussia (ouv. cour.)	1 v.
—	Les 4 Peurs de notre général	1 v.
—	Les 4 Filles du D' Marsch	1 v.
—	**Mon 1er Voyage en mer	1 v.

ENFANCE, JEUNESSE. — LIBRAIRIE SPÉCIALE 21

STAHL ET MULLER...	*Le nouveau Robinson suisse.	1 v.
STAHL et DE WAILLY.	*Les Vacances de Riquet et Madeleine...........	1 v.
—	Mary Bell, William et Lafaine.	1 v.
SUSANE (général).....	Histoire de la Cavalerie....	3 v.
THIERS...........	*Histoire de Law.......	1 v.
VALLERY-RADOT (René)	*Journal d'un Volontaire d'un an (ouvr. couronné).....	1 v.

VERNE (Jules). **Voyages extraordinaires** (couronnés) :

—	**Aventures de 3 Russes et de 3 Anglais.	1 v.
Aventures du capitaine Hatteras :	{ **Les Anglais au pôle Nord.	1 v.
	**Le Désert de Glace.....	1 v.
—	*Le Chancellor.........	1 v.
—	**Cinq semaines en ballon (ouvr. cour.)	1 v.
—	*De la Terre à la Lune (ouvr. cour.).	1 v.
—	*Autour de la Lune (ouvr. cour.)....	1 v.
—	*Le docteur Ox.........	1 v.
Les Enfants du capitaine Grant :	{ **L'Amérique du Sud.....	1 v.
	**L'Australie..........	1 v.
	**L'Océan Pacifique.......	1 v.
L'Ile Mystérieuse :	{ *Les Naufragés de l'air....	1 v.
	*L'Abandonné..........	1 v.
	*Le Secret de l'ile.......	1 v.
—	*Le Pays des Fourrures.......	2 v.
—	*Vingt mille lieues sous les Mers (cour.)	2 v.
—	*Le Tour du Monde en 80 jours.....	1 v.
—	**Une Ville flottante.......	1 v.
—	*Voyage au centre de la Terre (ouv. cour.)	1 v.
—	*Michel Strogoff................	2 v.
—	*Les Indes-Noires.............	1 v.
—	Hector Servadac..........	2 v.
—	**Un Capitaine de quinze ans.....	2 v.
—	Les Cinq Cents Millions de la Bégum	1 v.
—	Les Tribulations d'un Chinois en Chine	1 v.
—	La Maison à vapeur..........	2 v.
—	La Jangada..............	2 v.
—	†L'Ecole des Robinsons..........	1 v.
—	†Le Rayon-Vert............	1 v.

Histoire des grands Voyages et des grands Voyageurs :

—	**Découverte de la Terre..........	2 v.
—	**Les grands Navigateurs du XVIIIe siècle	2 v.
—	Les Voyageurs au XIXe siècle......	2 v.
ZURCHER ET MARGOLLÉ.	*Les Tempêtes.......	1 v
—	**Histoire de la Navigation...	1 v.
—	**Le Monde sous-marin....	1 v.

VOLUMES IN-18, AVEC OU SANS GRAVURES
BROCHÉS, 3 fr. 50. — CARTONNÉS, TR. DORÉES, 4 fr. 50
(Suite de la Collection Éducation et Récréation.)

ANQUEZ.............	**Histoire de France........	1 v.
AUDOYNAUD.........	Entretiens sur la Cosmograph.	1 v.
BERTRAND (Alex.)...	**Lettres sur les révol. du globe	1 v.
BOISSONNAS (B.).....	*Un Vaincu........	1 v.
FARADAY (M.).......	*Histoire d'une Chandelle....	1 v.
FRANKLIN (J.).......	Vie des Animaux........	6 v.
HIRTZ (Mlle).......	Méthode de coupe et de confection pour les vêtements de femmes et d'enfants, 154 gr..	1 v.
LAVALLÉE (Th.).....	Frontières de la France (cour.)	1 v.
MAYNE-REID.........	*William le Mousse......	1 v.
—	Les Jeunes Esclaves.......	1 v.
—	**Le Désert d'eau.......	1 v.
—	†Les Exploits des jeunes Boërs	1 v.
—	*Les Chasseurs de Girafes...	1 v.
—	*Les Naufragés de l'Ile de Bornéo	1 v.
—	La Sœur perdue........	1 v.
—	**Les Planteurs de la Jamaïque.	1 v.
—	*Les deux Filles du Squatter..	1 v.
—	Les Jeunes voyageurs.....	1 v.
—	**Les Robinsons de Terre ferme.	1 v.
—	Les Chasseurs de Chevelures.	1 v.
—	Le Chef au bracelet d'or...	1 v.
—	Le petit Loup de mer.....	1 v.
MICKIEWICS (Adam)..	Histoire de la Pologne....	1 v.
NODIER (Ch.).......	Contes choisis........	2 v.
PARVILLE (de).......	Un Habitant de la planète Mars.	1 v.
SILVA (de)..........	Le Livre de Maurice.....	1 v.
SUSANE (général)....	Histoire de l'Artillerie.....	1 v.
TYNDALL...........	**Dans les Montagnes......	1 v.
WENTWORTH-HIGGINSON	Histoire des États-Unis....	1 v.

VOLUMES IN-18. — PRIX DIVERS
(Suite de la Collection Éducation et Récréation.)

A. BRACHET.........	*Dictionnaire étymologique de la langue franç. (ouv. cour.).	8 fr.
CHENNEVIÈRES (de)...	Aventures du petit roi saint Louis devant Bellesme....	5 fr.
CLAVÉ (J.).........	Principes d'économie politique	2 fr.
DUBAIL............	*Géogr. de l'Alsace-Lorraine.	1 fr.
GRIMARD (Ed.)......	*La Botanique à la campagne.	5 fr.
LEGOUVÉ (E.).......	*Petit Traité de la lecture...	1 fr.
—	L'art de la lecture (complément)	1 fr.
MACÉ (Jean)........	*Théâtre du Petit-Château....	2 fr.
—	*Arithmétique du Grand-Papa (édit. populaire)........	1 fr.
PETIT (A.).........	Grammaire de la Ponctuation.	3 50
—	Extr. de la gram. de la Ponct.	» 50
SOUVIRON..........	Dict. des termes techniques..	6 fr.

LIBRAIRIE GÉNÉRALE

LIBRAIRIE GÉNÉRALE

VICTOR HUGO

ŒUVRES COMPLÈTES (*Ne varietur*)

Édition définitive

SUR LES MANUSCRITS ORIGINAUX

DEVANT COMPRENDRE TOUTES LES ŒUVRES PARUES ET A PARAITRE

Les œuvres suivantes :

POÉSIE

*Odes et Ballades.
*Les Orientales.
*Les Feuilles d'automne.   } 1 vol.
*Les Chants du crépuscule.
*Les Voix intérieures.   } 1 vol.
*Les Rayons et les Ombres.
*Les Châtiments.
*Les Contemplations. 2 vol.
 La Légende des Siècles.
*Les Chansons des Rues et des Bois.
*L'Année terrible.
 La Légende des Siècles (nouvelle série).
*L'Art d'être Grand-Père.
*Le Pape.
*La Pitié suprême.   } 1 vol.
*Religion et Religions.
*L'Âne.
*Les Quatre Vents de l'Esprit (2 vol.).

HISTOIRE

 Histoire d'un Crime.
*Napoléon le Petit.
 Paris.

PHILOSOPHIE

*Littérature et Philosophie mêlées.
*William Shakspeare.

DRAME

*Cromwell. 1 vol.
*Hernani.
*Marion de Lorme.   } 1 vol.
*Le Roi s'amuse.
*Lucrèce Borgia.   } 1 vol.
*Marie Tudor.
*Angelo, tyran de Padoue.
*La Esmeralda.
*Ruy Blas.   } 1 vol.
*Les Burgraves.
 Torquemada.

ROMAN

*Han d'Islande.
*Bug-Jargal.
*Le dernier Jour d'un Condamné.   } 1 vol.
*Claude Gueux.
*Notre-Dame de Paris (2 v.)
*Les Misérables. 5 vol.
 Les Travailleurs de la mer.
*L'Homme qui rit, 2 vol.
*Quatre-vingt-treize.

ACTES ET PAROLES

*Avant l'Exil.
 Pendant l'Exil.
 Depuis l'Exil.

 Le Rhin.

formeront environ 45 volumes grand in-8° cavalier de 5 à 600 pages
IMPRIMÉS AVEC LE PLUS GRAND LUXE SUR PAPIER SPÉCIAL
Prix de chaque volume : 7 fr. 50
Les ouvrages parus le 1er mars 1883 sont marqués d'un *

ÉDITIONS POPULAIRES ILLUSTRÉES
VICTOR HUGO

LES TRAVAILLEURS DE LA MER
70 dessins par CHIFFLART.
L'ouvrage complet : *Broché*, 4 fr. ; *cartonné toile*, 6 fr. 50 c.

ROMANS ILLUSTRÉS
158 DESSINS DE BRION, GAVARNI, BEAUCÉ ET RIOU.
Un volume grand in-8°, contenant : Notre-Dame-de-Paris — Han d'Islande. — Bug-Jargal. — Dernier jour d'un Condamné et Claude Gueux.
Broché, 9 fr. ; *toile, tr. dorées*, 12 fr. ; *relié, tr. dorées*, 14 fr.

POÉSIES ILLUSTRÉES
ILLUSTRÉES PAR BEAUCÉ, E. LORSAY, GÉRARD SÉGUIN.
Odes et Ballades. 1 80. — Voix intérieures. Les Rayons et les Ombres. 1 35. — Les Orientales. » 75. — Les Feuilles d'automne. Les Chants du Crépuscule. 1 35.
QUATRE SÉRIES RÉUNIES EN UN VOLUME CONTENANT 77 DESSINS
Br., 4 fr. 50 ; *cart. toile, tr. dor.*, 7 fr.

LE RHIN
120 Dessins par BEAUCÉ et LANCELOT. — Un vol. gr. in-8 illustré
Br., 4 fr. 50 ; *toile, tr. dor.*, 7 fr. ; *relié, tr. dor.*, 9 fr.

LES CHATIMENTS
22 Dessins par THÉOPHILE SCHULER. — *Broché*, 1 franc 30

ŒUVRE POÉTIQUE ELZÉVIRIENNE
FORMANT 10 VOL. IN-18 RAISIN
57 fr. 50 Édition elzévirienne sur papier vergé de Hollande **57 fr. 50**
Dessins et Ornements par E. FROMENT.
Chaque volume se vend séparément :

Odes et Ballades, 1 vol. 7 50
Orientales, 1 vol. .... 4 »
Feuilles d'automne, 1 vol. .... 4 »
Chants du crépuscule, 1 vol. .... 4 »
Voix intérieures, 1 vol. .... 4 »
Rayons et Ombres, 1 vol. .... 4 »
Contemplations, 2 vol. à 7 fr. 50. .... 15 »
La Légende des siècles, 1 vol. 7 50
Les Chansons des rues et des bois, 1 vol. 7 50

Les 10 volumes : 57 fr. 50. — Reliure d'amateur : 97 fr. 50

J. MICHELET

HISTOIRE DE FRANCE

Complète en cinq Volumes grand in-8º illustrés

PAR

VIERGE, VIOLLET-LE-DUC, CLERGET, RIOU, &., &

Chaque Volume, relié, tr. dorées, 12 fr.;
toile, tranches dorées, 10 fr.; broché, 7 fr.

HISTOIRE DE LA RÉVOLUTION FRANÇAISE

Complète en quatre Volumes grand in-8º illustrés

PAR

VIERGE, VIOLLET-LE-DUC, CLERGET, RIOU, &., &

Chaque volume broché, 5 francs.

Les tomes I et II réunis en un volume, toile, 13 fr.; relié, 15 francs.
— III et IV — 13 — 15 —

PUBLICATION

FAITE PAR ORDRE DU MINISTRE DE LA MARINE

LA MARINE

A L'EXPOSITION FRANÇAISE DE 1878

Deux grands volumes in-8º accompagnés de leur Atlas

PRIX: **80** FRANCS

ERCKMANN-CHATRIAN

| ŒUVRES COMPLÈTES parues: **39 fr. 70** BROCHÉES | ŒUVRES COMPLÈTES **ROMANS NATIONAUX** ILLUSTRÉS PAR TH. SCHULER, RIOU ET FUCHS. | ŒUVRES COMPLÈTES parues: **48 fr.** CARTONNÉES |

Le Conscrit de 1813............ 1 volume à 1 40
*Madame Thérèse............. — 1 40
*L'Invasion................. — 1 60
Waterloo.................. — 1 80
L'Homme du peuple........... — 1 70
La Guerre................. — 1 40
**Le Blocus................ — 1 60

Un très beau volume grand in-8º illustré de 182 dessins.
Broché, 10 fr.; toile, tr. dor., 13 fr.; relié, tr. dor., 15 fr.

CONTES ET ROMANS POPULAIRES
Illustrés par BAYARD, BENETT, GLUCK et TH. SCHULER.

Maître Daniel Rock...........	1 volume à	1 20
L'illustre docteur Matheus......	—	1 40
Hugues le Loup..............	—	1 40
Contes des bords du Rhin.......	—	1 30
Joueur de clarinette...........	—	1 60
Maison forestière.............	—	1 20
L'ami Fritz.................	—	1 50
Le Juif polonais..............	—	1 30

Un très beau volume grand in-8° illustré de 171 dessins.
Broché, **10** fr.; *toile, tr. dor.*, **13** *fr.*; *relié, tr. dor.*, **15** *fr.*

*HISTOIRE D'UN PAYSAN
La Révolution française racontée par un paysan
Illustrations de Théophile SCHULER. L'ouvrage complet, en 1 volume,
broché, **7** fr.; toile, tr. dor., **10** fr.; relié, **12** fr.

CONTES ET ROMANS ALSACIENS
Illustrés par SCHULER.

*Histoire du Plébiscite...........	1 volume à	2 »
Les Deux frères...............	—	1 50
*Histoire d'un sous-maître......	—	1 30
**Le brigadier Frédéric.........	—	1 20
Une campagne en Kabylie......	—	1 40
*Maître Gaspard Fix...........	—	2 »
Souvenirs d'un ancien Chef de chantier —		1 10

Un très beau volume grand-in-8° illustré de **133** dessins par Schuler.
2 figures allégoriques par MATTHIS, 4 cartes par SÉDILLE.
Broché, **10** *francs*; *toile, tr. dor.*, **13** *francs*; *relié*, **15** *francs*.

Contes Vosgiens, illustrés par PHILIPPOTEAUX,......... **1 fr. 30**
Le Grand-Père Lebigre, illustré par LALLEMAND et BENETT, **1 fr. 30**
Les Vieux de la Vieille, illustré par LIX,.......... **1 fr. 40**
LE BANNI, illustré par LIX............................. **1 fr. 20**
Quelques mots sur l'esprit humain, 1 vol. in-8°, non illustré. **1 fr.**

*Les œuvres d'*ERCKMANN-CHATRIAN *sont publiées aussi en 31 volumes in-18
à 3 fr. chacun et 2 volumes in-18 à 1 fr. 50. — Voir p. 28.*

OUVRAGES DIVERS :

GAVARNI-GRANDVILLE

Le Diable à Paris, *Paris à la plume et au crayon*,
1,508 dessins, dont 600 grandes scènes et types avec
légendes de GAVARNI et 908 dessins par GRAND-
VILLE, BERTALL, CHAM, DANTAN, etc.; texte par
BALZAC, ALFRED DE MUSSET, VICTOR HUGO,
GEORGE SAND, STAHL, BARBIER, SUE, LAPRADE,
SOULIÉ, NODIER, GOZLAN, GUSTAVE DROZ,
ROCHEFORT, VILLEMOT, Mme DE GIRARDIN, etc.
L'ouvrage complet forme 4 beaux volumes grand
in-8°. Relié, tranches dorées, 44 fr.; toile, tranches
dorées, 40 fr.; broché................... **28 »**
 Prix de chaque vol. : relié, tranches dorées,
11 fr.; toile, tranches dorées, 10 fr.; broché..... **7 »**

GRANDVILLE

Les Animaux peints par eux-mêmes, scènes de la vie privée et publique des animaux, sous la direction de P.-J. STAHL, avec la collaboration de BALZAC, GUSTAVE DROZ, BENJAMIN FRANKLIN, JULES JANIN, ALFRED DE MUSSET, EUGÈNE SUE, CHARLES NODIER, GEORGE SAND, P.-J. STAHL. 1 vol. grand in-8°, contenant 320 dessins. Chef-d'œuvre de Grandville. Relié, tranches dorées, 14 fr.; cartonné toile, tranches dorées, 12 fr.; broché .... 9 »

GŒTHE (KAULBACH)

Le Renard, traduit par E. GRENIER, illustré de 60 belles compositions par KAULBACH. 1 vol. gr. in-8°. Relié, tranches dorées, 11 fr.; toile, tranches dorées, 10 fr.; broché........................... 7 »

Le même ouvrage, en édition populaire grand in-8°. Toile, tranches dorées, 5 fr.; broché...... 2 50

GEORGE SAND

Romans champêtres. — 2 beaux vol. in-8°, illustrés par T. JOHANNOT. *La petite Fadette, la Fauvette du Docteur, André, la Mare au Diable, François le Champi, Promenades autour d'un Village.* Chaque vol., rel. tranches dorées, 15 fr.; toile, tranches dorées, 13 fr.; broché .... 10 »

TOUSSENEL

L'Esprit des bêtes, 1 vol. toile, tr. dor., 7 fr.; broché. 5 »

HISTOIRE, POÉSIE, VOYAGES, ROMANS, LITTÉRATURE FRANÇAISE ET ÉTRANGÈRE

VOLUMES IN-18 A 3 FR.

AUDEVAL.........	Les Demi-Dots	1 v.
—	La Dernière	1 v.
BADIN (Adolphe)	Marie Chassaing	1 v.
BENTZON (Th.).......	Un Divorce	1 v.
LUCIE B...........	Une maman qui ne punit pas.	1 v.
—	Aventures d'Edouard et justice des choses...........	1 v.
BIART (Lucien).....	Le Bizco	1 v.
—	Benito Vasquez.........	1 v.
—	La Terre chaude........	1 v.
—	La Terre tempérée......	1 v.
—	Pile et Face...........	1 v.
—	Les Clientes du Dr Bernagius.	1 v.
BIXIO (BEPPA)......	Vie du Général Nino Bixio. Traduction de l'italien....	1 v.

Bugeaud (Gérôme)...	Jacquot Jacques........	1 v.
Cervantes........	Don Quichotte (trad. nouvelle par Lucien Biart)......	4 v.
Chamfort.........	(Édition Stahl)........	1 v.
Colombey........	Esprit des voleurs......	1 v.
Daudet (Alphonse)...	Le Petit Chose........	1 v.
—	Lettres de mon moulin.....	1 v.
Domenech (l'abbé)...	La Chaussée des Géants...	1 v.
—	Voyages et avent. en Irlande..	1 v.
Durande (Amédée)...	Carl, Joseph et Horace Vernet.	1 v.
Erckmann-Chatrian.	**Le Blocus........	1 v.
—	**Le Brigadier Frédéric....	1 v.
—	Une Campagne en Kabylie..	1 v.
—	Confidences d'un joueur de clarinette.....	1 v.
—	Contes de la montagne.....	1 v.
—	Contes des bords du Rhin...	1 v.
—	Contes populaires.......	1 v.
—	Contes Vosgiens.......	1 v.
—	*Le Fou Yégof........	1 v.
—	La Guerre.........	1 v.
—	Histoire d'un Conscrit de 1813.	1 v.
—	Hist. d'un homme du peuple.	1 v.
—	*Hist. d'un paysan, compl. en	4 v.
—	*Histoire d'un sous-maître...	1 v.
—	L'illustre docteur Mathéus..	1 v.
—	*Madame Thérèse.......	1 v.
—	— Edition allemande avec les dessins hors texte, 1 v., 3 fr.	
—	*Maître Gaspard Fix......	1 v.
—	Le Grand-Père Lebigre.....	1 v.
—	La Maison forestière......	1 v.
—	Maître Daniel Rock......	1 v.
—	Waterloo..........	1 v.
—	*Histoire du plébiscite......	1 v.
—	*Les Deux Frères.......	1 v.
—	Souvenirs d'un ancien chef de chantier.....	1 v.
—	L'ami Fritz, pièce......	1 v.
—	Alsace...........	1 v.
—	Les Vieux de la Vieille....	1 v.
—	Le Banni..........	1 v.
Esquiros (Alph.)...	L'Angleterre et la vie anglaise.	5 v.
Favre (Jules)......	Discours du bâtonnat......	1 v.
Flavio...........	Où mènent les chemins de traverse.....	1 v.
Genevray........	Une Cause secrète.......	1 v.
Gordon (Lady)....	Lettres d'Égypte.......	1 v.
Gournot.........	Essai sur la jeunesse contemporaine.........	1 v.

LIBRAIRIE GÉNÉRALE

Gozlan (Léon)	Émotions de Polydora Marasquin	1 v.
Gramont (comte de)	Les Gentilshommes pauvres	1 v.
—	Les Gentilshommes riches	1 v.
Janin (Jules)	La Fin d'un monde. Le neveu de Rameau	1 v.
—	Variétés littéraires	1 v.
Kœchlin-Schwartz	Un Touriste au Caucase	1 v.
Lavallée (Théophile)	Jean sans Peur	1 v.
Muller (Eugène)	La Mionette	1 v.
Morale universelle	Esprit des Allemands	1 v.
—	— Anglais	1 v.
—	— Espagnols	1 v.
—	— Grecs	1 v.
—	— Italiens	1 v.
—	— Latins	1 v.
—	— Orientaux	1 v.
Officier en retraite (un)	L'Armée française en 1879	1 v.
Olivier (Juste)	Le Batelier de Clarens	2 v.
Pichat (Laurent)	Gaston	1 v.
—	Les Poètes de combat	1 v.
—	Le Secret de Polichinelle	1 v.
Poujard'hieu	Les Chemins de fer	1 v.
—	La Liberté et les intérêts matériels	1 v.
Princesse palatine	Lettres inéd. (trad. par Roland)	1 v.
Quatrelles	Les Mille et une Nuits matrimoniales	1 v.
—	Voyage autour du grand monde	1 v.
—	La Vie à grand orchestre	1 v.
—	Sans Queue ni Tête	1 v.
—	L'Arc-en-ciel	1 v.
—	Petit Manuel du parfait Causeur parisien	1 v.
—	Casse-Cou	1 v.
—	Tout feu tout flamme	1 v.
Rive (de la)	Souvenirs sur M. de Cavour	1 v.
Robert (Adrien)	Le Nouveau Roman comique	1 v.
Rolland (A.)	Mendelssohn (Lettres)	1 v.
Roqueplan	Parisine	1 v.
Sand (George)	Promenades autour d'un village	1 v.
Sourdeval (de)	Le Cheval à côté de l'homme et dans l'histoire	1 v.
Stahl (P.-J.)	Les bonnes fortunes parisiennes :	
	— Les Amours d'un pierrot	1 v.
	— Les Amours d'un notaire	1 v.
—	Histoire d'un homme enrhumé. Voyage d'un étudiant	1 v.
—	Histoire d'un Prince et Voyage où il vous plaira	1 v.

Stahl (P.-J.)	L'Esprit des Femmes et les Femmes d'esprit	1 v.
—	De l'Amour et de la Jalousie	
Texier et Kæmpfen	Paris capitale du monde	1 v.
Tourguéneff (J.)	Dimitri Roudine	1 v.
—	Fumée (préface de Mérimée)	1 v.
—	Une Nichée de gentilshommes	1 v.
—	Nouvelles moscovites	1 v.
—	Histoires étranges	1 v.
—	Les Eaux Printanières	1 v.
—	Les Reliques vivantes	1 v.
—	Terres vierges	1 v.
Trochu (Général)	Pour la vérité et pour la justice	1 v.
—	La politique et le siège de Paris	1 v.
Vallery Radot (René)	L'Étudiant d'aujourd'hui	1 v.
Vilars (François)	Un homme heureux	1 v.
Wilkie Collins	La Femme en blanc	2 v.
—	Sans Nom	2 v.
H. Wood (Mme)	Lady Isabel	2 v.

LIVRES IN-18 EN COMMISSION (3 FR.)

Anonyme	Mary Briant	1 v.
Arago (Étienne)	Les Bleus et les Blancs	2 v.
Baignères	Histoires modernes	1 v.
—	Histoires anciennes	1 v.
Bastide (A.)	Le Christianisme et l'esprit moderne	1 v.
Berchère	*L'Isthme de Suez	1 v.
Boullon (E.)	Chez nous	1 v.
Carteron (C.)	Voyage en Algérie	1 v.
Chauffour	Les Réformateurs du xvie siècle	2 v.
Dollfus (Charles)	La Confession de Madeleine	1 v.
Duvernet	La Canne de M. Desrieux	1 v.
Favier (F.)	L'Héritage d'un misanthrope	1 v.
Grenier	Poèmes dramatiques	1 v.
Habeneck (Ch.)	Chefs-d'œuvre du théâtre espagnol	1 v.
Huet (F.)	Histoire de Bordas Dumoulin	1 v.
Langret (A.)	Les Fausses Passions	1 v.
Lavalley (Gaston)	Aurélien	1 v.
Laverdant (Désiré)	Don Juan converti	1 v.
—	Le Renaissances de don Juan	2 v.
Lefèvre (André)	La Flûte de Pan	1 v.
—	La Lyre intime	1 v.
—	Les Bucoliques de Virgile	1 v.
Lesaack (Dr)	Les Eaux de Spa	1 v.
Nagrien (X.)	Prodigieuse Découverte	1 v.
Réal (Antony)	Les Atomes	1 v.
Simonin (Louis)	Les Pays lointains	1 v.
Steel	Haôma	1 v.
Vallory (Mme)	A l'aventure en Algérie	1 v.
Worms de Romilly	Horace (traduction)	1 v.

ENSEIGNEMENT PROFESSIONNEL
Bibliothèque des Professions
INDUSTRIELLES, COMMERCIALES
ET AGRICOLES

Le cartonnage de chaque volume se paye 0 50 c. en sus des prix marqués

SÉRIE A. — SCIENCES EXACTES

P. Leprince. Principes d'algèbre, 1 vol.	5 »
Lenoir (A.). Calculs et comptes faits, 1 vol.	4 »
Ch. Rozan. Leçons de géométrie, 1 vol. et 1 atlas	6 »
Ortolan et Meata. Dessin linéaire, 1 vol. avec atlas	6 »

SÉRIE B. — SCIENCES D'OBSERVATION
CHIMIE — PHYSIQUE — ÉLECTRICITÉ

Dr Saco. Éléments de chimie, 2 vol.	7 »
Hotet. Chimie générale élémentaire, 2 vol.	10 »
Chevalier. L'étudiant photographe, 1 vol.	3 »
Gaudry. Essai des matières industrielles, 1 vol.	4 »
B. Miege. Télégraphie électrique, 1 vol.	2 »
Du Temple. Introduction à l'étude de la Physique, 1 vol.	4 »
Fresenius. Potasses, soudes, 1 vol.	2 »
Liebig. Introduction à l'étude de la Chimie, 1 vol.	3 »
J. Brun. Fraudes et maladies du vin, 1 vol.	3 »
Dr Lunel. Les falsifications, 1 vol.	6 »
Noguès. Minéralogie appliquée, 2 vol.	10 »
Du Temple. Transmission de la pensée et de la voix, 1 vol.	4 »
Snow-Harris. Leçons d'électricité, 1 vol.	3 »
Laffineur. Hydraulique et hydrologie, 1 vol.	3 50
R. Clausius. Théorie mécanique de la chaleur, 2 vol.	15 »

SÉRIE C. — ART DE L'INGÉNIEUR
PONTS ET CHAUSSÉES — CONSTRUCTIONS CIVILES

Guy. Guide du géomètre arpenteur, 1 vol.	4 »
Birot. Guide du conducteur des Ponts et Chaussées et de l'agent voyer, 1 vol. avec atlas.	8 »
G. Cornet. Album des chemins de fer, 1 vol.	10 »
Frochot. Cubage et estimation des bois, 1 vol.	4 »
Demanet. Maçonnerie, 1 vol.	5 »
Bouniceau. Constructions à la mer, 1 vol. et 1 atlas.	18 »
Emion. Exploitation des chemins de fer. Voyageurs, 1 vol.	4 »
— — — Marchandises, 1 vol.	4 »
Vanalphen. Poids des métaux, 1 vol.	5 »
Pernot. Guide du constructeur, 1 vol.	5 »

SÉRIE D. — MINES & MÉTALLURGIE
GÉOLOGIE — HISTOIRE NATURELLE

Dana. Manuel du géologue, 1 vol.	4 »
D.-L. Métallurgie pratique, 1 vol.	4 »
Fairbairn. Le fer, 1 vol.	4 »
J.-B.-J. Dessoye. Emploi de l'acier, 1 vol.	4 »

Landrin. Traité de l'acier. 1 vol. . . . . 5 »
C. et A. Tissier. Aluminium et métaux alcalins. 1 vol. . . . 3 »
Guettier. Alliages métalliques. 1 vol. . . . . 3 »
Drapiez. Minéralogie usuelle. 1 vol. . . . . 3 »
Malo. Asphaltes et bitumes. 1 vol. . . . . 4 »

SÉRIE E. — MACHINES MOTRICES
Laffineur. Roues hydrauliques. 1 vol. 3 50
Dinée. Engrenages. 1 vol. 3 50

SÉRIE F. — PROFESSIONS
MILITAIRES ET MARITIMES
Doneaud. Droit maritime. 1 vol. . . . . 3 »
Bousquet. Architecture navale. 1 vol. . . . . 9 »
Tartara. Code des bris et naufrages. 1 vol. . . . . 7 »
Steerk. Poudres et salpêtres. 1 vol. . . . . 6 »

SÉRIE G. — ARTS & MÉTIERS
PROFESSIONS INDUSTRIELLES
Basset. Culture et alcoolisation de la betterave. 1 vol. . . . 3 »
Rouland. Nouveaux barèmes de serrurerie. 1 vol. . . . . 4 »
Souviron. Dictionnaire des termes techniques. 1 vol. . . . 6 »
Dromart. Carbonisation des bois. 1 vol. . . . . 4 »
A. Ortolan. Guide de l'ouvrier mécanicien. 1 vol. avec atlas. . . . . 12 »
Jaunez. Manuel du chauffeur. 1 vol. . . . . 3 »
Violette. Fabrication des vernis. 1 vol. . . . . 6 »
Th. Chateau. Corps gras industriels. 1 vol. . . . . . . 8 »
Mulder. Guide du brasseur. 1 vol. . . . . 6 »
J.-F. Merly. Livre du charpentier. 1 vol. . . . . 5 »
Fol. Guide du teinturier. 1 vol. . . . . 8 »
Leroux. Filature de la laine. 1 vol. . . . . 18 »
De Courten. Collodion sec au tannin. 1 vol. . . . . . . 4 »
Moreau, L. Guide du bijoutier. 1 vol. . . . . 2 »
Laffineur. Hydraulique urbaine et agricole. 1 vol. . . . . 2 »
Dr Lunel. Guide du parfumeur. 1 vol. . . . . 5 »
    —   Guide de l'épicerie. 1 vol. . . . . 3 »
Dubief. Guide du féculier et de l'amidonnier. 1 vol. . . . 4 »
Monier. Essai et analyse des sucres. 1 vol. . . . . . . 3 »
Dubief. Fabrication des liqueurs. 1 vol. . . . . 5 »
    —   Vinification. 1 vol. . . . . 6 »

SÉRIE H. — AGRICULTURE
JARDINAGE, HORTICULTURE, EAUX ET FORÊTS, CULTURES INDUSTRIELLES, ANIMAUX DOMESTIQUES, APICULTURE, PISCICULTURE, ETC.
Laffineur. Guide de l'ingénieur agricole. 1 vol. . . . . . 3 »
Gayot. Habitations des animaux. Écuries et étables. 1 vol. 3 »
   —   —   Bergeries, porcheries. 1 v. 3 »
Pouriau. Sciences physiques appliquées à l'agriculture. 2 vol. . . . . 14 »
Kielmann. Drainage. 1 vol. . . . . 2 »
Serigne. La vigne et ses maladies. 1 vol. . . . . 3 »
Gossin. Conférences agricoles. 1 vol. . . . . 1 »
Dubos. Choix de la vache laitière. 1 vol. . . . . 2 »

Dubief. Le trésor des vignerons et marchands de vins. 1 v.	3 »
Mariot-Didieux. L'Éducateur du lapins. 1 vol.	2 50
— — Éducation des poules. 1 vol.	3 50
— — Oies, canards. 1 vol.	2 50
— Le chasseur médecin. 1 vol.	2 »
Courtois-Gérard. Culture maraîchère. 1 vol.	5 »
Gobin. Culture des plantes fourragères. 2 vol.	6 »
J. Reynaud. Culture de l'olivier. 1 vol.	4 »
Fleury-Lacoste. Le Vigneron. 1 vol.	3 »
Courtois-Gérard. Jardinage. 1 vol.	5 »
Koltz. Culture du saule et du roseau. 1 vol.	2 »
Sicard. Culture du cotonnier. 1 vol.	2 »
Bourgoin d'Orly. Caféier et cacaoyer. 1 vol.	2 »
Lunel. Acclimatation des animaux domestiques. 1 vol.	3 »
Gobin. Entomologie agricole. 1 vol.	3 »
Bourgoin d'Orly. Canne à sucre. 1 vol.	3 »
F. Fraiche. Guide de l'ostréiculteur. 1 vol.	3 »
Touchat. Vidange agricole. 1 vol.	1 »
Pouriau. Chimiste agriculteur. 1 vol.	8 »
Lerolle. Botanique appliquée. 1 vol.	6 »
Grimard. Manuel de l'herboriseur. 1 vol.	5 »

SÉRIE I. — ÉCONOMIE DOMESTIQUE
COMPTABILITÉ, LÉGISLATION, MÉLANGES

Dubief. Fabrication des vins factices. 1 vol.	2 »
Lunel. Économie domestique. 1 vol.	4 »
Germinet. Chauffage par le gaz. 1 vol.	4 »
Dubief. Le liquoriste des dames. 1 vol.	3 »
Hirtz. Coupe et confection des vêtements de femmes et d'enfants. 1 vol.	3 50
Dufréné. Droits des inventeurs. 1 vol.	3 »
Emion. La liberté et le courtage des marchandises. 1 vol.	2 »
Lescure. Traité de géographie. 1 vol.	3 »
Emion. Manuel des expropriés. 1 vol.	1 »
Baude. Calligraphie. 1 vol.	2 »
Lunel. Hygiène et médecine usuelle. 1 vol.	2 »
J. d'Omalius d'Halloy. Manuel d'Ethnographie. 1 vol.	4 »

SÉRIE J. — FONCTIONS
EMPLOIS DE L'ÉTAT, DÉPARTEMENTAUX ET COMMUNAUX, SERVICES PUBLICS

Mortimer d'Ocagne. Les grandes écoles de France. 1 v.	3 »
J. Albiot. (*Code départemental.*) Manuel des conseillers généraux. 1 vol.	4 »
Lafolay. Nouveau manuel des octrois. 1 vol.	4 »
Lelay. Lois et règlements sur la douane. 1 vol.	4 »

SÉRIE K. — BEAUX-ARTS, DÉCORATION
ARTS GRAPHIQUES, ETC.

Viollet-le-Duc. Comment on devient un dessinateur. 1 vol. orné de 110 dessins par l'auteur.	4 »
Pellegrin. Perspective. 1 vol.	4 »

LIVRES D'AMATEURS

GRAND LUXE
ÉDITIONS ILLUSTRÉES

Contes de Perrault, illustrés par GUSTAVE DORÉ, la grande édition in-folio. Cartonnage riche. . . . . 70 »

Daphnis et Chloé. Traduction d'AMYOT, complétée par P.-L. COURIER. 42 compositions au trait, en couleur dans le texte, par BURTIN. Préface par AMAURY DUVAL. Magnifique édition in-folio en deux couleurs, imprimée par CLAYE. Cartonnage riche. . . . . 50 »

Lemercier (ALFRED) et **Bocquin.** — GAVARNI, aquarelles fac-similé (chromolithographies), album en feuilles composé de 6 planches. Prix. . . . . 30 »

Gavarni. — Œuvres choisies, album in-folio. Cartonné. Quelques exemplaires seulement. . . . . . 22 »

Grandville et Kaulbach. — Œuvres choisies, album in-folio. Broché. . . . . 20 »

— Cartonné. . . . . 24 »

L'Oraison dominicale, dessins de FRŒLICH. Album in-4°, contenant 10 planches à l'eau-forte, relié, toile. 18 »

Sept Fables de La Fontaine, dessins de FRŒLICH. Album in-4°, illustré de 10 planches, broché . . . . 5 »

Les Richesses gastronomiques de la France — LORBAC (CH. DE), texte. — LALLEMAND (CH.), illustrations : LES VINS DE BORDEAUX, 1re partie. *Généralités, cultures, vendanges, classification, châteaux vinicoles,* CRUS CLASSÉS. Broché. . . . . 25 »

— SAINT-ÉMILION, *son histoire, ses monuments et ses vins.* Broché . . . . 8 »

Original en couleur

NF Z 43-120-8

www.ingramcontent.com/pod-product-compliance
Lightning Source LLC
Chambersburg PA
CBHW071244160426
43196CB00009B/1162